高职高专"十三五"规划教材

药品市场营销技术

刘黎红　乔德阳　主编

化学工业出版社

·北京·

本教材根据药品营销岗位所需要的知识、素质、能力要求，涵盖了医药流通市场、药品营销人员应具备的基本能力与素质、面向药店的药品营销、面向医院的药品营销、面向消费者的药品营销、网上药店药品营销六章内容，每章都设计了教学导航、本章小结、复习思考、实训项目等内容，教材内容紧紧围绕岗位所需要的职业知识与技能，体现了理论与实践一体化的高职教材特色。

本书可作为高职、高专院校药品类专业相关课程的教学用书，还可以作为医药生产企业销售岗位人员及药品经营企业从业人员的培训和自学用书。

图书在版编目（CIP）数据

药品市场营销技术/刘黎红，乔德阳主编．—北京：化学工业出版社，2018.2（2023.1重印）
ISBN 978-7-122-31235-8

Ⅰ.①药…　Ⅱ.①刘…②乔…　Ⅲ.①药品-市场营销学-教材　Ⅳ.①F724.73

中国版本图书馆CIP数据核字（2017）第315687号

责任编辑：于　卉　　　　　　　　　　文字编辑：李　瑾
责任校对：王　静　　　　　　　　　　装帧设计：关　飞

出版发行：化学工业出版社（北京市东城区青年湖南街13号　邮政编码100011）
印　　装：中煤（北京）印务有限公司
787mm×1092mm　1/16　印张14¼　字数373千字　2023年1月北京第1版第5次印刷

购书咨询：010-64518888　　　　　　　售后服务：010-64518899
网　　址：http://www.cip.com.cn
凡购买本书，如有缺损质量问题，本社销售中心负责调换。

定　价：38.00元　　　　　　　　　　　　　　　　　　　版权所有　违者必究

前 言

目前，药品营销岗位人员需求越来越多，无论是药品制造类专业或药品管理类专业，都有很多学生进入药品营销岗位。这类岗位，主要集中在药品生产企业的销售部门的销售人员、药品批发企业的医药销售人员以及药品零售企业的药店营业员等岗位。

本教材以药品营销岗位（药店营业员、医药销售专员等）所应具备的职业能力以及相应职业技能标准为依据，以药品营销工作过程为主线，以培养学生的职业核心能力为目标编写。教材注重知识与技能相结合的实用性和操作性，根据药品营销岗位所需要的知识、素质、能力设计教材内容，依据高职高专药品经营与管理类专业人才培养目标，突出系统性、专业性、实用性、技术性、应用性，体现高职、高专教育特色。教材具有以下几个特色：

1. 教材以药品营销岗位所应具备的职业能力以及相应职业技能标准为依据，突出职业技能的培养。

2. 教材将药品营销岗位（药店营业员、医药销售专员等）所需要的知识、素质、能力融为一体，按照其典型工作内容设计教材内容，教材内容贴近岗位实际，充分体现职业性的特色。

3. 本教材理论适度，强化技能。教材中融入了大量的实训内容，将实训类内容与主干教材贯穿一起，体现理论与实践一体化特色，有利于强化学生职业技能的培养。

本书共涵盖了医药流通市场、药品营销人员应具备的基本能力与素质、面向药店的药品营销、面向医院的药品营销、面向消费者的药品营销、网上药店药品营销六章内容，第一章由乔德阳编写，第二章由赵璇编写，第三章由刘黎红编写，第四章由邵佳甲编写，第五章由孙娜、刘黎红编写，第六章由王黎霞编写，刘黎红负责全书的编写组织与统稿工作。

在本书的编写过程中，编者实地走访了许多药品生产、经营企业，药品营销第一线的各类人士，他们为编者提供了大量的第一手资料。本书还从一些企业网站、营销论坛中获得了很多药品营销实际操作中的规程与技巧，在此一并表示衷心的感谢。由于编者水平有限，书中疏漏之处在所难免，望读者与业内同仁批评指正。

编者
2017 年 11 月

目　录

第一章　医药流通市场 / 1

第一节　医药市场现状及发展趋势 … 2
第二节　药品营销渠道 … 7
第三节　药品营销人员职业定位 … 16
第四节　药品流通市场行政监管 … 24
本章小结 … 27
复习思考 … 27
实训项目 … 28

第二章　药品营销人员应具备的基本能力与素质 / 29

第一节　药品营销人员应具备的知识结构 … 29
第二节　药品营销人员应具备的基本礼仪 … 31
第三节　药品营销人员应具备的职业素质 … 50
第四节　药品营销人员应具备的职业能力 … 55
本章小结 … 56
复习思考 … 56
实训项目 … 57

第三章　面向药店的药品营销 / 58

第一节　开发新门店 … 59
第二节　制订拜访路线 … 61
第三节　门店常规拜访 … 65
第四节　铺货 … 71
第五节　终端陈列 … 76
第六节　店员培训 … 80
第七节　药品促销 … 83
第八节　客户管理 … 87
本章小结 … 91

复习思考 …… 91
实训项目 …… 92

第四章　面向医院的药品营销 / 98

第一节　区域市场开发 …… 99
第二节　医院拜访 …… 106
第三节　药品学术推广 …… 123
第四节　区域市场管理 …… 129
本章小结 …… 135
复习思考 …… 135
实训项目 …… 137

第五章　面向消费者的药品营销 / 139

第一节　药品采购 …… 140
第二节　药品验收 …… 147
第三节　药品养护 …… 154
第四节　药品分类陈列 …… 161
第五节　处方调剂 …… 171
第六节　药品柜台销售 …… 175
第七节　药学服务 …… 185
本章小结 …… 188
复习思考 …… 188
实训项目 …… 190

第六章　网上药店药品营销 / 196

第一节　网上药店开设 …… 197
第二节　网上药店药品销售 …… 208
第三节　网上药店售后服务 …… 215
本章小结 …… 220
复习思考 …… 221

参考文献 / 222

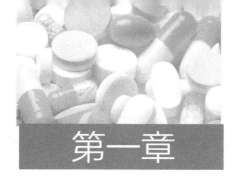

第一章
医药流通市场

学习目标	知识目标： 1. 了解医药行业与医药流通市场的概念、特点、现状与发展趋势 2. 了解药品营销人员的岗位设置情况 3. 熟悉药品营销人员的分类和岗位职责 4. 熟悉药品流通市场行政监管的主要法律法规和文件 5. 掌握药品营销渠道的组成和类型 能力目标： 1. 能够选择和初步设计医药营销渠道 2. 能够制定药品营销人员的主要岗位职责 3. 能够查阅药品流通市场行政监管的法律法规和文件 素质目标： 1. 具有较强的心理承受能力及自我调节能力 2. 具有较强的自我学习能力 3. 具备勤劳的工作作风及爱岗敬业的工作精神 4. 具有良好的团队意识 5. 具有良好的遵纪守法意识
学习重点	1. 医药营销渠道 2. 药品营销人员的岗位职责 3. 流通市场行政监管的法律法规
学习难点	1. 医药营销渠道 2. 流通市场行政监管的法律法规
教学方法	案例分析法、角色扮演法、小组讨论法
建议学时	7学时

第一节　医药市场现状及发展趋势

> **情景引入**
>
> 王明从学校毕业后到一家医药公司实习，充满希望要做一名OTC代表。可是刚开始他一头雾水不知从哪里着手，他的师傅告诉他，首先必须了解医药行业与医药流通市场的概念、特点、现状与发展趋势是怎样的。

一、医药行业与医药流通业

1. 医药行业

医药行业是与医药相关的生产、营销与服务行业的总和，可以划分为十三个子行业：化学原料药及制剂、中药材、中药饮片、中成药、抗生素、生物制品、生化药品、放射性药品、医疗器械、卫生材料、制药机械、药用包装材料及医药商业。其中行业规模排名前六名的六个子行业为化学制剂药、化学原料药、中成药、生物制药、卫生材料和中药饮片等。医药行业对于保护和增进人民健康、提高生活质量，为计划生育、救灾防疫、军需战备以及促进经济发展和社会进步均具有十分重要的作用。医药行业是世界上公认的最具发展前景的国际化高技术产业之一，也是世界贸易增长最快的朝阳行业之一。

2. 医药流通业

商品流通的一般渠道可分为两个环节：一是批发环节，二是零售环节。医药商品也是由医药生产商通过批发商销售给零售商（包括医院药房）。广义的流通业是指商品从生产者到消费者一切流通贸易关系的总和，包括商流、物流、信息流、资金流。

医药流通业是连接上游医药生产企业和下游零售终端承上启下的中间环节。医药流通企业从上游医药生产企业采购医药商品，然后再批发给下游的医药分销企业、医院、药店等。但由于医药不分业，中国医药流通业有三个环节：医药批发企业、医药零售企业和医院门诊药房。

二、医药流通市场的特点

1. 药品的定义

我国对药品的定义是：药品，是指用于预防、治疗、诊断人的疾病，有目的地调节人的生理机能并规定有适应证或者功能主治、用法和用量的物质，包括中药材、中药饮片、中成药、化学原料药及其制剂、抗生素、生化药品、放射性药品、血清、疫苗、血液制品和诊断药品等。

世界卫生组织对药品的定义是：任何治疗、缓解、预防或诊断人和动物的疾病、身体异常或症状的，或者恢复、矫正或改变人或动物的器官功能的单一物质或混合物。

一般，在"医药市场营销"中所指的药品是医药商品或医药产品的总称。

2. 药品的特殊性

药品是人们用来防病治病、康复保健、计划生育的特殊商品。它直接关系着每一个人的身体健康和生命安危，关系到千家万户的幸福与安宁，所以说它是特殊商品。其特殊性主要表现在如下几个方面。

(1) 药品作用的两重性　药品可以防病治病、康复保健，但多数药品又有不同程度的毒副作用。

(2) 药品具有很强的专用性　若滥用药物就很可能造成中毒或产生药源性疾病。

(3) 药品质量的重要性　符合质量标准要求，才能保证疗效，不符合标准要求，则意味着疗效得不到保证。

(4) 限时性　药品是治疗疾病的物质，根据其药效和安全性，药品有一定的有效期。这就要求药品生产、经销部门及医疗卫生单位对药品要有适当的储备数量。

(5) 药品等级的一致性　药品只有合格与不合格之别，凡不合格的药品绝不能出厂、销售和使用，否则，就是违法。

(6) 药品质量监督管理要求有很强的科学性。

3. 医药流通市场

顾名思义，医药流通市场就是医药商品经销、物流与仓储的市场。根据市场营销学的原理，认真研究医药市场的发展变化，围绕市场需求和医药科技的发展，在国家有关法律法规指导下为市场提供合适的医药产品，制定合适的价格，采用高效的销售渠道和促销措施，向适合的顾客销售医药产品，以取得良好的企业经济效益和社会效益。

4. 医药流通市场的特殊性

药品作为特殊商品，在流通过程中至少会表现出以下四个特殊性。

(1) 无法完全替代性　药品不同于其他普通商品，同类药品在使用时无法完全替代。换言之，药品在使用方面具有非常明显的专用性。

(2) 效用的两重性　使用不当或失之监管，就会危害人民群众的身体健康甚至威胁生命，增加社会的不稳定因素。

(3) 消费信息不对称　患者虽然是购买主体，但药品购买的选择权却被拥有专业优势的医务人员掌握，患者不可能因为药价高或药量大而拒绝购买，因而相对被动。

(4) 需求的价格弹性弱　药品价格的上涨对其市场需求量变动的影响甚微，药品价格即使虚高数倍，消费需求也不会因此同比例减少。

药品的上述特殊性质，迫切要求它在流通过程中，必须将其安全性、有效性、专用性放在首位，而不是其赢利性和商品性。

三、医药流通市场现状

1. 药品流通市场的结构现状

随着药品分类管理办法的推行、基本医疗保险制度的实施、医疗卫生体制改革的深入、药品集中招标采购制度等政策的影响，当前医药流通体制正经历着一系列重大变化。

(1) 市场竞争主体迅速增加，打破了原来医药站、医院分别对医药批发、零售市场的垄断。

随着医药零售市场的放开，以及对外资的开放，生产企业从药品批发进一步延伸到药品零售市场，深度介入药品流通领域；大量民间资本进入包括批发零售在内的整个药品流通领域；外资医药流通企业的进入对国内的医药流通企业将构成潜在的巨大压力，使得医药流通市场竞争主体迅速增加，对原有的流通模式造成了很大的冲击，原有的市场格局被打破。

目前，药品流通市场的竞争主体有：生产企业、批发企业、零售企业（包括医院、连锁药店、单体药店）以及包括药品超市（平价药店）在内的及正准备进入药品流通市场的企业。

（2）当前药品流通市场是多种流通模式并存，并正呈现"少流通环节"的趋势。

当前药品流通市场存在如下几种药品流通模式并存的局面：生产企业→医院/药店→消费者；生产企业→代理→医院/药店→消费者；生产企业→总代理→地区代理→医院/药店→消费者。

同时，药品流通环节减少，无论是生产企业进入药品流通领域，还是采用类似大卖场这种经营方式的"药品超市"均说明了这种趋势。

（3）药品零售市场的区域垄断在形式上被打破，药品零售企业可以在全国跨省连锁。

（4）上游药品生产企业的市场地位在不断加强。

随着药品零售市场的放开，生产企业开始不断向下游流通领域延伸，通过自建、收购或特许加盟等方式直接进入药品流通市场，自己掌控药品销售终端。从而使生产企业的市场地位在不断加强，正改变其在流通市场中的弱势地位。

（5）消费者的选择自主权以及对药价的敏感程度在不断加强。

随着基本医疗保险制度的实施，消费者自付比例的提高，消费者的选择自主权以及对药价的敏感程度不断增强。

（6）药品集中招标采购对药品的流通产生了巨大的影响，进一步强化了医疗机构在药品流通中的强势地位，加剧了生产企业之间的竞争程度。

（7）医药分开的政策趋向是：有不少医疗机构一方面成立药品销售企业，涉足药品经营业务；另一方面其响应政府号召开始医、药分开的改革。

2. 药品流通市场运行现状

（1）药品流通市场销售总体平稳、增速放缓　近几年来，大型药品流通企业的主营业务收入、利润增长、费用控制普遍优于行业整体水平，对行业发展的引领作用进一步提升。药品流通行业总体销售增长放缓、运营成本增加、毛利率降低，对全行业发展形成了较大压力。从业人员应努力学习基本知识提高从业技能，迎接竞争挑战。

（2）药品零售市场呈结构性调整　近年来药品零售市场规模总体呈现增长态势，大型药品零售连锁企业发展迅速。但由于医院药品挤压药店药品价格、医院药房社会化低于预期、医药电商快速增长，使得传统业务增长空间收窄，药品零售市场规模扩张放缓，低于整体药品流通行业的销售增幅。药品零售业面临经营体系重建、多维竞争的局面。

实例：

新型药店经营模式

面对市场挑战，不少重点企业积极应对，立足国情，力求多元化、多渠道深耕拓展药品零售市场，以专业化服务和大健康市场为立足点探索新型药店经营模式，如设立 DTP（Direct to Patient，高值药品直送）专业药房，开展直接向消费者提供高值药品的直送业务。开设健康馆、名医馆，向消费者提供个性化的医疗保健服务。开办现代社区药店，开展以消费体验为主导的服务模式等多种适应新常态的经营之路。

（3）医药电子商务市场呈现快速增长态势　近两年来，医药电子商务继续快速发展。据商务部发布《2015年上半年药品流通行业运行分析及发展趋势预测》中给出的数据显示，医药电商营业收入增速基本都超过 50%，远远高于传统药品流通销售模式的增幅。加快"互联网＋"与医药产业的深度融合、拓展医药产业供应链已成为行业共识。

虽然医药电子商务整体销售收入占药品流通市场的比重不高，但其销售增速不断提高。随着"互联网＋"政策的进一步明朗,未来医药电子商务的发展潜力巨大,呈快速增长态势。

实例：

医药电商规模

据国家食品药品监督管理总局统计,截至 2016 年 12 月 6 日拥有互联网交易资质的企业合计为 830 家,其中业务范围为医药 B2B 第三方平台的 A 证共有 37 张；医药 B2B 业务的 B 证共有 195 张；医药 B2C 即网上药店业务的 C 证共有 598 张。据不完全统计,2016 年医药电商直报企业销售总额达 612 亿元。其中,B2B 业务销售额为 576 亿元,占医药电商销售总额的 94.2%；B2C 销售额为 36 亿元,占医药电商销售总额的 5.8%。

国内医药电商模式层出不穷,且深入到医药的全产业链过程,其中 B2C 最多,B2B 发展较慢,O2O 尚处于探索之中。面对医药电商的巨大市场,传统的药品流通企业以及行业外的互联网企业均表现出很大的热情。同时,在传统的医药购销基础之上,大健康服务广泛地应用于电商平台的建设之中,如上海医药与京东共建"云健康"平台、广州医药联手阿里健康、九州通与"春雨医生"合作、华润健一网布局 O2O、国药推进医疗健康产业平台建设以及天猫、百度、腾讯、微商城等各种医药电商模式不断涌现,由 B2B 模式向 B2B2C 模式转型,由传统商业贸易向现代化综合服务转型,为电商差异化、多元化、创新发展提供了模式创新、概念创新的典型案例。

(4) 医药物流现代化建设水平不断提升　在新版《药品经营质量管理规范》(GSP)实施、第三方现代物流的发展、互联网＋的推动下,现代医药物流有了新的发展。据抽样调查,医药物流企业广泛应用了仓储管理系统、仓库控制系统、无线射频系统、运输管理系统等一系列现代化管理软件和先进的管理手段,使订单处理能力达到 100%,账货相符率达到 95% 以上,准时送达率达 98% 以上,三项运营指标均有了大幅提高。例如,国药控股、华润医药、上海医药及九州通等大型集团公司采用先进物流技术装备,实施全国或区域内物流运营一体化策略。社会第三方物流企业利用自身干线运输能力及网络覆盖能力为医药物流配送提供专业服务,促进了行业物流效率和服务质量的提升。

3. 医药流通市场发展趋势

(1) 转型升级将成为行业发展新常态　未来几年,随着全面建成小康社会步伐的加快,老龄化社会的到来,医改的深化,大健康产业的发展,将继续释放医药市场容量。无论大型还是中小微企业,或是从业人员,都将抓住市场机遇,集中优势资源完善网络布局,构建贴近医疗保健需求个性化、服务便利化的新业务组合,强化内部管理做好外部服务,完善药品供应链安全高效管理,把实现转型升级作为新常态。

(2) 医改新政推进行业结构调整提速　"三医联动"系列改革持续深化,招标新政、医保控费、药价放开、市场监管趋严等政策,将会对医药市场药品销售结构产生重大影响。虽然药品市场刚性需求仍将持续,但药品临床需求及零售市场销售已进入"量增利减"阶段。受用量增加、销售价格降幅的影响,药品流通行业将出现成本增加、毛利率降低局面,企业的经营结构面临深刻变化,行业的赢利空间进一步收窄。企业应加速组织结构、经营结构及品种品类结构的调整,创新药品经营和服务模式,转变增长方式,练好内功增强适应能力,增强盈利能力。

实例：

"药房托管"

"药房托管"是指医院药房在所有权不发生变化的前提下,医疗机构(主要为医院)通过契约形式，将其交给具有较强经营管理能力并能承担相应风险的医药企业，进行有偿的经营和管理。作为"医药分开"的过渡模式，有的省份已经出台《关于加强全省公立医院药房托管工作管理的指导意见（试行）》，为革除"以药养医"诟病做出改革尝试。

(3) 信息技术应用快速推动行业发展转型　随着信息技术不断发展，药品流通行业利用内外资源、打破信息壁垒、推动行业跨界向医药供应链上下游服务转型将是未来的发展趋势。现代信息技术的应用将改变医药流通企业与上下游企业之间的关系，加速医药供应链之间的战略合作，拓宽药品流通渠道，提升流通效率，降低流通成本，重构药品流通行业供应链服务管理新格局。传统药品流通企业将抓住时机加速转型，应用先进互联网技术构建网络化、智能化、个性化、协同化的利益相关方供应保障生态体系，加速互联网与大健康产业的深度融合，拓展业务链，转型、创新发展。

(4) 药品流通行业已进入"互联网＋"新的发展时期　在国家以"互联网＋"战略推动下，医药电商潜在发展空间巨大。未来医药电商的跨界融合与发展将是行业服务模式转型的关键。医药互联网发展将促进健康产业的生态发展，构筑全新的药品流通行业智慧健康生态圈。企业将改变医药电商以流量为中心的传统模式，其应用模式由电脑端逐步转向移动客户端，推动医疗健康大数据的应用，提高行业服务能力和管理水平，改变行业的竞争格局。

实例：

"医药电商"

"医药电商"是指以医疗机构、医药公司、银行、医药生产商、医药信息服务提供商、第三方机构等以赢利为目的的市场经济主体，凭借计算机和网络技术（主要是互联网）等现代信息技术，进行医药产品交换及提供相关服务的行为。

前瞻产业研究院提供的《2015～2020年中国医药行业电子商务市场竞争与投资预测分析报告》数据显示，近年来我国医药电子商务快速发展：从企业数量看，截至2015年上半年，拥有互联网交易资质的企业合计近500家，同比增长近60%；从销售规模看，拥有互联网资质的医药电子商务营业收入平均增幅超过50%，远高于传统药品流通销售模式的增幅。2014年我国医药电商市场规模为46亿元，2015年医药电商规模达70多亿元，医药电商潜力巨大。

(5) 资本市场将促进药品流通行业实现跨越式发展　资本市场比以往更加关注药品流通行业，也正影响着上市和非上市药品流通企业的运行。以并购方式完成对产业资源的集中占据、对产业链条的系统把持，则可实现行业集中度和结构的优化。以互联网方式完成对传统企业商业模式的改造，对消费者需求的准确把握，则可稳步实现行业转型升级，促进药品流通行业效率的快速提升。未来几年，行业内以上市公司和领先企业为主导的并购整合，以及以互联网和成功嫁接了互联网的传统企业为主导的转型升级，将成为资本市场的关注重点。

实例：

PBM与GPO

医保控费需求对医药工业而言压力较大，但也会催生出PBM（药品福利管理）、GPO（中小医院集中采购组织）等医药领域新业态。医院的药品收入通常占比达到四五成。而支付方式如果改成总额预付后，药品就从收入项转变为成本项，商业公司PBM、GPO等新模式符合未来行业的趋势。借助于这两大模式，医药商业公司可以扩大正常配送市场份额，也可以通过从降低的药品成本中抽成，提升利润率，未来医药商业公司价值有望进一步提升。

第二节 药品营销渠道

> **情景引入**
>
> 王明在一家医药公司经过一段时间的实习,对医药行业与医药流通市场的概念、特点、现状与发展趋势有了初步了解。接着公司把他分配到销售部实习,跟着李师傅学习药品营销渠道,李师傅派他与其他实习生一起做市场调研,了解制药企业一般有哪些营销渠道模式,并根据调研情况设计公司现在的营销渠道。他该怎么做呢?

一、药品营销渠道的概念

在商品生产条件下,药品生产企业生产的药品,不是为了自己消费,而是为了满足医疗保健市场的需要。只有通过市场流通过程,才能实现价值,保证药品生产企业再生产过程顺利进行。由于现代化社会商品经济的发展,药品销售渠道已成为沟通生产者和消费者的必不可少的纽带。

市场营销渠道:是指产品从生产者向消费者或用户转移过程中所经过的一切取得所有权(或协议所有权转移)的商业组织和个人。简言之,就是产品在其所有权转移过程中从生产领域进入消费领域的途径。

药品营销渠道(也称药品分销渠道)就是指药品的市场销售渠道,渠道的起点是药品生产企业,终点是患者,中间环节由一系列的市场中介机构或个人组成。

药品分销渠道有两层含义:一是指药品实体从制药企业到患者手中的运输、储存过程,反映的是药品实体运动的空间路线。另一层含义是指把药品从生产企业送到患者手里的所有经营环节或经营机构,如大中小型医药批发公司,药品零售连锁药房、定点药房、社会药房、医院药房等,反映出药品价值形态变化的经济过程。企业的分销渠道策略就是对这两层含义所涉及的内容进行决策。

二、药品营销渠道的组成

1. 药品营销渠道的流程

药品营销渠道的流程最主要的有实体流程、所有权流程、信息流程及促销流程,见图 1-1。

(1) 实体流程 实体流程是指实体原料及成品从制造商转移到最终顾客的过程。在医药分销渠道中表现为:原、辅材料等从供应商运送到仓储企业,然后被运送到药品生产商的工厂制成药品。成品药品也须经过仓库仓储,然后根据商业客户(代理商)订单而运交商业客户(代理商),再运交医院或药店等零售企业,最后再送到患者手里。在某些分销情况下,也可由仓库或厂直接供应。在这一过程中,至少须用到一种以上的运输方式,如铁路、卡车、船舶等。

(2) 所有权流程 所有权流程是指货物所有权从一个分销机构到另一个分销机构的转移过程。在药品分销体系中,原、辅材料的所有权由原料供应商转移给制药企业,药品所有权则由制药企业转移到商业客户(代理商),而后转到医院、药店,最后到达患者手中。

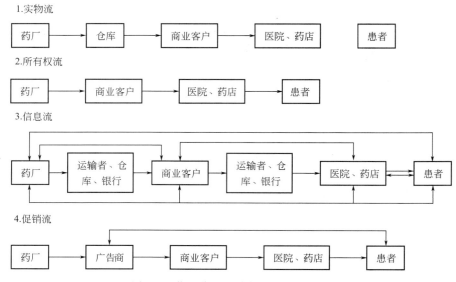

图 1-1　药品营销渠道各成员流程关系

(3) 信息流程　信息流程是指在药品分销渠道中，各分销机构间相互传递信息的过程。通常，渠道中每一相邻机构间会进行双向的信息交流，而互不相邻的机构（如药厂、商业客户、医院、药店、患者）间也会有各自的信息流程。

(4) 促销流程　促销流程是指广告、人员推销、宣传报道、促销等活动由一单位对另一单位施加影响的过程。促销包括原料供应商向药厂推销其品牌及产品，药厂向商业客户推销其品牌及产品（称之为贸易促销）等。药厂还可委托广告商向最终顾客推销自己的名称及产品以便影响商业客户购买其药品（称之为最终使用者促销）。

2. 医药营销渠道的功能

医药分销渠道的主要职能有如下几种。

(1) 药品的销售与促销　开发和传播有说服力的供应商消息。

好的商业客户能建立合理的分销渠道，以促进产品的销售，并改善产品质量，使企业的产品能够快速到达目标人群。

(2) 整买零卖　达成有关价格以及其他方面的协议，完成所有权或使用权的转换。

(3) 仓储与运输　运输和储存货物。

药品进入商业客户或销售渠道等环节的仓库时，已成为药厂仓储和货物配送功能的伸延，减少了药厂直接销售时租赁仓储的开支。

(4) 融资功能　获得和使用资金，补偿分销渠道的成本。

从财务上来看，赊销对药厂来说意味着投资，对商业客户来说就意味着融资。很多大药厂都在控制在外货款，有的干脆实行款到发货，以避免投资风险，减少坏账的生成。

(5) 承担风险　承担渠道工作中的风险。

如果企业将药品供给商业客户，又及时收回货款，可避免医院拖欠货款的风险，也就是说商业客户承担了药厂的风险。当然，药品价格涨落时的滞后效应，也会产生风险承担问题，一般按双方协议规定或协商解决。

(6) 信息沟通　收集和发布营销环境中相关者和相关因素的市场研究和情报消息，用于制订计划和帮助调整。搜集信息及进行信息传递的功能一般随着销售渠道的形成而形成。

信息沟通功能主要通过以下几方面实现。

① 利用商业客户和消费者直接联系,可以归纳总结产品销售信息和购买者对产品使用信息,以及药品医学信息。

② 利用商业客户和医院的关系,也可以传递药厂产品销售信息和药品医学疗效信息,还可将医院对药厂产品的使用信息反馈给药厂。

③ 药品销售会议、全国商业会议是传递和搜集自身产品和医学信息的最佳场所。

三、药品营销渠道的类型

现代的分销渠道系统都是渠道成员之间采取不同程度的一体化经营或联合经营而形成的分销渠道系统。一方面,大公司为了控制和占领市场,实行集中和垄断,往往采取一体化经营或联合经营的方式。另一方面,广大中、小批发商和零售商为了在激烈竞争中求生存与发展,也往往走联合经营的道路。在这种渠道中,各层次的成员之间形成一种更密切的联系。

现代渠道系统主要有四种。

1. 垂直销售渠道系统

垂直销售渠道是由制造商、批发商和零售商形成的专业化统一体,他们协商行动,对渠道的影响取决于谁的能量和实力最强。最强的一方或者拥有其他各方,或者给其他各方以特许权,或者领导这种营销系统的合作,是实行专业化管理与集中性控制的一个网络。在此网络系统中,各个成员为了提高经济效益,都采取不同程度的一体化经营或联合经营。所以,它能控制渠道成员的行为,消除由于独立成员追求各自目标而引起的冲突,各成员通过规模经济提高讨价还价的能力和减少重复服务而获得效益。这种系统的交换能力和避免重复经营的特性,使其得以有可能实现规模经营,并与传统销售渠道系统进行有效的竞争。这种垂直销售渠道在一些发达国家已成为药品市场的主要分销形式,也是我国药品分销渠道发展的主要趋势。垂直销售渠道系统和传统销售渠道的比较见图 1-2,不同产品垂直分销渠道的比较见图 1-3。

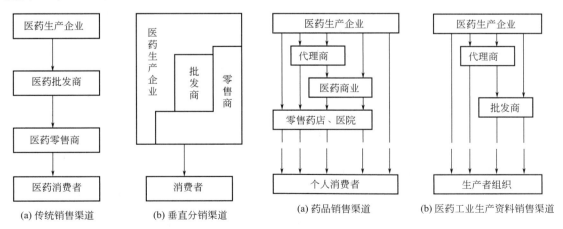

图 1-2 传统销售渠道和垂直分销渠道的比较　　图 1-3 不同产品垂直分销渠道的比较

根据系统中成员的结合方式的不同,垂直营销系统又可分为 3 种主要类型。

(1) 公司式垂直销售渠道系统(垂直一体化销售系统)　是指整个销售渠道的所有部分都为一个公司所有,且整个销售渠道系统中的所有管理职能由一个公司来完成。这种销售系统的重要特点就是拥有系统所有权的公司统一管理一系列工厂、批发机构和零售机构，控制渠道的若干层次甚至整个销售渠道，容易实现对系统的协调与控制。

这种系统按照公司性质不同又可分为两种：

一是由大型工业公司拥有和管理的"工商一体化"经营，以工业为主营；

二是由大型商业公司拥有和管理的"商工一体化"经营，以商业为主营。

（2）管理式垂直销售渠道系统　这种渠道系统与传统的销售渠道系统类似，即销售渠道系统中各个成员是相互独立的。但不同点是系统中的成员间的关系由对立变为合作者，即共同协调、共同努力，使得整个渠道系统达到最大效益。一般来讲，是以系统中其他成员认可的、实力强、声誉好、管理先进、影响力大的一家企业为核心，周围拥有若干小企业，大企业为小企业提供某种特定的服务或支持，小企业愿意听从大企业的指挥。

实例：

华北制药（集团）以大带小模式

华北制药集团有限责任公司是我国最大的制药企业，位于河北省省会石家庄市，为有三十多家子公司、多元投资主体的企业集团。公司经营范围由单纯的制药拓展到了生物、化工、农药、商贸等领域。公司的主体为华北制药厂，1953年6月开始筹建，总投资7588万元，1958年6月全部投产。华北制药厂的建成，开创了我国大规模生产抗生素的历史，结束了我国青霉素、链霉素依赖进口的历史，缺医少药的局面得到显著改善。

（3）合同式垂直销售渠道系统（增值伙伴关系）　是指不同层次的独立的药品生产企业和中间商获得单独经营达不到的积极效益而以合同为基础建立的联营系统。联合体不是独立法人，而各成员是独立法人。

这种销售渠道系统可分为3种。

① 批发商发起的合作　这是一种由批发商组织各个独立的零售商合作的组织。这种合作组织主要是为了和大零售商开展竞争而组织起来的联合组织。在这种合作的组织中，批发商通过大批量进货，然后供给零售商，以节省商品的流通成本。另外批发商也可向零售商提供各种专门服务，以提高所有合作成员的经济利益。

② 零售商发起的合作　这是一些独立的中、小零售商为了与大零售商竞争而组成的合作组织。这个组织的所有成员通过这种合作组织，以共同的名义统一采购部分商品、统一进行广告宣传活动及共同培训职工等，同时也可进行某些生产活动。

③ 特许权组织　这是指在经营系统中的所有者即特许者，与希望使用特许者经营系统的被特许者在合同基础上达成某种协议的组织。根据协议规定，被特许者可以享用特许者的某种权利，如美国的可口可乐公司与我国某些公司签订合同，允许其分装它的可口可乐饮料，并给广大的零售商经营可口可乐的特许权。

2. 水平销售渠道系统

相对于前面讲的由一种销售渠道中各个成员间的纵向经济联合所形成的垂直销售系统，水平销售渠道系统是指由两个以上独立渠道成员通过建立联合关系，统一它们的资源和计划来开发一个新的市场营销机会，或共同开拓一个新市场。采取这种联合，可以克服单个企业在资金技术、生产力等方面的不足，同时也可以减轻单个企业在开发新的市场机遇方面所承担的风险，以取得比单个企业经营更大的效益。

这种销售渠道系统，可以分为暂时的松散型联合和长期的固定型联合，也可共同建立一家新公司合作新业务。松散型联合体往往是为共同开发一个市场机会，各有关企业联合起来共同策划和实施分销渠道。固定型联合体要建立同时为各有关企业开展分销活动的销售公司。

3. 多渠道系统

随着市场经济的发展，我国医药企业的生产规模在不断扩大，产品数量和种类也越来越多。对于一个医药企业所生产的全部药品，如果只通过一种类型的销售渠道系统来销售，必定会因为不同药品销售特点的不同而产生问题，所以必须通过各种不同的销售渠道来共同销售。这种使用多种销售渠道来把自己的产品销售给同一或不同的细分市场的销售渠道系统，就叫多渠道系统。

多渠道系统一般包括以下两种类型：第一种是医药生产企业通过两种或两种以上的竞争性分销渠道销售同一商标的药品，而这种多渠道系统又可能会使不同渠道间展开激烈竞争，带来疏远原有渠道的危险。第二种是医药生产企业通过两种或两种以上分销渠道销售同一公司生产的不同品牌的差异性药品，这样使用多渠道销售后，就可以使医药生产企业能够扩大市场占有率，满足具有不同需要的顾客的需求。

4. 网络营销系统

这是一种新兴的销售渠道系统，也是对传统商业销售运作的一次革命。生产或经营企业通过互联网发布商品及服务信息，接受消费者和用户的网上订单，然后由自己的配送中心或直接由制造商邮寄或送货上门。有两种模式：一种是企业之间的交易，称为 B-to-B 方式，它是一个将买方、卖方及中介机构如银行之间的信息交换和交易行为集合到一起的电子运作方式，这种方式交易的金额大，有严格的电子票据和凭证交换关系。另一种是企业与消费者之间的交易，称为 B-to-C 方式，消费者利用电子钱包可以在瞬间完成购物活动，足不出户就能买到世界上任何地方的药品。这种销售过程彻底改变了传统的面对面交易和一手交钱一手交货的购物方式，缩短了产、供、销与消费者之间的距离，加快了资金、商品的流动，是一种崭新的、很有效的、保密性好的、安全可靠的分销系统。现在有许多企业已设立了网上销售系统。

实例：

"珍诚医药"网络药品销售的先行者

浙江"珍诚医药"2007 年获得了企业间互联网药品交易服务的合法资质，拥有了直接从事网上药品批发的交易服务资质。"珍诚医药"直接面向药品的供货方和购货方，为遍布城乡的药品批发或零售企业和药疗机构提供一个在线采购的 B2B 电子交易平台，并结合现代物流配送、银行信用支付服务、数据对接与软件一体化指导等，提供全程服务。厦门金日集团就通过与"珍诚医药"的合作，使自己的产品迅速铺向了终端市场，在短时间内供不应求。

总之，医药分销渠道系统的产生与发展，是要和整个社会经济发展水平相适应的。随着医药商品流通规模的扩大，市场供求矛盾不断转化，分销渠道系统也必须随之变化，各种更有效的分销渠道系统也就不断出现，以适应医药市场的迅速发展。

四、医药中间商

1. 医药中间商的概念

中间商是指处在分销渠道中间环节的市场中介机构或个人，即进行药品批发、零售或代理的专业公司，是联系药品生产企业和患者的中间环节。如图 1-4、图 1-5 所示，如果3个药厂的药品要到达3位患者手中，没有中间商时需要9条路径；如果有中间商则只需3条，大大降低了药厂的销售成本。所以，药厂在药品销售中都要选择合适的中间商即商业客户。

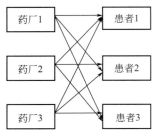

图1-4　没有中间商的销售途径

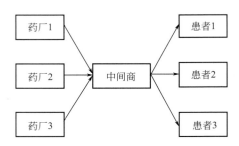

图1-5　中间商建立后的销售途径

如：心脑血管类用药"脉栓通片"，哈药集团三精制药有限公司生产，诚招部分地区经销商。欣普善（脑蛋白水解物）诚征国内各省市独家代理，它的国内总代理是中国药材郑州公司。

2. 医药中间商的类型

按其在流通中的作用地位不同，中间商可分为批发商、零售商、代理商和经销商等。

（1）药品批发企业

① 批发商和药品批发企业的定义　《药品管理法实施条例》对药品批发企业的定义是："药品批发企业是指将购进的药品销售给药品生产企业、药品经营企业、医疗机构的药品经营企业。"

药品批发商处于医药商品分销渠道的中间环节，是医药商品分销渠道的重要组成部分。药品批发商经营的特点是成批购进和成批出售，它们并不直接服务于最终消费者。

② 药品批发的重要性　药品批发企业是药品销售渠道中不可缺少的机构，在沟通药品生产与销售的过程中，发挥了重要作用。无论是处方药或非处方药，大部分或绝大部分都经由批发企业转售给医院药房或社会药房。这是因为药品零售商——社会药房、医疗机构药房数量庞大、规模小、经营品种多，并分布于城乡各处，非常分散。而另一方面，药品生产企业相对数目较少，比较集中，每家企业生产的药品品种较少甚至仅数种。药品的最终消费者——患者，更是分散，而治疗要求药品必须及时。药品市场供销之间的空间、时间、品种、数量、拥有权等方面的空隙，须由药品批发企业涉足其内，促使药品流动、所有权和管理权转移、信息和资金流动，使药品市场具体化，完成药品营销功能，实现药品为人们健康服务的目的。

③ 药品批发企业的功能作用

a. 降低药品销售中的交易次数　这是指药品销售时，若由生产企业直接与零售商交易，其交易次数大大高于通过批发企业再销售给零售商的交易次数。

知识链接

如何计算交易次数

交易次数可以采用以下方法计算得到。1000家药厂向5万家药房销售药品，每月交易一次，则交易次数为5千万次，每年为6亿次。若每天交易一次，则每年为130亿笔交易，这显然是办不到的。若改变为通过250家药品批发公司各与200家药房进行交易，1000家药厂每周与250家药品批发公司交易一次，每家药品批发公司每日与200家药房交易一次，每年折为50周、260个工作日，则交易次数为2550万笔交易。

1000（生产者）×250（批发企业）×50（周）＋250（批发企业）×200（药房）×260（工作日）＝25500000（年交易次数）

因为每一次交易都有费用及一系列活动，减少交易次数就可减少费用和人力物力的投入，并可减少差错发生率。由此可见通过药品批发企业销售药品所产生的经济效益大。

b. 集中与分散功能　药品批发企业在沟通产销的过程中，从各生产企业调集各种药品，又按照医院需要的品种、数量分散给药房，担任着繁重的集散各地各种药品的任务，起着调节供求的蓄水池作用。它们为药品生产企业服务，大批量购进药品，减少生产企业的库存。同时也为社会药房、医疗机构药房服务，使它们能就近、及时买到药品，并减少了药房库存费用。一般来说药房三分之二的资金受到购买和库存再销售的限制，库存周转率对药房经营影响很大。药房从邻近的药品批发商处购买药品，使提高库存周转率得以保证。药品批发企业的集中与分散（又被称为调配）的功能，是使药品价格增值的重要因素。

④ 药品批发企业的类型

a. 商人批发商（商业批发商）　商人批发商又称独立批发商，对其经营的药品拥有所有权，是批发商中最主要的部分，占50%～60%。可分为完全服务批发商和有限服务批发商两种。前者提供几乎所有的批发服务，其持有存货、负责送货、有固定的销售人员、提供顾客信贷以及协助管理等。后者指对其顾客提供有限的服务。

b. 大型制药企业的分销机构和销售办事处　制药企业的分销机构和销售办事处是制药企业自行经营其产品批发业务的独立商业机构。这种形式有利于企业掌握药品市场动态和加强药品促销活动。

（2）药品零售企业

① 药品零售企业的概念　《药品管理法实施条例》对药品零售企业的定义是："药品零售企业是指将购进的药品直接销售给消费者的药品经营企业。"

零售商和批发商都是商品流通渠道的中间商，批发商是流通领域的起点或中间环节，零售商是流通环节的终端。二者的根本不同之处是批发商的销售对象是零售商或另一批发商，而零售商的销售对象是最终消费者。

② 药品零售企业的类型　广义的药品零售机构，包括药品零售经营企业，又称零售药房（或称社会药房），以及医疗机构药房（含医院药房、诊所药房及各种保健组织的药房）。社会药房和医疗机构药房的不同之处是，前者为企业性质，要承担投资风险；后者是医疗机构的组成部分，不具有法人资格，不承担投资风险。

a. 零售药房　零售药房是指直接向病人提供其所需的药品和保健服务的机构。零售药房遍及城乡、数量众多，将成批的多品种药品拆零，供应给附近的病人，使病人可以很方便地买到所需的各种药品。另一方面，社会药房销售药品时，为病人提供服务，从药房的橱窗布置、药品宣传内容，到答复患者购药询问、记录患者购药记录卡等服务活动来看，不仅专业技术性强，而且对病人防病治病有很重要的作用。因此，社会药房与一般消费品零售商店不相同，是医疗保健系统的重要组成部分。

我国的零售药房包括如下四种。

一是零售药房和零售连锁企业：零售药房在我国药品零售业中占的比例很大。药品零售连锁企业由总部、配送中心和若干门店构成。总部是连锁企业经营管理的核心。配送中心是连锁企业的物流机构，只准向该企业连锁范围内的门店进行配送，不得对该企业外部进行批发、零售。门店按总部的制度、规范要求，承担日常药品零售业务，门店不得自行采购药品。

二是经营处方药、甲类非处方药的零售药店和经营乙类非处方药的零售药店（或零售点）：经营处方药、甲类非处方药的零售药店，必须配备执业药师或其他依法经资格认定的药学技术人员。经营乙类非处方药的零售药店，可以不配备执业药师，但应配备经县级或市级药品监督管理局组织考核的业务人员。

三是经营中药饮片的零售药店：这是指以调配中医处方（检药配方）为主的中药零售药店，亦称中药铺。这类药店应配备执业中药师，经依法认定资格的中药技术人员和资深老药工。

四是定点零售药店：是为城镇职工基本医疗保险参保人员提供处方外配服务的零售药店。处方外配是指参保人员持定点医疗机构处方，在定点零售药店购药的行为。定点零售药店必须配备执业药师或依法经资格认定的药学技术人员，具备及时供应基本医疗保险用药和24小时提供服务的能力。

零售药房与医院药房相比，具有以下特点：一是数量众多，分布很广。我国的药品零售经营企业有14万家左右，城乡到处都有药房、售药柜，使药品成为患者在防治疾病时，最容易得到的物品。二是具有企业性质。一般来说，社会药房是在必须保证药品质量前提下，为盈利而进行自主经营的企业性质的经济组织。三是经营的品种较多，除处方药、非处方药外还销售保健用品。

实例：>>>

国外发达国家零售药房现状

日本的社会药房根据日本的药事法，社会药房主要按照能否销售处方药分类，分为：①药局，可销售处方药和非处方药，可调配处方，必须配备执业药师。②一般销售业药店，可以销售处方药和非处方药，不能调剂，必须配备执业药师。③药品商药店，只能销售非处方药，可以不配备执业药师，但需配备经都、道、府、县培训认可的药学技术人员。以上3类社会药房均必须有固定的营业场所。④配制销售药商，只能销售经批准的部分非处方药，不要求固定的营业场所及执业药师。⑤特例销售药商，指经批准在车站、商店开设销售经批准的部分非处方药的柜台。⑥保险药局，与药局要求相同，主要任务是调配医疗保险可报销药的处方，执业药师人数多。日本各类社会药房均由所在地的都道府县批准，其分类是法定的，不得随意改变性质、名称。各类社会药房均有相应的行会、协会组织，协助政府进行行业管理。

美国的社会药房按所销售的处方药比例，大体分为3类：第一类是处方药房，处方药销售额在50%以上，药房面积小于1200平方英尺（1英尺=0.3048米）。第二类是传统药房，处方药销售额占总销售额的30%～60%，面积在3000～5000平方英尺。第三类是超市药房，处方药销售额占总销售额比例很小，但调配的处方数很多。这些药房都配备有执业药师，并按照各州《药房法》规定注册。没有配备执业药师的便不是药房，非处方药可在各种商店出售。另外，还有专门从事邮购处方药的机构，例如堪萨斯城药品服务部，每年邮出20多万张处方的药品。还有贴现商店销售处方药和非处方药。

b. 医院药房　在原先的医疗体制中：医疗、药品混在一起，形成的是"以药养医"的情况，造成医疗制度落后，与医药业的现状相脱离。

国家《关于城镇医药卫生体制改革的指导意见》中明确指出：实行医药分开核算，分别管理，解决当前存在的以药养医问题，必须切断医疗机构和药品营销之间的直接经济利益联系。

医药卫生体制改革的目标是医药分家，即指医药要分开核算，分别管理。医院开药店后药店实施独立核算，照章纳税，也就避免了医院对药品销售的垄断、以药品差价收入来补偿医院经费不足的补偿机制和层层"吃回扣"拿好处费的现象，这样势必会促进医疗与药店的双赢。最后直接的受益者是消费者，减少了消费者在医院和药店间来回奔走的麻烦，既能得到医生的诊断和处方，又能在医院不远处就买到便宜的药。医院药店的出现，相互之间的竞争，促进了医院的医药改革，而医院的医药分开又可以进一步促进整个医药市场的发展。

实例： ▶▶▶

医院药房改革

成都市华西附一院在全国率先实行院内开架式药房后，成都市三医院推出便利药房。利用医院现有的药师资源和进货渠道，以更灵活的方式吸引患者。由于目前众多药店奇缺执业药师，这成为药店参与市场竞争的软肋。如果市内专业医院从中受到启发，也开起便利店，新一轮竞争将不可避免。在北京、宁波、广州等地甚至开始出现了医院开药店的情况。北京同仁医院开办的怡然堂药店坐落在医院马路的对面，朝阳医院的和寿春药店则开在其东门。在宁波市号称最大医院的李惠利医院也率先开出"惠利"药店，该药店开在医院的大门口，店门朝向医院内部。广东省人民医院的康发大药房、中山大学附属第二医院的博济药店、中山大学附属第三医院的便民药店、还有广州军区总医院的自费药房等等先后在医院附近最显眼的位置开了起来。现在有不少医院都建立医疗集团，药店应该是集团的一部分，开药店也是医院进行资本扩张的一种形式。

③ 药品零售企业其他试点

a. "村级药品连锁专柜"　重庆市农村出现一种被称为"村级药品连锁专柜"的药店。这种药品专柜的药品是由桐君阁大药房统一配送，按国家规定的价格卖给农民，可以较好地解决农村药品供应混乱的问题。

b. "汽车零售药店"　由于新疆维吾尔自治区的农牧区面积大、人口分散且流动性强，正规固定药店经营成本过高，以国营为主的药店经营网点偏少，远远不能满足农牧民的需要。为保证广大农牧民买药方便和用药安全，"汽车零售药店"出现在新疆的农村。

c. "药品平价大卖场"　药品便宜是最重要的因素，而方便、品种、服务都是次要。

实例： ▶▶▶

平价药店挑战医院用药市场

上海"开心人"大药房与海江医院合作，具体模式是：海江医院关闭自有药房，医院用药交由进驻医院的"开心人"大药房提供，医院只管诊治、开方、护理，不再管药。病人拿着处方，可到医院内的"开心人"药房购药，也可以到其他任何地方购药。"开心人"海江医院药房将利用其平价药房的渠道统一进药，统一定价。与其他医院药房相比，这里药品总量不少，药价平均要低30%以上。这种平价药店挑战医院用药市场，将促进民营医院采用"医药分家"方式，对公立医院也构成冲击。

（3）药品代理商　药品代理商是一种以厂家名义或厂家和自己的联合名义销售产品，兼有批发商和企业销售机构的双重性质，受制药企业委托，代理销售其几种或全部产品，但不拥有药品所有权的中间商。药品销售代理商类似于该制药企业的销售部门，除负责推销该制药企业产品外，其他限制比较小，因此，在价格、地区和交易条件方面有较大的影响力和自主权，等于药品批发企业扩大了经营范围。

药品代理商分为生产代理商、销售代理商和采购代理商三类。生产代理商：是指受生产企业委托，签订销售协议，在一定区域内负责代生产企业产品，收取一定佣金的中间商。

企业代理商和生产企业间是委托代销关系，它负责推销产品，履行销售商品业务手续，生产企业按销售额的一定比例付给企业代理商酬金。代理商可以同时为几个生产企业代理非竞争性的药品。生产企业也可委托若干个企业代理商在不同地区推销其产品。销售代理商：是一种独立的中间商，受生产企业委托全权独家经销生产企业的全部产品。销售代理不受销售地区限制，并对商品售价有一定的决策权。生产企业同一时期只能委托一个销售代理商，代理商也不能代销其他企业的药品。正因为如此，销售代理商要对生产企业承担较多的义务（如一定推销数量，为生产商提供情报，负责药品促销等）。采购代理商：一般与顾客有长期合作关系，往往负责为其采购、收货、验货、储运，并将货物运交买主。

实例：

诚招医药代理商

江苏先声药业有限公司新特药经营部现有国家一类、四类新药抗生素（口服、注射），能量营养药、抗肿瘤止吐药、抗病毒（儿童）及涉及妇科、心血管的中药，面向全国诚招区域独家代理商。抗生素规格、剂型独家特有，具招标优势。希望有一定网络销售能力和经济实力的单位或个人加盟。

（4）药品经销商　药品经销商是医药市场营销渠道中的一个广泛群体，利用经销商促进销售也是营销渠道中最为常见的营销模式。一般由生产企业负责市场开发，经销商负责产品的销售。借助经销商健全的销售网络，生产企业通过与之建立良好的合作关系，形成能够共存共荣的联合体，从而促进经销商完成生产企业在目标市场的销售目标。经销商也可通过其销售网络为生产企业搜集市场信息，及时地反馈给生产企业，以推动产品开发和技术改进。

药品代理商与经销商的主要区别：一是药品代理商只是受制药企业委托代理药品销售业务，但不拥有药品的所有权，而药品经销商拥有药品的所有权；二是药品代理商经营的是代销业务，所以无需垫付药品资金，但药品经销商要根据合同预先垫付部分资金，才能购进所经营的药品；三是药品代理商赚取的是委托销售的制药企业支付的代理费用，而药品经销商赚取的是药品购进与销出价之间的差额；四是药品代理商更偏重于某一领域的同类医药产品，如医疗器械代理商或者药品代理商。而药品经销商经营的产品种类更多，业务繁杂，可能医疗器械与药品同时经营，如药店。

第三节　药品营销人员职业定位

情景引入

王明在一家医药公司实习，经过一段时间的医药市场调研，他与团队顺利完成了公司近期"药品营销渠道设计"，得到领导好评。现在他可以返回公司总部上 HR 指导课了，结业时他必须做出选择：请你作出在本公司的职业定位。他要好好弄清楚公司都有哪些岗位？岗位职责又是怎样的呢？

一、药品营销人员的分类

下面分别介绍医药批发公司、零售药店的药品营销人员的分类。

1. 医药批发公司

较大规模的医药公司与药品营销业务相关的主要部门与人员设置如图 1-6 所示。

2. 零售药店

药店的主要岗位与人员设置如图 1-7 所示。

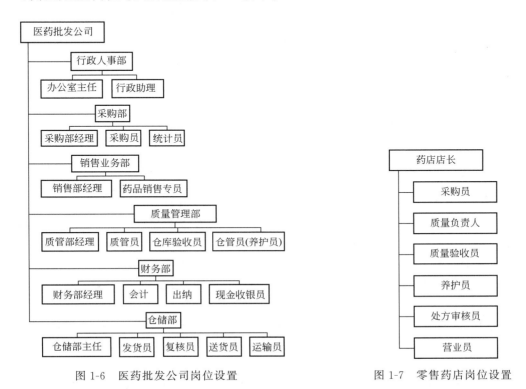

图 1-6　医药批发公司岗位设置　　　图 1-7　零售药店岗位设置

二、药品营销人员的岗位职责

受篇幅限制，主要介绍采购部、销售部、质量管理部、零售药店人员岗位职责。

（一）采购部

1. 采购部经理岗位职责

（1）主持采购部全面工作，根据销售部所报的采购计划，结合公司现有商品库存，按照采购工作程序组织采购工作实施，确保各项采购任务保质保量保价完成。

（2）随时掌握药品供应、价格的市场变化情况，指导并监督下属开展业务，确保采购到门店满意的药品和保证公司利润最大化。同供应商经常沟通，解决合作中出现的问题，务必以有效的资金，保证最大的商品供应。

（3）要熟悉和掌握公司所需各种药品的名称、型号、规格、单价、用途和产地。检查购进药品质量是否合格，对公司采购的药品和质量负有领导责任。

（4）参与大批量药品订货的业务洽谈，提供供货商信息，协助公司选择供应商，对供应商进行管理及考评，每年按一定比例更新供应商。

（5）认真监督检查各采购员的采购流程及价格控制，督导采购人员在从事采购业务活动中，要遵纪守法，讲信誉，不索贿，不受贿，与供货单位建立良好的关系，在平等互利的原则下开展业务往来。

（6）提供首营新品的基本信息，呈总经理及主管副总经理，以便做新品选择决策。负责跟踪收集新品到店的销售情况，为优胜劣汰品种提供依据。

（7）随时掌握库存数量，保证满足各店销售需要，不出现门店商品断货情况。

（8）指导库管对库存商品进行规范化管理，货物摆放合理，环境适合药品存放要求，并定期监督库管对库存商品进行盘点。

（9）对滞销和效期商品及时进行调拨、退换，使所有药品都能在有效期以前被销售。

（10）负责部门人员的思想、业务、服务意识培训，提高员工的综合素质。

（11）完成领导交给的其他临时性工作。

2. 采购员岗位职责

（1）协助部门经理完成采购部日常事务工作。

（2）负责公司中西药品的采购工作，属招标采购品种按有关规定执行。

（3）规范、协调采购政策和行为，把握进货渠道的合法性。保证药品质量优质，价格合理。

（4）保证临床用药，对临时需要或抢救急用的药品要及时解决。

（5）了解药品信息及价格，正确执行药品价格政策，保证药品价格的准确性。退入库手续清楚，单据齐全。文件、单据妥善保存。

（6）与医药公司互通信息，做好剩余药品、缺药、破损药品、效期药品的协调工作。

（7）负责药品信息的维护，保证其准确性。维护计算机及其他设备，确保设备处于良好状态。

（8）负责药品入库、出库、调价、报损、盘点等中西药库及制剂的日常业务的计算机管理工作。

（9）协助库管人员管理药品，做到账物相符。

（10）为财务、审计提供各种报表及其他药品报表工作。完成其他与采购相关事宜，处理日常办公事务。

（二）销售部

1. 销售部经理岗位职责

（1）分析市场状况，正确作出市场销售预测报批。

（2）拟订年度销售计划，分解目标，报批并督导实施。

（3）拟订年度预算，分解、报批并督导实施。

（4）根据中期及年度销售计划开拓完善经销网络。

（5）根据网络发展规划合理进行人员配备。

（6）汇总市场信息，提报购进药品计划和建议。

（7）洞察、预测渠道危机，及时提出改善意见报批。

（8）把握重点客户，控制70%以上的产品销售动态。

（9）关注所辖人员的思想动态，及时沟通解决。

（10）根据销售预算进行过程控制，降低销售费用。

（11）参与重大销售谈判和签订合同。

（12）组织建立、健全客户档案，并维护好公司客户网络。

（13）指导、巡视、监督、检查所属下级的各项工作。

（14）向直接下级授权，并布置工作。
（15）根据工作需要调配直接下级的工作岗位，报批后实行并转人力资源部备案。
（16）负责制定销售部门的工作程序和规章制度，报批后实行。
（17）受理直接下级呈报的合理化建议，并按照程序处理。
（18）填写直接下级过失单和奖励单，根据权限按照程序执行。
（19）每周定期组织例会，总结和计划本部门的工作情况。

2. 药品销售专员岗位职责

（1）负责完成公司分配区域的客户订单的报价、输入处理，维护和建立良好的客户关系。
（2）对客户的投诉及意见进行登记、反馈和处理。
（3）完成营销渠道管理工作
① 掌握所经营品种的产品知识、价格、销售政策、流程等情况，严格按照公司制度办事。
② 熟悉客户业务各项流程，定期对区域内的终端客户进行业务拜访。建立并完善区域销售网络。
③ 保持、促进本公司产品在客户处的销售，并保证应收账款的回笼。
④ 密切关注本公司产品在客户处的销售动态，并及时调整预防近效期货及因滞销而造成的退货的发生。
（4）市场信息搜集反馈工作
① 采集本公司产品销售、库存数据以及有关的一切相关信息的搜集、反馈。
② 有关竞争对手及产品的信息搜集。
③ 市场方面对于产品方面的反应性信息。
④ 客户的动态信息搜集。建立完善的客户信息档案，并确保该资料的完整性和准确性。

（三）质量管理部

1. 质管部经理岗位职责

（1）认真贯彻执行《中华人民共和国药品管理法》《药品经营质量管理规范》及《药品经营质量管理规范实施细则》等相关法律、法规和公司制定的一系列药品经营质量管理制度。
（2）制定与开展质量方针、目标，负责起草、编制质量管理制度、质量责任制度及经营环节的质量程序文件，并指导、检查、督促各项管理制度的实施。
（3）负责公司药品经营全过程的质量管理工作，坚持原则，正确处理药品经营过程中的质量问题，对药品质量具有否决权。
（4）负责对企业质量方针、目标、GSP以及质量管理制度的实施情况进行检查与考核，定期开展企业内部质量体系评审，下达整改通知，并监督整改。
（5）负责处理用户有关药品质量问题的来信来访，不定期开展信访、走访、质量查询工作。
（6）负责对业务部门的首营企业及首营品种质量审核并进行登记，收集用户对新药品的质量反映，及生产厂家为不断提高药品质量提供的信息，并审核采购计划。
（7）带领本部门人员做好主营品种的质量档案，负责规范全企业质量台账记录、原始记录及统计报表等。

（8）配合办公室做好员工的法律、法规及质量管理方面的培训工作。

（9）负责不合格药品的确认、审核、报损、销毁、处理工作，并对全过程进行监督。

（10）根据公司整体质量状况组织质量控制方案，监控产品全程质量，并定期评估控制方案。

（11）处理客户反馈，建立快速质量反馈体制，依据反馈改善质量控制。

（12）总结产品质量问题并协调有关部门及时解决。

（13）主持原材物料的检验及产品的评审工作。

（14）负责质量档案的管理，各种质量数据的统计、审核、报送、分析工作。

2. 质管员岗位职责

（1）树立"质量第一"的观念，坚持质量效益的原则，承担质量管理方面的具体工作，在药品质量管理、工作质量管理方面有效行使裁决权。

（2）依据公司质量方针目标，制订本部门的质量工作计划，并协助部门领导组织实施。

（3）负责质量管理文件在本部门的执行，定期检查制度执行情况，对存在的问题提出改进措施，并做好记录。

（4）对公司经营过程中的药品质量进行严格检查监督，定期对公司质量管理工作的执行情况进行检查、考核，在公司内部有效行使否决权。

（5）在公司各部门的协助下，做好本公司的质量培训、教育工作。

（6）负责对上报的质量问题进行复查、确认、处理、追踪。

（7）负责对药品养护工作的业务技术进行指导。

（8）负责处理药品质量查询。对客户反映的质量问题填写质量查询登记表，及时查原因，迅速予以答复解决。

（9）负责质量信息的管理工作。经常收集各种药品信息和各种有关质量的意见建议，组织传递反馈，并定期进行统计分析提供分析报告。

（10）负责不合格药品报损前的审核及报废药品处理的监督工作，做好不合格药品相关记录。

（11）收集、保管好本部门的质量资料、档案，督促各岗位做好各类台账、记录，保证本部门各项质量活动记录的完整性、准确性和可追溯性。

（12）协助部门领导组织本部门的质量分析会，做好记录，及时填报质量统计报表和各类信息处理单。

（13）负责药品不良反应信息的处理及报告工作。

3. 仓库验收员岗位职责

（1）树立"质量第一"的观念，坚持质量原则，把好药品入库质量第一关。

（2）负责按法定标准和合同规定的质量条款对购进药品逐批进行验收，有效行使否决权，质量不合格的药品不得入库。

（3）验收药品应在符合规定的待验区进行，并及时验收完毕。

（4）验收时应对药品的包装、标签、说明书以及有关要求的证明文件进行逐一检查，整件药品包装中应有产品合格证。

（5）验收外用药品，其包装的标签或说明书上要有规定的标识和警示语或忠告语，非处方药的包装要有国家规定的专有标识。

（6）验收进口药品，其包装的标签应以中文注明药品的名称、主要成分以及注册证号，并有中文说明书，以及合法的相关证明文件。

（7）验收中药饮片应有包装，并附有质量合格的标志。每件包装上，应标明法定的药品质量内容。

（8）验收首营品种，应有首批到货药品同批号的药品出厂检验报告书。

（9）规范填写验收记录，做到字迹清楚、内容真实、项目齐全、批号及数量准确、结论明确、签章规范，验收记录保存至超过药品有效期一年，但不得少于三年。

4. 仓管员（养护员）岗位职责

（1）坚持"质量第一"的原则，在质管员的技术指导下，具体负责在库药品的养护和质量检查工作。

（2）负责对库存药品定期进行循环质量养护检查，一般药品每季一次，重点养护品种增加检查次数（每月一次），并做好养护检查记录。

（3）对由于异常原因可能出现问题的药品、易变质药品、已发现质量问题药品的相邻批号药品、储存时间较长的药品，应缩短养护检查周期，加强养护。

（4）养护检查中发现质量有问题的药品，应挂黄牌暂停发货，同时报质量管理员处理。

（5）做好药品的效期管理工作，6个月内近效期药品按月填写效期催报表。

（6）指导并配合保管员做好库房温湿度监测管理工作，每日上、下午定时对库房温湿度作记录。

（7）根据气候环境变化，结合夏防、冬防计划，对中药饮片采取干燥、除湿、防虫等相应的养护措施。

（8）负责对保管、养护仪器设备的管理、维护工作，建立仪器设备管理档案。

（9）正确使用养护、保管、计量设备，并定期检查保养，做好计量检定记录，确保正常运行、使用。

（10）每季汇总、分析和上报养护检查、近效期或长时间储存药品的质量信息。

（四）零售药店人员岗位职责

1. 药店店长岗位职责

（1）贯彻执行《药品管理法》《药品流通监督管理办法（暂行）》和《药品经营质量管理规范》等法律、法规，确保企业依法经营，保证消费者用药的安全、有效、及时、方便。

（2）在"质量第一"的思想指导下进行经营管理，组织本单位人员认真学习和贯彻执行国家有关药品监督管理的法律、法规，加强药店质量管理，对本药店所经营的药品质量负领导责任。

（3）组织、督促有关人员建立和完善各项规章制度，并负责签发质量管理制度。

（4）督促企业质量管理工作的落实，保证质量管理负责人有效行使职权。

（5）定期召开质量管理工作会议，研究、解决质量工作方面的重大事项。

（6）保证企业员工不断提高法律意识、业务素质和质量管理水平。

（7）重视客户意见和投诉的处理，支持质量事故的处理和重大质量问题的解决和质量改进。

（8）督促、检查各岗位履行质量职责，监督质量管理制度的落实、执行情况。

(9) 定期检查门店的环境及人员卫生情况，组织员工定期接受健康检查。

2. 采购员岗位职责

（1）树立"质量第一"的观念，严格执行《药品管理法》和《药品经营质量管理规范》等法律法规，确保经营行为的合法性，保证购进药品质量。

（2）对药店依法经营，杜绝购进假劣药品，对所有购进药品承担直接责任。

（3）坚持按需进货、择优采购的原则，把好进货质量第一关。

（4）认真审查供货单位的法定资格及购进药品的合法性，确保依法经营。

（5）负责建立合格供货方及合格经营品种目录，建立完善的供货企业、经营品种管理档案。

（6）签订购货合同时必须按规定明确必要的质量条款。

（7）负责索取首营企业合法证照及首营品种生产批准证明文件、产品质量标准和首批样品等相关资料。

（8）了解供货单位的生产状况、质量状况，及时反馈信息，为质量管理部门开展质量控制提供依据。

（9）自觉接受质量负责人的监督指导，不断提高法制意识和质量意识。

（10）及时收集分析药店所经营药品及同类产品的质量情况，为"择优选购"提供依据。

3. 质量负责人岗位职责

（1）树立"质量第一"的观念，承担本企业的质量管理工作，在药品质量管理方面有效行使裁决权。

（2）认真贯彻执行药品质量管理方面的有关法律、法规。

（3）起草药品质量管理制度，监督质量管理制度的有效执行，定期检查执行情况，对存在的问题提出改进措施，并做好记录。

（4）起草药品质量管理制度，监督质量管理制度的有效执行，定期检查执行情况，对存在的问题提出改进措施，并做好记录。

（5）负责首营企业和首营品种的质量审核。

（6）负责质量信息管理工作，定期收集和分析药品质量信息，建立本企业所经营药品质量标准等有关内容的质量档案。

（7）负责药品质量的查询和药品质量事故或质量投诉的调查、处理及报告工作。

（8）负责指导和监督药品陈列、养护和销售中的质量工作。

（9）对不合格药品进行控制性管理，负责不合格药品报损前的审核及报损、销毁药品处理的监督工作。做好不合格药品的相关记录。

（10）负责做好职工药品质量管理方面有关知识的教育和培训工作。

（11）负责各类质量记录、资料的收集存档工作，及时填报质量统计报表，保证各项质量记录的完整性、准确性和可追溯性。

（12）负责处理药品质量查询，对顾客反映的质量问题及时查找原因，尽快予以答复解决。

（13）负责药品不良反应信息的处理及报告工作。

（14）按月检查陈列药品的质量状况，保证其符合规定要求。

4. 质量验收员岗位职责

（1）树立"质量第一"的观念，坚持质量原则，把好药品购进质量第一关。

（2）负责按法定标准和合同规定的质量条款对购进药品逐批进行验收，有效行使否决权。

（3）质量不合格的药品不得购进、陈列。

（4）应按照"药品验收抽样程序"的规定，保证验收抽取的样品具有质量代表性，验收完毕，做好验收记录。

（5）验收时应对药品的包装、标签、说明书以及有关要求的证明文件进行逐一检查，整件药品包装中应有产品合格证。

（6）验收外用药品，其包装的标签或说明书上应有相应的警示语或忠告语，非处方药的包装上要有国家规定的专有标识。

（7）验收进口药品，其包装的标签应以中文注明药品的名称、主要成分以及注册证号，并有中文说明书，以及合法的相关证明文件。

（8）验收首营品种，应有首批到货药品同批号的药品出厂检验报告书及数量标准，应结论明确、签章规范，验收记录保存至超过药品有效期一年，但不得少于三年。

5. 养护员岗位职责

（1）坚持"质量第一"的原则，在质量员的技术指导下，具体负责店内药品的养护和质量检查工作。

（2）对店内的药品养护质量负直接责任。

（3）坚持"预防为主"的原则，按照药品理化性能和储存条件的规定，结合药店实际情况，采取正确有效的养护措施，确保店内药品质量。

（4）负责对药店内药品定期进行循环质量养护检查，一般药品每季一次，重点养护品种增加检查次数（每月一次），并做好养护检查记录。

（5）对由于异常原因可能出现问题的药品、易变质药品、已发现质量问题药品的相邻批号药品、陈列时间较长的药品，应缩短养护检查周期，加强养护。

（6）养护检查中发现质量问题的药品，应挂黄牌暂停销售，同时报质量负责人处理。

（7）做好店内温湿度监测管理工作，每日上、下午定时对店内温湿度作记录。

（8）负责对店内设施及养护仪器设备的管理、维护工作，建立仪器设备管理档案。

（9）正确使用养护、计量设备，并定期检查保养，做好计量检定记录，保证正常运行、使用。

（10）每月汇总、分析养护检查、近效期或长时间陈列滞销药品的质量信息。

6. 处方审核员岗位职责

（1）对药品销售的正确、合理、安全、有效承担主要责任。

（2）负责药品处方内容的审查及所调配药品的审核签字。

（3）负责执行药品分类管理制度，严格凭处方销售处方药。

（4）有配伍禁忌或超剂量的处方，应当拒绝调配、销售。

（5）指导营业员正确、合理摆放及陈列药品，防止出现错药、混药及其他质量问题。

（6）指导、监督营业员做好药品拆零销售的工作。

（7）营业时间必须在岗，并佩戴标明姓名、技术职称等内容的胸卡，不得擅离职守。

（8）为顾客提供用药咨询服务，指导顾客安全、合理用药。

（9）对销售过程中发现的质量问题，应及时上报上级有关部门。

（10）对顾客反映的药品质量问题，应认真对待、详细记录、及时处理。

7. 营业员岗位职责

（1）认真执行《药品管理法》《药品经营质量管理办法》等有关药品法律、法规，依法经营，安全合理销售药品。

（2）营业员上岗前必须经过业务培训合格，取得地市级以上药品监督管理部门核发的上岗证书。

（3）每年定期进行健康检查，取得健康合格的有效证明后方可上岗。

（4）营业时应统一着装，佩戴胸卡，主动热情，文明用语，站立服务。

（5）正确销售药品，对用户正确介绍药品的性能、用途、用法、用量、禁忌和注意事项，根据顾客所购药品的名称、规格、数量、价格核对无误后，将药品交与顾客。

（6）认真执行处方药分类管理规定，按规定程序和要求做好处方药的配方、审方、发药工作。

（7）做好相关记录，字迹端正、准确、记录及时，做到账款、账物、账货相符，发现质量问题及时报告质量管理员。

（8）负责对陈列的药品按其性质分类摆放，做到合理、正确，整齐有序。

（9）对有效期不足6个月的品种，应将药品的名称、数量、有效期逐一登记并及时上报质量管理员。

（10）对缺货药品要认真登记，及时向业务部传递信息。

（11）负责营业场所的环境卫生，每日班前、班后应对营业场所进行卫生清洁。

（12）不得采用有奖销售、附赠药品或礼品等方式销售药品。

（13）为消费者提供用药咨询和指导，指导顾客安全、合理用药。

第四节　药品流通市场行政监管

 情景引入

王明在一家医药公司实习，了解了医药市场概况，学会初步选择或设计医药营销渠道；并且经过 HR 培训，选择了药品销售专员岗位。医药是特殊商品，关系消费者健康和生命安全，医药营销工作一定要由政府有关部门通过相关的法律法规进行严格管理。他要去开展药品营销市场推广工作，必须首先弄清：药品监督管理机构有哪些？药品流通市场行业管理法规有哪些？

一、药品监督管理机构

药品监督管理，是国家法定药品监督管理的主管机构和相关机构，根据法定权限，对于药品的研制、生产、经营、使用组织和个人的药事行为，依法进行的行政管理活动。

药品监督管理主管机构包括药品监督管理行政机构和技术机构等。

1. 药品监督管理行政机构

（1）中华人民共和国国家食品药品监督管理总局　中华人民共和国国家食品药品监督管理总局（CFDA）是国务院综合监督管理药品、医疗器械、化妆品、保健食品和餐饮环节食

品安全的直属机构，负责起草食品（含食品添加剂、保健食品，下同）安全、药品（含中药、民族药，下同）、医疗器械、化妆品监督管理的法律法规草案，制定食品行政许可的实施办法并监督实施，组织制定、公布国家药典等药品和医疗器械标准、分类管理制度并监督实施，制定食品、药品、医疗器械、化妆品监督管理的稽查制度并组织实施，组织查处重大违法行为。

（2）省级食品药品监督管理局。

（3）地市级食品药品监督管理局。

（4）区县级食品药品监督管理局。

2. 药品监督管理技术机构

（1）国家食品药品监督管理总局直属技术机构

① 国家药典委员会。

② 国家中药品种保护审评委员会。

③ 国家食品药品监督管理总局药品审评中心。

④ 国家食品药品监督管理总局药品评价中心（国家药品不良反应监测中心）。

⑤ 国家食品药品监督管理总局药品认证管理中心。

⑥ 国家食品药品监督管理总局执业药师资格认证中心局（国家食品药品监督管理总局培训中心）。

（2）各级药品检验机构

① 中国药品生物制品检定所。

② 省级药品检验所。

③ 地市级药品检验所和区县药品检验所。

3. 药品监督管理其他相关机构

根据我国现行法律规定和各部门的职能划分，与药品监督管理相关的政府机构及主要职责如下。

（1）发展和改革部门　负责宏观医药经济管理，紧急情况的药品供应，并对药品储备、药品价格进行必要行政管理。

（2）卫生行政部门　对医疗机构药品进行必要的行政管理，参与药物临床研究管理，参与药品不良反应报告和监测的管理。

（3）中医药管理部门　对中医药进行行业管理、科研教育管理。

（4）劳动和社会保障部门　对医保用药品种、给付标准、定点零售药店进行必要的行政管理。

（5）工商部门　负责药品的广告监督管理、工商注册登记、市场流通秩序管理。

（6）公安部门　参与特殊药品的管理，对犯罪行为进行刑事侦查。

（7）科技部门　对药物的科研管理，参与药物的非临床研究管理。

（8）国防科技工业、环境保护部门　参与放射性药品的行政管理。

（9）海关　监管进出境的药品和其他物品。征收关税和其他税、费。查缉走私。

二、药品流通市场行业管理法规

1. 法规分类

药品流通市场行业管理法规分为法律法规和监管文件，其中药品流通法律法规主要包括

《中华人民共和国药品管理法》（2001年2月28日）、《中华人民共和国药品管理法实施条例》（2002年8月4日）等。药品流通监管文件又分为综合监督与管理文件和经营许可管理文件。药品流通监管文件包括《药品流通监督管理办法》（2007年1月31日）、《关于加强药品流通行业管理的通知》（2009年11月25日）、《药品经营质量管理规范》（Good Supply Practice，GSP）(2015年5月18日）等。药品经营许可管理文件包括《药品经营许可证管理办法》（2004年4月1日）、《关于加强药品经营许可监督管理工作的通知》（2005年5月26日）等。

2. 重要法律法规

（1）《中华人民共和国药品管理法》（简称《药品管理法》或《药品法》） 是以药品监督管理为中心内容，深入论述了药品评审与质量检验、医疗器械监督管理、药品生产经营管理、药品使用与安全监督管理、医院药学标准化管理、药品稽查管理、药品集中招投标采购管理，对医药卫生事业及其发展具有科学的指导意义。1984年9月20日颁布通过，自1985年7月1日起施行。现行版本为2015年4月24日最新修正。分为：总则、药品生产企业管理、药品经营企业管理、医疗机构的药剂管理、药品管理、药品包装的管理、药品价格和广告的管理、药品监督、法律责任、附则十章，共104条。

（2）《中华人民共和国药品管理法实施条例》（简称《药品管理法实施条例》） 是为了让《药品管理法》更好地实施和执行而专门制定的。2002年8月4日颁布，自2002年9月15日起施行。依据2015年4月24日最新修订的《中华人民共和国药品管理法》，2016年2月6日颁布《药品管理法实施条例》最新修订版。分为：总则、药品生产企业管理、药品经营企业管理、医疗机构的药剂管理、药品管理、药品包装的管理、药品价格和广告的管理、药品监督、法律责任、附则十章，共80条。

（3）《药品流通监督管理办法》 是国家食品药品监督管理总局制定发布的规章，2007年1月31日公布，自2007年5月1日实施。是根据《中华人民共和国药品管理法》《中华人民共和国药品管理法实施条例》和有关法律、法规的规定而制定的。是为了规范药品流通秩序，保证药品质量，对药品生产、经营企业购销药品和医疗机构购进、储存药品做出规定。分为：总则，药品生产、经营企业购销药品的监督管理，医疗机构购进、储存药品的监督管理，法律责任，附则五章，共47条。

（4）《药品经营质量管理规范》（GSP） 《药品经营质量管理规范》（GSP）是为加强药品经营质量管理，规范药品经营行为，保障人体用药安全、有效，根据《中华人民共和国药品管理法》《中华人民共和国药品管理法实施条例》制定的。此规范是药品经营管理和质量控制的基本准则，要求药品生产和经营企业应当在药品采购、储存、销售、运输等环节采取有效的质量控制措施，确保药品质量。药品经营企业应当坚持诚实守信，依法经营。禁止任何虚假、欺骗行为。新修订版本《药品经营质量管理规范》（GSP）于2015年5月18日经国家食品药品监督管理总局发布实施。分为：总则、药品批发的质量管理、药品零售的质量管理、附则四章，共187条。

（5）《药品经营许可证管理办法》 《药品经营许可证管理办法》是根据《中华人民共和国药品管理法》《中华人民共和国药品管理法实施条例》的有关规定制定，由中华人民共和国食品药品监督管理总局于2004年4月1日发布施行。分为：总则、申领《药品经营许可证》的条件、申领《药品经营许可证》的程序、《药品经营许可证》的变更与换发、监督检查、附则六章，共34条。

【本章小结】

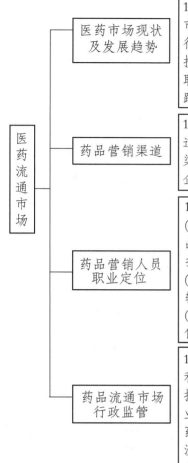

【复习思考】

一、名词解释

1. 医药电商　2. 直接分销渠道　3. 间接分销渠道　4. 中间商　5. 水平渠道系统　6. 药品批发商　7. 药品零售企业　8. 多渠道系统　9. 分销渠道　10. 中华人民共和国国家食品药品监督管理总局（CFDA）

二、简答题

1. 医药企业选择分销渠道应考虑哪些因素？
2. 什么是垂直渠道系统？垂直渠道系统的主要形式有哪些？
3. 中间商的选择内容主要包括哪些？主要的选择标准包括哪些？
4. 试结合实际谈一谈医药企业应如何选择、创建、完善分销渠道？
5. 医药批发公司一般设置哪些岗位？其中药品销售专员的岗位职责有哪些？
6. 药店一般设置哪些岗位？其中药店店长的岗位职责有哪些？
7. 简介《药品流通监督管理办法》。
8. 简介《药品经营质量管理规范》（GSP）。

【实训项目】

实训 药品营销渠道设计

一、实训任务

选择学校所在城市的药品生产企业,为其分别建立一条直接销售渠道和间接销售渠道。

二、实训目的

1. 了解制药企业是如何选择分销渠道模式的;
2. 了解制药企业现行渠道运行的状况及存在的问题;
3. 了解制药企业是如何化解渠道矛盾和冲突的。

三、实训准备

在人员组织分工上要合理,视班级人数来确定小组,每一小组人数以5~8人为宜,小组中要合理分工,分别采集不同的资料和数据,但在之前要统一认识、统一口径、基本统一判断标准。

四、实训内容

1. 每组选择一家学校所在城市的药品生产企业进行实地调查或走访,了解其渠道选择、渠道运行、渠道管理的状况。
2. 课堂总结走访企业的渠道状况及渠道选择的一般模式。
3. 结合直接和间接销售渠道的优缺点,指出该企业渠道设计、运行、管理中存在的问题。
4. 针对渠道运行中存在的问题,提出具体的解决措施。为该企业的销售分别建立一条直接销售渠道和间接销售渠道。
5. 完成实训报告的撰写。

五、实训评价标准

1. 渠道设计合理,符合企业需求。
2. 报告书写清晰、有条理。

六、实训提示

1. 分工要合理。
2. 应统一认识、统一标准。
3. 注意销售渠道的基本环节。

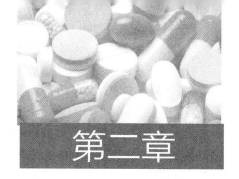

第二章
药品营销人员应具备的基本能力与素质

教学导航

学习目标

知识目标：
1. 了解药品营销人员应具备的相关知识
2. 掌握药品营销工作的基本礼仪知识

能力目标：
1. 能够根据场合的不同，有针对性地修饰和美化自己的仪容、仪态
2. 能够根据着装的TPO原则选择得体的服装并搭配配饰
3. 能够在不同的情景下使用规范、适当的语言，形成礼貌用语的习惯
4. 能够正确运用自己的表情和手势，举止动作规范优雅

素质目标：
1. 具备踏实的工作作风及勤劳的工作精神
2. 具备药品营销人员应有的职业道德和心理素质
3. 具有药品营销人员必备的职业能力

学习重点	药品营销人员应具备的基本礼仪
学习难点	将基本礼仪知识综合应用于药品营销实践工作
教学方法	案例分析法、角色扮演法、小组讨论法、任务驱动法
建议学时	12学时

第一节　药品营销人员应具备的知识结构

Q 情景引入

李强应聘了一家医药公司的医药代表，负责推介一种肿瘤病人化疗期间使用的特种药。李强了解到医药代表的工作内容有：通过分析试验数据来介绍药品各方面特征、向医生询问药品的使用感受和总体评价、收集药品疗效和副作用信息、解答医生在临床用药中的疑问、向医生介绍药品的最新试验结果、邀请医生参加学术研讨会等。李强应该具备哪些知识才能胜任医药代表的工作呢？

丰富的专业知识是药品营销人员开展工作的基础,也是营销技术和能力实施的基本保证,因此优秀的药品营销人员必须储备以下几个方面的知识。

一、药学知识

药品是关系到人们生命安全的特殊商品,具有极强的专业性,药品营销人员必须对药学知识有较全面的掌握和理解。药品营销人员不仅要掌握本企业所生产或经营的药品的特点、价格、销售等方面的情况,还要掌握药品的功效、适应证、用法用量、不良反应、配伍禁忌、贮藏保管等方面的知识。有了药学知识,药品营销人员才能将自己产品的特征转化为可带给客户的利益,进而支持其销售。

二、医学基础知识

药品营销人员还应掌握一些医学基础知识,包括人体结构和功能、常见病病因、临床表现、治疗方法、治疗药物等方面的知识。医学基础知识可以帮助药品营销人员理解药品知识,并可以与客户进行专业的深入探讨。

三、营销相关技能与技巧

药品营销人员还应具有营销相关技能与技巧,如市场调查研究技能、消费行为分析技能、产品的销售技巧、谈判技巧等。在实际工作中,药品营销人员运用各种营销技能,可以了解产品的市场趋势规律和市场行情动向,发现消费者需求,以便制定出相应的营销策略,达到销售的目的。

四、其他相关知识

1. 法律法规知识

首先,药品营销活动是一种经济活动,受到国家各项法律规范的约束,如经济法、税法、公司法、合同法等;其次,药品营销活动是针对医药行业的,还受到药事法规的约束,如《药品管理法》《药品管理法实施条例》《药品经营质量管理规范》《药品流通监督管理办法》等。药品营销人员应当熟悉相关法律、法规知识,做到依法营销。

2. 管理知识

药品营销人员具备管理学知识,可以了解药品营销过程中的目标制定、计划组织、监控实施、区域时间与客户管理知识等。

3. 计算机和外语知识

药品营销人员应具备一定的计算机和外语知识,能较快地适应现代医药企业计算机管理和开展医药产品的最新成果推广工作。

课堂思考

分析自己的知识结构

药品营销人员作为消费者与企业之间的桥梁,是医药供销环节中至关重要的因素。我国医药产业的不断蓬勃发展,要求药品营销人员必须具备极高的综合素质,不仅要掌握扎实的专业基础知识,还须具备高超的销售技巧和职业素养。你做好准备了吗?

问题1:你已经具备了哪些知识?

问题2：目前还有哪些欠缺？
问题3：对于未来的学习，你有什么规划？

第二节　药品营销人员应具备的基本礼仪

情景引入

张梅是一家医药公司的业务员，要去某公司与客户洽谈业务。张梅希望能够给客户留下良好的第一印象，她在着装、仪态、会见等方面需要注意哪些基本礼仪？

知识链接

礼 仪 概 述

礼仪是在人际交往中，以一定的约定俗成的程序方式来表现的律己敬人的过程，涉及穿着、交往、沟通、情商等方面的内容。

我国是具有悠久历史的文明古国，素有"礼仪之邦"的美誉。《春秋左传正义》云："中国有礼仪之大，故称夏，有章服之美，故称华。"礼仪，是中华传统美德宝库中的一颗璀璨的明珠，是中华文化的精髓。

现代社会中，礼仪的重要性日益凸显。对公司而言，礼仪是企业文化的重要组成部分，体现整个公司的人文面貌；对个人而言，良好的礼仪能够树立个人形象，体现个人的综合素质和修养；对客户而言，享受更上层的服务，能提升对整个商务过程的满意度。

因此，掌握并运用好商务活动中的礼仪规范，是药品营销人员在竞争激烈的社会中取胜的一个重要法宝。

一、着装仪表

（一）仪表礼仪

仪表是指人的外表，包括人的容貌、服饰、仪态、表情、谈吐等方面，它是人的精神面貌的表现。在人际交往的最初阶段，仪表是最能引人注意的，是构成交际"第一印象"的基本因素。

仪容即人的容貌，是个人仪表的重要组成部分，它由头发、面容、口部、手部、脚部等构成。商务活动中，药品营销人员的仪容会引起客户的关注，并将影响到对方对自己的整体评价。适当注意仪容修饰，进行必要的、适当的美容化妆，不仅是一种工作需要，也是对交往对象的礼貌和尊重。

1. 头发修饰

在个人形象中，头发在形象中占有举足轻重的地位。在人际交往中，我们对他人的判断，往往是从头开始的。作为一名药品营销人员，要想维护自己的形象，就必须认真地修饰自己的头发。

头发修饰的基本要求是干净、整齐、长短适当，发型的选择应与脸型、年龄、气质、职业、身份相符。

在工作场合，男士的头发不应该过长，一般要求前发不覆额，侧发不掩耳，后发不及领，头发不要过厚，鬓角不要过长；女士的头发不宜长于肩部，不宜挡眼，可将长发盘起或束起，不宜披头散发。

知识链接

头发修饰的技巧

1. 发型要与脸型协调

椭圆脸是一种比较理想的脸形，选择发型的范围比较广泛，长短发型都容易与这种脸形协调，产生良好的视觉美感。

圆形脸适宜将顶部头发梳高，使脸部视觉拉长，不宜留发帘，可利用头发遮住两颊，使脸型显长。

方形脸应使顶发蓬松，使脸变得稍长，往一边梳刘海，会使前额变窄，头发宜长过腮帮，侧分头发显得蓬松，使脸变得柔和。

窄长形脸可适当地用刘海儿掩盖前额，脸部两侧的头发应增加厚度，顶发不可高隆，发分线宜侧分，下巴较方的男士可留些鬓发。

2. 发型要与体型相协调

短小型身材，发型应以秀气、精致为主，避免粗犷、蓬松，否则会使头部与整个形体的比例失调，给人产生大头小身体的感觉，不宜留长发，可利用盘发增加身体高度。

高瘦型身材，发型要求生动饱满，避免将头发梳得紧贴头皮，或将头发搞得过分蓬松，造成头重脚轻，比较适宜于留长发、直发，应避免将头发削剪得太短薄，或盘高发髻。

矮胖型身材，可选用有层次的短发、前额翻翘式等发型，不宜留长波浪、长直发，矮胖者一般脖子显短，因此不要留披肩长发，尽可能让头发向高处发展，显露脖颈以增加身体高度感。头发应避免过于蓬松或过宽。

高大型身材，一般以留简单的直短发为好，或者是大波浪卷发，对直长发、长波浪、束发、盘发、中短发式也可酌情运用，注意切忌发型花样繁复、造作，头发不要太蓬松。

2. 面部修饰

面部是人际交往中他人关注的焦点，药品营销人员想在交往中使自己从容、自信，就应该注重面部修饰。面部修饰的重点在眼部、口部、鼻部和耳部，通过修饰，应使之整洁、卫生、简约、端庄。

（1）眼部修饰　首先应保持眼部的清洁，及时除去眼角出现的分泌物。其次是注意眼镜的佩戴，眼镜的度数、款式要与自己相适合，保持眼镜的清洁，在室内工作时不应佩戴墨镜。第三是注意修眉，对眉毛进行必要的修剪，可以使整个脸部显得平衡、清晰。

（2）口部修饰　首先要注意口腔卫生，坚持刷牙，防止产生异味。刷牙应做到"三个三"，即每天刷牙三次，每次刷牙宜在饭后三分钟进行，每次刷牙用时三分钟。其次，与人交往应酬前应勿食容易产生异味的食物，如葱、蒜、韭菜、虾酱、腐乳及烈酒等，也不要吸烟。必要时可嚼口香糖、含茶叶以除异味。第三，男士最好坚持每天剃须以保持面部清洁。第四，注意护唇，防止嘴唇开裂、爆皮或生疮，还应避免唇边残留分泌物或其他异物。

（3）鼻部修饰　鼻子及周围部位若是爆皮、长痘、有"黑头"，将影响美观，鼻部的修饰重在保养，应注意清洁，不要乱挤、乱抠。不要当众擤鼻涕、挖鼻孔，清理鼻垢宜用纸巾或手帕遮挡悄然进行。如果鼻毛过长，应及时修剪，不可让鼻毛伸出鼻孔。

（4）耳部修饰　要经常进行耳部的清洁，及时清除耳垢，注意清理耳垢时应回避他人。如果有耳毛的话，还应及时修剪。

（5）化妆　工作时，适当的化妆是一种礼貌的行为和自信的表现。药品营销人员在平时工作中适宜化淡妆，通过恰当的淡妆修饰可以使人更加自然、清新、大方；如果出席特殊的正式晚宴、演出等也可以选择化浓妆以塑造出庄重、高贵、典雅的形象。化妆不只是女士的专利，男士也有必要进行恰当的化妆。男士的妆容以整洁和反映男子自然具有的肤色、五官轮廓和气度为佳。

工作淡妆的基本原则为：美化、自然、得法、协调。

化妆的禁忌：

① 不要当众化妆。在公共场合化妆，是非常失礼的行为，如果需要化妆或者修补妆容，应该在无人处或者洗手间进行。

② 不要过量使用芳香型化妆品。如果化妆过浓、过重，香气四溢，可能会让周围的人感觉到强烈的刺激，引起反感和厌恶。

③ 不要残妆示人。要注意维护妆面的完整性，因此，化妆后要经常做检查，特别是在休息、用餐、饮水、出汗、更衣之后，要及时自查妆面，发现妆面残缺要及时抽身补妆。补妆时也要注意回避他人。

④ 不要借用他人的化妆品。借用他人化妆品不卫生，让对方感到不愉快，最好是随身携带一套化妆品，以备随时使用。

⑤ 不要非议别人的妆容。每个人都有自己的审美观和化妆风格，对他人的化妆不应自以为是地加以评论或非议。

知识链接

化妆的基本步骤

① 清洁面部。化妆必须在洁肤护肤之后进行。用洗面奶等清洁类化妆品洗脸，用水冲净，使用化妆水以收缩毛孔，使皮肤增加弹性，然后涂上护肤类化妆品。这样做的目的有：一是润泽皮肤；二是起隔离作用，防止带颜色的化妆品直接进入毛孔，形成色素沉淀；三是容易上妆，且上妆后不易脱落。

② 基础底色。使用隔离霜或粉底遮盖皮肤的瑕疵，统一皮肤色调。应根据自己的脸型施以粉底，突出面部的优点，修饰其不足。依照肤色选择隔离霜及粉底的颜色，不要用太白的底色，会使人感到失真。最好是选用两种颜色的底色，在脸部的正面，用接近自己天然肤色的颜色均匀地薄薄地涂抹；在脸部的侧面，可用较深的底色，从后向前、由深到浅均匀地涂抹。深色有后退和深陷的作用，这样做可以收到增强脸型立体感的效果。

③ 定妆。上完底色后用粉定妆，目的是柔和妆面，固定底色，还可吸收皮肤分泌物，保护皮肤免受阳光、风、灰尘等外部刺激。选用香脂粉要考虑自己皮肤的特征和色调，脸上涂粉不宜过多，粉一定要涂得薄而均匀。

④ 修饰眉毛。职业场合以自然眉形为主，先在原眉的基础上，把过长的、粗直易下垂的眉毛修剪到合适的长度，然后用细眉笔顺着眉毛的方向画出眉形，最后用眉刷将颜色均匀刷开。

⑤ 修饰眼睛。首先是涂眼影，在眼窝处先打底，由内眼角沿睫毛向上向外描绘，以不超过眉角和眼角连线为宜，越靠近睫毛处颜色越深，越靠近眉毛处越浅。然后是画眼线，可

增加生理睫毛的合理浓密程度，增强眼睛的神采。画眼线时，使用眼线笔紧贴睫毛由外眼角向内眼角方向描画，上眼线比下眼线重些，上眼线从外眼角向内眼角画 7/10 长，下眼线画 3/10 长。最后是刷睫毛膏，卷翘浓密的睫毛除增添双眸神采外，还会让你的眼睛看起来更大、更有精神。化淡妆时，睫毛膏不宜刷得太浓；化晚妆时，可以稍微浓密一些。

⑥ 画唇部。先用唇线笔勾出理想的唇廓线。用唇刷或唇笔按照从上到下，从嘴角向唇中方向涂抹外缘，逐步涂向内侧，直到全部涂满，在笑时或谈话时看不到留有界线的存在。日常淡妆中，口红色应以浅色、透明色为佳，显示一种健康的红润血色；晚妆、宴会妆、新潮妆等，口红色既可以浓艳，也可以夸张，但无论选用什么颜色，都应使唇色与整体面妆风格协调一致。

⑦ 涂腮红。面颊红润会给人留下生气勃勃、精神焕发的印象。腮红的颜色应与眼影、口红色彩相对统一。腮红的中心应在颧骨部位，内侧不超过眼睛中线，外侧不超过耳中线。涂腮红时应从颧骨处向四周扫匀，越来越淡，直到与底色自然相接。涂腮红还可以用来矫正脸型。圆脸型的人，面红的形状应是长条形的，以减弱胖的感觉；长脸型的人应涂得宽些，以增加胖的感觉。面红的颜色，白皮肤的人，可选用淡一些、明快一些的颜色，如浅桃红、浅玫瑰红；皮肤较黑的人，颊红可以深一些、暗一些。

⑧ 检查。化妆完成后，应在光线较明亮的地方检查化妆的效果，看看有没有不均匀之处、脖子和脸上的肤色是否相近，进行必要的调整、补充和矫正。

3. 肢体修饰

肢体修饰主要包括手部和脚部的美化。

要养成勤洗手、勤剪指甲的良好习惯。可以使用无色或者自然肉色的指甲油，不仅能保护指甲，还可以增强指甲的光洁度和色泽感。一般不宜在手指甲上涂抹彩色指甲油，也不宜在手背、胳膊上使用贴饰、刺字或者刻画。

双脚不但易出汗，且易产生异味，因此平时要注意勤洗脚部、勤换鞋袜。

课堂思考

职业仪容自检表

请对照下表的问题检查自己的仪容：

男　性	女　性
1. 头发是否干净、无头屑、梳理整齐？	1. 头发是否干净、无头屑、梳理整齐？
2. 头发长度合适吗？	2. 头发是否染过分鲜艳的颜色？
3. 头发是否染彩色？	3. 头饰是否过于特别？
4. 胡须剃干净了吗？	4. 口中是否有异味？
5. 口中是否有异味？	5. 手及指甲干净吗？
6. 手及指甲干净吗？	6. 是否涂了鲜艳颜色的指甲油？
7. 身上是否有异味？	7. 化了淡妆吗？
8. 鼻毛修理了吗？	8. 化妆品的香气是否过重？

（二）着装礼仪

着装是一种无声的语言，它显示着一个人的社会地位、阅历修养、审美情趣及心理状态等多种信息。在人际交往中，着装直接影响到别人对你的第一印象，关系到对你个人形象的评价，同时也关系到一个企业的形象。

1. 着装的基本原则

（1）整洁原则　着装要庄重整洁，避免邋遢。具体要求是：①整齐，不折不皱；②干净，不能粘有污渍，尤其是衣领和袖口处要整洁；③完好，不能有绽线的地方，更不能有破洞，扣子等配件应齐全。

（2）TPO原则　TOP是英语单词时间（time）、场合（occasion）和地点（place）的缩写，即着装应该与当时的时间、所处的场合和地点相协调。

T（time）——时间原则：一年之中有四季，一天之中有早晚，人生有不同的年龄阶段，在不同的时间里，着装的类别、式样、造型应有所变化。如冬季衣着以保暖、轻便为主，夏季衣着以凉爽、简洁为主。

P（place）——地点原则：不同的地方、场所、位置，着装应有所区别，要注意服饰和周围环境的和谐。

O（occasion）——场合原则：衣着要与场合协调，主要指公务、社交、休闲三大场合。公务场合，着装应庄重、大方、传统，适于穿制服、西装、套裙等；社交场合，着装应时尚、典雅、展现个性，适于穿礼服、时装、民族服装等；休闲场合，着装应舒适、得体，适于穿牛仔裤、运动装等。

（3）和谐原则　衣着应与体型、肤色、脸型相协调，能起到修饰形体、容貌等作用，形成和谐的整体美。

> **知识链接**
>
> **着装与体型、肤色、脸型的协调**
>
> 1. 体型：较胖的人不宜穿横格的衣服，避免用浅色；高瘦的人不宜穿垂直线条的衣服，避免用暗色；个子矮的人可用垂直线条增加身高，不宜穿太宽松的款式；肩胛窄小的人可以选择有衬肩的上衣；脖子较短的人不宜穿高领上衣，适宜穿敞领、翻领或低领口的衣服。
>
> 2. 肤色：面色偏黄的人适宜穿粉红等暖色调的服装，不适合绿色、浅灰及黄色；面色偏黑的人适宜穿浅棕、米白等浅色调的服装，不适宜深色如黑色；面色粉嫩的人适合穿丁香色、淡黄色的服装；面色白皙的人选择颜色范围较广，但不宜穿浅灰、浅绿、浅紫和灰褐色等浅色调的服装，容易混合肤色。
>
> 3. 脸型：长脸型的人不宜穿与脸型相同的领口衣服，更不宜用V形领口和开得低的领子，适宜穿圆领口的衣服，也可穿高领口或带有帽子的上衣；方脸型的人不宜穿方形领口的衣服，适合穿V形或匀形领的衣服；圆脸型不宜穿圆领口、高领口或带有帽子的衣服，最好穿V形领或者翻领衣服。

2. 男士西装礼仪

西装是一种国际性服装，男士穿起来给人一种彬彬有礼、潇洒大方的深刻印象，所以现在越来越多地被用于正式场合，也是商务人士必备的服饰之一。

（1）穿着西装的"三个三"规则

① 三色原则。在正式场合穿着西装时，全身颜色应该在三种以内；

② 三一定律。鞋子、腰带、公文包的色彩应该一致，首选黑色；

③ 三大禁忌。一是没有拆去袖口上的商标,二是正式场合穿夹克或短袖衬衫打领带,三是穿深色皮鞋配白袜子。

(2) 穿着西装应遵循的礼仪　西装面料的选择应力求高档,纯毛面料为首选,含毛的混纺面料也可以,化纤面料尽量不要选择。

西装套装上下装颜色应一致。在搭配上,西装、衬衣、领带中应有两样为素色。色彩选择上,以单色为宜,商务交往中穿着的西装首推藏蓝色,也可以选择灰色或棕色。

西装纽扣有单排、双排之分,纽扣系法有讲究:一般最下一粒纽扣不扣。双排扣西装应把纽扣都扣好,或者只扣上面一粒。单排扣西装:三粒扣的可扣中、上两粒,或者扣中间一粒;两粒扣的可扣上面一粒,下面一粒不扣或者两粒都不扣;一粒扣的,扣上端庄,敞开潇洒。坐下时,可解开纽扣。见图2-1。

图 2-1　西装纽扣系法

西装的上衣口袋和裤子口袋里不宜放太多的东西。外侧左胸袋可放置装饰性手帕,内侧左右的胸袋可放钢笔、钱包或名片夹。

配西装的衬衫颜色应与西服颜色协调,不能是同一色。白色衬衫为首选,面料以纯棉为主,能使男士显得精神焕发。正式场合男士不宜穿色彩鲜艳的格子或花色衬衫。打领带时衬衫领口扣子必须系好,不打领带时衬衫领口扣子应解开。衬衫袖口应长出西服袖口1～2厘米,扣好袖口,不可卷起袖子。衬衫下摆必须扎在西裤里。穿西装内衣不要穿太多,春秋季节只配一件衬衫最好,冬季衬衫里面也不要穿棉毛衫,可在衬衫外面穿一件羊毛衫。穿得过分臃肿会破坏西装的整体线条美。

穿西服在正式庄重场合必须打领带,其他场合不一定都要打领带。领带质地一般以真丝、纯毛为宜,尼龙也可以,棉、麻、绒、皮革等质地的领带不适宜商务场合。领带的颜色、图案应与西服相协调,系领带时,领带的长度以触及皮带扣为宜,领带夹戴在衬衣第四、第五粒纽扣之间。领带的打法较多,常见的有平结(适合窄领衬衫)、温莎结(适合宽领衬衫)、半温莎结(领带结比温莎结小,适合标准式领口衬衫)、简式结(简单易打,适合质地较厚的领带、标准式领口衬衫)等。见图2-2。

穿西服套装必须穿皮鞋,便鞋、布鞋和旅游鞋都不合适。皮鞋首选黑色,也可以选择深咖啡色。皮鞋的鞋面一定要整洁光亮。与皮鞋配套的袜子应为纯棉毛制品,最好是深色或者是西装和皮鞋之间的过渡色。袜子应长一些,坐下跷脚时不应露出小腿。

不穿西装外套只穿衬衫打领带仅限室内,而且正式场合不允许。

3. 女士套裙礼仪

西装套裙,简称套裙,上装为西装,下装为开衩直筒裙,是女士的标准职业装。职业女性穿着套裙,会使其神采奕奕、成熟干练、优雅文静,烘托出女性的气质和知性美。

(a) 平结

(b) 温莎结

(c) 半温莎结

(d) 简式结(马车夫结)

图 2-2 领带的系法

(1) 职业女性穿着套裙的四大禁忌

① 正式场合忌讳穿着黑色皮裙。在外国，黑色皮裙是街头女郎标准的装扮。尤其与外国人打交道或是出访欧美国家时，在正式场合穿着黑色皮裙是绝对禁止的。

② 套裙与鞋、袜不搭配。职业女性穿着套裙时的鞋子应为高跟鞋或半跟皮鞋，最好是牛皮鞋，大小应相宜。颜色以黑色为首选，与套裙色彩一致的皮鞋亦可选择。袜子一般为尼龙丝袜或羊毛高统袜或连裤袜，颜色宜为单色，可以选择肉色、黑色、浅棕等几种常规色。切勿将健美裤、九分裤等裤装当成长袜来穿。袜子应当完好无损，袜口不可暴露在外。如穿一身高档套裙，袜子有点破洞隐约可见，就显得不协调，有失庄重。

③ 忌讳光脚穿套裙。职业女性穿套裙时光脚不仅显得不够正式，而且会使自己的某些瑕疵见笑于人。尤其在国际交往中，穿着套裙时不穿袜子，往往会被人视为故意卖弄风骚，有展示性感之嫌。因此，在正式场合穿套裙应搭配丝袜。

④ 忌讳出现三截腿的现象。所谓三截腿，是指穿半截裙子的时候，穿半截袜子，袜子和裙子中间露一段腿肚子，结果导致裙子一截，袜子一截，腿肚子一截。职业女性套裙的这种穿法容易使腿显得又粗又短，在国外会被视为没有教养。

(2) 穿着套裙应遵循的礼仪　正式场合穿着的套裙尽量选择高档面料，上衣和裙子要采用同一质地、同一色彩的素色面料。在造型上应为着装者扬长避短，提倡量体裁衣、做工讲究。上衣注重平整、挺括、贴身，较少使用饰物和花边进行点缀。裙子要以窄裙为主，并且裙长要到膝或者过膝。

色彩方面以冷色调为主，可体现着装者的典雅、端庄和稳重。藏青、炭黑、茶褐、土黄、紫红等稍冷一些的色彩都可选择。鲜亮抢眼的颜色不宜选择。套裙的上衣和裙子可以是一色，也可以是上浅下深或上深下浅等两种不同的色彩，这样形成鲜明的对比，可以强化留给别人的印象。

应选择与套裙配套的衬衫。衬衫的面料要求轻薄柔软，如真丝、麻纱、府绸等，如果选择纯棉衬衫，要将衬衫熨烫平整。衬衫的颜色可以是多种多样的，如白色、黄白色和米色与大多数套装都能搭配。

穿丝、棉、麻等薄型面料或浅色面料的套裙时，应该穿衬裙。可以选择透气、吸湿、单薄、柔软面料的衬裙，而且应为单色，如白色、肉色等，必须和外面套裙的色彩相互协调。不要出现任何图案。应该大小合适，不要过于肥大。裙腰不可高于套裙裙腰而暴露在外。应将衬衫下摆掖入衬裙裙腰与套裙裙腰之间，不可将其掖入衬裙裙腰之内。

在正式场合穿着套裙时，上衣的衣扣必须全部扣上。不要解开部分或者全部的扣子，也不要当着别人的面随便将上衣脱下，不可将上衣披在身上或搭在身上。

穿着套裙时适宜化淡妆，不可化浓妆或者不化妆，不宜佩戴过度张扬的耳环、项链、手镯、脚链等首饰。

穿着套裙时要注意个人仪态。站要站得又稳又正，不可以双腿叉开，站得东倒西歪。就坐以后，不要双腿分开过大，或是翘起一条腿来，抖动脚尖；更不可以脚尖挑鞋直晃，甚至当众脱下鞋来。走路时不能大步地奔跑，而只能小碎步走，步子要轻而稳。拿自己够不着的东西，可以请他人帮忙，千万不要逞强，尤其是不要踮起脚尖、伸直胳膊费力地去够，或是俯身、探头去拿。

4. 配饰的选择与佩戴礼仪

为了使个人形象更加完美，可以选择一些配饰，能对服装起着辅助、美化的作用。男士常用的饰品有公文包、钱包、名片夹、手表、钢笔、腰带等，女士常用的饰品有手提包、首饰、丝巾等。

（1）饰品佩戴的原则

① 饰品的选择应与穿戴者的身份、所处的场合和着装相协调。

② 宜少不宜多。在必要时，可以不佩戴饰物；如果想同时佩戴多种饰品，如女性戴戒指、项链、耳环、胸针等，最好不要超过3种，每一种不多于2件。

③ 同质同色。如果同时佩戴两件或两件以上饰品，饰品的质地、色彩应该一致。如佩戴了黄金戒指，则同时佩戴的项链也应该是黄金材质的。

（2）男士饰品佩戴　男士在业务工作中应随身携带一只公文包，以深褐色或棕色皮革材质的为优，包内要准备笔、记事本、电话本等。随处借笔、随手撕纸、随便找个地方记录客户的电话号码，都是不专业的体现。注意钢笔可放在公文包里或者西装内侧的口袋里，不应插在西装上衣外侧的装饰性口袋中。要准备好名片夹以存放自己和他人的名片。钞票和银行卡等要装在钱包中。佩戴手表通常意味着时间观念强、作风严谨，也是一个人身份、地位、财富的体现，商务场合中以佩戴庄重、保守造型的手表为宜。腰带扣的图案宜简单、大气、精致，不要将手机、钥匙等物品挂在腰带上。

（3）女士饰品佩戴　在商务场合，最好使用颜色较暗、朴素、形状较方正的提包，颜色要与着装相配。佩戴首饰要以能够衬托出女性的美为原则，全身的饰物最好不要超过3件，否则显得庸俗。丝巾是女士服装一道好看的风景线，能够充足体现女性文雅、飘逸的魅力。方形的真丝材质的丝巾为首选，彩色带图案的丝巾要搭配单色的服装，颜色可选择同色系或者撞色。常见的丝巾系法有小蝴蝶结、小平结、小领带结、花冠结、心形结等。

二、服务姿态

姿态包括站立、行走、坐、手势等方面，不同的姿态显示着人们不同的精神状态和礼仪教养。举止落落大方，动作合乎规范，是姿态礼仪方面最基本的要求。

（一）站姿

站立是人们在交际场所最基本的姿势，是其他姿势的基础。优美的站姿能显示个人的自信，衬托出美好的气质和风度，并给他人留下美好的印象。

1. 基本要求

身体应与地面垂直、头正、颈直、挺胸、收腹、双肩放松、腿并。双臂自然下垂或在体前交叉，手指自然弯曲，掌心向内轻触裤缝，或将右手搭在左手上贴放在腹部。眼睛平视，面带笑容。见图2-3。

男士站立时两膝并严，脚跟靠紧，脚掌分开呈"V"字形，双手放置于裤缝处；或者两腿分开、两脚平行，两脚间距离不超过肩宽，两手交叉在体前或叠放在背后，如一手持公文包，另一只手可自然垂放。

女士站立时两脚跟靠紧，脚掌分开呈"V"字形，或者两脚尖略展开，右脚在前，将右脚跟靠于左脚内侧，形成丁字步。

图2-3 站姿

2. 禁忌

站立时不要歪脖、耸肩、驼背、塌腰、屈腿等；双腿不要叉开过宽或扭在一起；双脚不可肆意乱动；不宜将手插在裤袋里或交叉在胸前，更不要下意识地做些小动作，那样不但显得拘谨，给人缺乏自信之感，而且也有失仪态的庄重。

（二）走姿

走姿能够体现动态的美感，从一个人的走姿就可以看出其精神是奋发进取或失意懒散，以及是否受人欢迎等，它最能体现出一个人的精神面貌。

1. 基本要求

标准的走姿要求行走时上身挺直，头正目平；双肩平稳，手臂伸直放松，手指自然弯曲，摆动时，以肩关节为轴，上臂带动前臂，向前、后自然摆动；收腹立腰，重心稍向前倾，提髋曲大腿带动小腿向前迈步。

2. 注意要点

（1）步幅适当。一般个子高的人步幅较大，个子矮的人步幅较小，步幅与本人一只脚的长度相近。男士穿西装行走时后背应保持平正，步幅可略大些；女士穿裙装、高跟鞋行走时步幅不宜太大，膝盖不要过弯，两腿并拢，两脚内侧落在一条线上，脚尖略向外开。

（2）步速平稳。行进的速度应保持均匀、平稳，不要过快过慢、忽快忽慢。自然舒缓的步速显示出个人的成熟、自信。

（3）身体协调，造型优美。行走时要保持身体各部位之间动作的和谐，彰显自然美，男士步伐矫健、稳重、洒脱，女士步伐轻盈、玲珑、贤淑。

（4）遵守行走礼仪。两人并行的时候，右者为尊；两人前后行的时候，前者为尊；三人并行，中者为尊，右边次之，左边更次之；三人前后行的时候，前者就是最为尊贵的。如果道路狭窄又有他人迎面走来时，则应该退至道边，请对方先走。

如果在室外行走，应该请受尊重的人走在马路的里侧。如果道路比较拥挤狭窄，应该注意观察周围情形，照顾好同行的人。

到达电梯口、车门口或房门口时，男性也应该快走两步为女士服务。"女士优先"是国际通行的礼仪规则，同时也是绅士行为的体现。

如果人群拥挤不小心碰到他人、踩到他人或绊倒其他人的时候，要及时道歉，并给予必要的帮助。如果别人无意识地碰到自己或妨碍到自己，应小心提醒并予以体谅。

3. 禁忌

在行走时应避免：方向不定，忽左忽右；摇头、晃肩、扭臀，左顾右盼；外八字或内八字；与多人走路时勾肩搭背，或奔跑蹦跳、大声喊叫；双手反背于背后或插入裤袋等。

（三）坐姿

文雅、端庄的坐姿，不仅给人以沉着、稳重、冷静的感觉，而且也是展现个人气质与修养的重要形式。

1. 基本要求

入座时要轻稳，动作协调从容。女士穿着裙装入座时，应用双手拢平裙摆再坐下；男士穿西装时应解开上衣纽扣。一般不应坐满座位，坐在椅子的2/3处。

落座后腰背挺直，两肩齐平，双臂自然弯曲，双手自然放在双腿上或椅子、沙发扶手上，掌心向下。如果座位前方有桌子，可以将小臂和双手轻轻地放于桌面，但不可让双肘支撑在桌面上。双腿自然弯曲，双膝自然并拢（男性可略分开，以不超过肩宽为宜），双脚平落地上或并拢交叠。如长时间端坐，可双腿交叉重叠，但要注意脚不要跷得太高，脚尖应向下，以免鞋底正对旁人。

离座时要自然稳当，动作不要过猛。

知识链接

入座礼仪"左入"还是"右入"？

在古时的西方，男女都佩剑防身。这个传统如今我们依然可以在某些欧洲王室的护卫队演习中看得到。因为佩剑是挂在左腰间的，所以为了使剑身不妨碍入座，当时的人们都有站在椅子的左边，然后右脚向前跨一步后入座的习惯。沿袭至今，这个站在椅子左侧的入座方式也自然而然成了入座礼仪的一部分。

在正式场合从椅子后面入座，如果椅子左右两侧都空着，应该从左侧走到椅前入座。离座时，也应从椅子左侧离开。

---

2. 商务场合常用的坐姿

女士坐姿有标准式、前交叉式、侧挂式、测点式等，男士坐姿有标准式、重叠式、前伸式、侧身前伸式等。见图2-4。

3. 禁忌

坐时不可前倾后仰，东倒西歪；双手不可放于臀部下面、两腿中间或撑椅；双腿不可过

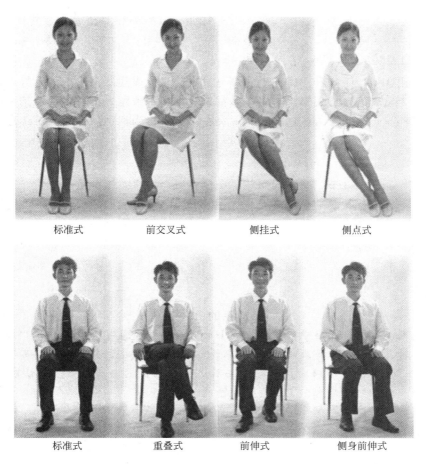

标准式　　　前交叉式　　　侧挂式　　　侧点式

标准式　　　重叠式　　　前伸式　　　侧身前伸式

图 2-4　坐姿

于叉开或长长地伸出；腿、脚不要抖动；不要脚跟落地、脚尖离地；脚尖不要指向他人，不要把脚架在椅子或沙发扶手上、或架在茶几上；坐下后不可随意挪动椅子；无论何种坐姿，女士切忌两膝盖分开或两脚呈八字形。

（四）蹲姿

当要捡起落在地上的东西、拿取低处物品或系鞋带时，采用弯上身、翘臀部的动作是有失礼仪的，应该是首先走到要捡或拿的东西旁边，再使用正确的蹲姿，将东西拿起。蹲姿要注意迅速、美观、大方。

1. 基本要求

上身挺直，略低头；一脚在前，一脚在后，两脚相差约一脚距离；前脚全脚着地，小腿基本与地面垂直，后脚脚掌着地，脚后跟提起。女士下蹲时要注意将两腿靠紧，男士下蹲时两膝自然分开。见图 2-5。

2. 禁忌

下蹲时不可有弯腰、臀部向后撅起的动作；切忌两腿叉开、两腿展开平衡下蹲；不要突然

图 2-5　蹲姿

下蹲；下蹲时，应和身边的人保持一定距离；在他人身边下蹲时，最好是和他人侧身相向；不要蹲在凳子或椅子上。

（五）手的姿势

手势是运用手指、手掌和手臂的动作变化发出信息、表达感情的一种态势语言。手势表现的含义非常丰富，表达的感情也非常微妙复杂，如招手致意、挥手告别、拍手称赞、拱手致谢、举手赞同、摆手拒绝等。药品营销人员在工作中恰当地运用手势表情达意，可为交际形象增辉。

1. 握手

握手是世界通用的礼节，是沟通思想、交流情感、增进友谊的重要方式，这一礼节常用于商务活动中见面、接待、迎送等场合。握手的力量、姿势和时间的长短往往能够表达出对握手对象的不同礼遇和态度，显露自己的个性，给人留下不同印象，也可通过握手了解对方的个性，从而赢得交际的主动。

> **知识链接**
>
> **握手的由来**
>
> 握手，是人类在长期交往中逐渐形成的一种重要礼节，最早可以追溯到"刀耕火种"的原始时代。那时，人们以木棒或石块为武器，进行狩猎或战争。狩猎中遇到不属于本部落的陌生人，或敌对双方准备和解时，双方就要放下手中的武器，伸出手掌，让对方摸一下手心，以示友好。这种习惯后来演变成现代握手礼。

（1）握手的姿态　行至距握手对象1米处，双腿立正，上身略微前倾，右臂自然弯曲向前伸出，手臂抬至腰部，掌心向左微向上，四指并拢，拇指张开与对方右手相握。握手时适当用力，上下轻摇三四次，随即松开手，恢复原状。与人握手时，神态要专注、热情、友好、自然，面带微笑，目视对方，同时向对方问候。见图2-6。

图2-6　握手的姿态

（2）握手的力度与时间　握手时为了表示热情友好，应当稍许用力以示热情，但以不握痛对方的手为限度。用力过大会有故意示威之嫌；力度太小给人缺乏热情之感。一般初次见面、不熟悉的人握手，不要太用力；熟人间握手可适当用力，甚至双手相握。男女之间握手不宜用力过大。

握手时间的长短可根据握手双方亲密程度灵活掌握。初次见面者，一般应控制在3秒钟以内，切忌握住异性的手久久不松开。即使握同性的手，时间也不宜过长。握手时间过短，会被人认为傲慢冷淡，敷衍了事。

（3）握手的顺序　握手应遵循"尊者优先"和"女士优先"的原则。上下级握手，下级要等上级先伸出手；长幼握手，年轻者要等年长者先伸出手；男女握手，男士等女士伸出手后，方可伸手握之，若女方不伸手，无握手之意，男方可用点头或鞠躬致意；宾主握手，主人应向客人先伸出手，而不论对方是男是女。总而言之，社会地位高者、年长者、女士、主人享有握手的主动权。朋友、平辈见面，先伸出手者则表现出更有礼貌。

(4) 握手的禁忌

① 忌左手握手，除非右手有残疾（特殊情况应向对方说明原因）。尤其是和阿拉伯人、印度人打交道时要牢记勿用左手握手，因为在他们看来左手是不洁的只能用于洗澡等。

② 忌交叉握手。多人同时进行握手时，应该按照顺序一一握手，与另一方呈交叉状，甚至自己伸出左手同时与他人握手，都是严重的失礼行为。

③ 忌出手太慢。此举会让人觉得你不愿意与他人握手。

④ 忌在对方无意的情况下强行与其握手。

⑤ 忌戴手套或墨镜与他人握手。如果女士戴有装饰性的手套则可以不摘。

⑥ 忌握手时另外一只手放在口袋里。

⑦ 忌在手不干净时与他人握手。此时可以礼貌地向对方说明情况并表示歉意。

⑧ 忌握手后立刻用纸巾或手帕擦手。

2. 递接名片

现代社会，名片是一个人身份的象征，已成为人们社交活动的重要工具。因此，名片的递送、接受、存放也要讲究礼仪。

知识链接

递送名片的时机

① 初次相识，自我介绍或别人为你介绍时；

② 当双方谈得较融洽，表示愿意建立联系时；

③ 当双方告辞时，可顺手取出自己的名片递给对方，以示愿结识对方并希望能再次相见，这样可加深对方对你的印象。

(1) 名片的递送 在递送名片前，首先要分清对象，应细心观察对方有无时间和诚意，如果对方没有继续交往的意愿，不应急于递送名片，不要把名片视同传单随便散发。其次要注意递送名片的顺序，一般是地位低的人先向地位高的人递名片，男性先向女性递名片。当对方不止一人时，应先将名片递给职务较高或年龄较大者；或者由近至远递，依次进行，切勿跳跃式地进行，以免对方误认为有厚此薄彼之感。

在递送过程中，应面带微笑，稍欠身，注视对方；名片正面朝上，文字内容正对对方；用双手的拇指和食指分别持握名片上端的两角送给对方，见图2-7。如果你正在座位上，应当起立或欠身递送。递送时可以说一些"我叫××，这是我的名片"或是"我的名片，请您收下"之类的客气话。在递名片时，切忌目光游移或漫不经心。

图2-7 递接名片的姿态

(2) 名片的接受 在接受他人的名片时，无论有多忙，都要暂停手中的一切事情，尽快起身或欠身，面含微笑，用双手的拇指和食指分别接住名片的下方两角，切记不要只使用左手接名片。

接过名片之后，应该先向对方致谢，然后将名片从头到尾默读一遍，也可以将重要内容读出来。如果对方名片上的内容不明确,可以当场请教对方。名片接到手后,不要一眼不看就随手放在一边,也不要随手把玩,切勿将他人的名片随意乱揉乱折、乱丢乱放。应该谨慎地置于名片夹、上衣的口袋、公文包或办公桌,并与本人的名片区别放置。

接受名片后应立刻回送给对方一张自己的名片。如果自己的名片用完了,应当向对方做出合理的解释并致以歉意或待他日补送名片。

（3）名片的存放　在社交场合,应该随身携带自己的名片,以备交换之用。一般自己的名片应放于容易拿出的地方,可装入名片夹内放在西装上衣内侧左口袋中或公文包内。不要将名片与杂物混在一起,或放在钱包、工作证、裤子口袋内,另外,不要把别人的名片与自己的名片放在一起,以免慌乱中误将他人的名片当作自己的名片送给对方。

3. 引领手势

引领手势常用在引路、请人进门、请人入座等,使用时应注意身体各种体态的协调。引领手势的要求是:五指伸直并拢,注意将拇指并严,手与前臂成一条直线,肘关节自然弯曲,掌心斜向上方,手背与地面形成约 45 度角,身体稍向前倾,肩下压,面带微笑,目视来宾。见图 2-8。

图 2-8　引领手势

4. 禁忌的手势

① 不卫生的手势。如当众搔头皮、掏耳朵、抠鼻孔、擦眼垢、搓泥垢、抓痒痒等。
② 不稳重的手势。如修指甲、揉衣角、用手指在桌上乱画、玩手中的笔或其他工具等。
③ 失敬于人的手势。如以食指指点他人、掌心向下的招手动作等。

三、语言

语言是人类交际的媒介,是人们表达意愿、沟通情感、交流思想的重要工具。药品营销人员只有掌握语言交际礼仪的基本知识,才能在洽谈业务中运用得体的语言展示公司和自己。

（一）交谈礼仪

1. 交谈的基本要求

（1）尊重对方、理解对方　在交谈中,只有尊重对方、理解对方,才能引起对方感情上的共鸣,从而赢得对方的尊重和信任。

（2）礼让对方　与别人交谈时,不要争,不要抢。晚辈要让长辈先说,下级要让上级先说,男士要让女士先说。

（3）与对方保持适当的距离　与人交谈时,应保持在社交距离的范围之内,才会让人感觉舒服。

> **知识链接**
>
> **人际交往的距离**
>
> 1. 亲密距离
> 亲密距离的范围是 50 厘米之内,指两人的身体能很容易接触到的一种距离,只限于恋

人、夫妻等之间，在同性别的人之间，往往只限于贴心朋友。亲密距离属于私下情境，即使是关系亲密的人，也很少在大庭广众之下保持如此近的距离，否则会让人不舒服。倘若你忽视了这一距离的灵敏性，无意间与一个交往不深或不熟识的异性形成了"亲密距离"，往往会被误解，弄出一些意想不到的不愉快来。

2. 私人距离

私人距离的范围是50~120厘米，指比"亲密距离"稍远一点的距离，一般表现为伸手可以握到对方的手，但不容易接触到对方的身体。一般来说只有熟人和朋友才能进入这个距离。人际交往中，私人距离通常是在非正式社交情境中使用，在正式社交场合一般使用社交距离。

3. 社交距离

社交距离的范围是120~360厘米，近可相距两三步，相当于两张办公桌的距离；远可相距五六步或更远些。一般在工作环境和社交聚会上，人们大多保持这种程度的距离。这种距离给人一种安全感，处在这种距离中的两人，既不会怕受到伤害，也不会觉得太生疏，可以友好交谈。

4. 公众距离

公众距离的范围是360厘米以上，一般指公共场合中演讲者与台下听众，教室里老师对学生，舞台上演员与观众的距离。这是约束感最弱的距离，当演讲者试图与一个特定的听众谈话时，他需要走下讲台，将两人的距离缩短为社交距离或者私人距离，才能实现有效沟通。

（4）恰当地称呼他人　恰当的称呼能够反映出你对他人的尊重程度，在人际交往开始时，使用得体的称呼，才会使交往对象产生同你交往的欲望。

（5）态度和气、语言得体　交谈时要自然、充满自信，使用规范的语言，语速适当、语音清晰、语调适中、语气平和，言语真诚，用词文雅，不卑不亢。

2. 礼貌用语

礼貌用语是对他人表示友好和尊敬的语言，在交谈中运用礼貌用语，不仅能表现一个人的语言修养、文化程度、思想品德，还能反映整个社会的文化程度。

常见的基本礼貌用语，主要有以下几种。

① 欢迎语：欢迎光临、欢迎指导、见到您很高兴。
② 问候语：您好、早上好、下午好、节日好。
③ 祝贺语：恭喜、祝您节日愉快、祝您生日快乐、恭喜发财。
④ 请托语：请、劳驾、拜托、请多关照、请稍候。
⑤ 感谢语：谢谢、衷心感谢。
⑥ 道歉语：抱歉、对不起、请原谅、失礼了、请多包涵。
⑦ 应答语：不用谢、不客气、我明白了、没关系、这是我应该做的。
⑧ 道别语：再见、明天见、欢迎下次光临。
⑨ 征询语：请问您有什么事？我有什么可以帮助您吗？您还有别的事情需要办理吗？

常用的客套话

初次见面说"久仰"；好久不见说"久违"；请人指点说"赐教"；求人解答说"请教"；

请人帮忙说"劳驾"；请人解答说"请问"；麻烦别人说"打扰"；托人办事说"拜托"；
归还物品说"奉还"；赠送礼品用"笑纳"；表示感激用"多谢"；向人祝贺说"恭喜"；
赞人见解说"高见"；求人方便说"借光"；求人谅解说"包涵"；等候客人说"恭候"；
客人到来说"光临"；欢迎购买说"光顾"；送客出门说"慢走"；与人道别说"再来"；
看望别人说"拜访"；陪伴朋友用"奉陪"；起身走时说"告辞"；请人勿送说"留步"。

3. 交谈的内容

与人交谈时，可以选择双方共同关注的话题，除了工作内容外，还可以选择政治、经济、文化、新闻的焦点，或者文学、艺术、哲学、历史、地理、建筑等，药品营销人员能够从交谈中学习知识、增长才干。交谈中不要以自我为中心，忽视对方感受；要克服紧张不安，注意对方反应，选择对方最关心的话题。

交谈中不宜谈论下列内容。

① 倾向错误的内容。交谈的内容不应违背社会公德。

② 个人隐私。交谈中不宜问对方的收入、年龄、家事、经历等涉及别人隐私的内容。

③ 国家机密和商业机密。

④ 令人不愉快的话题。如飞机坠毁、瘟疫流行、凶杀惨案、天灾人祸等。在交谈时要有意识地选择那些能给交谈对象带去开心与欢乐的轻松话题，除非必要，切勿选择那些让对方感到沉闷、压抑、悲哀、难过的内容，一旦无意涉及，应当马上表示歉意并转移话题。

⑤ 非议他人。不要对他人评头论足，传播闲言碎语，甚至无中生有。

⑥ 失敬于人的话题。如乱开玩笑、谈论庸俗低级的内容等。

4. 交谈的禁忌

① 打断对方，即插嘴。只有长辈对晚辈，上级对下级，才可以打断对方说话。

② 补充对方。有显示自己比对方懂得多之嫌。一个真正懂得交往艺术的人，是会给对方创造表现机会的人，而不是努力表现自己的人。

③ 纠正对方。对大是大非的问题，要是非分明；对小是小非，不妨得过且过。如果要纠正对方，也应尽可能礼让对方，给对方台阶下。

④ 质疑对方。不要轻易地怀疑对方说话的可信性、准确性，不与对方"抬杠"。

⑤ 挖苦对方。交谈时不宜使用尖酸刻薄的话去讥笑嘲弄对方。如果是熟人之间开玩笑，也需注意玩笑不要开过头。

（二）称呼礼仪

称呼，是在人与人交往中使用的称谓和呼语，用以指代某人或引起某人注意，是表达人的不同思想感情的重要手段。人际交往中不使用称呼，或者使用称呼不当，都是一种失礼的行为。选择正确、得体的称呼，不仅反映着自身的修养和对对方的尊重程度，还在一定程度上体现着双方之间关系的亲疏。

使用称呼语时要注意：第一，符合常规；第二，区分场合；第三，考虑双方关系；第四，入乡随俗；第五，分清主次，称呼多人时一般按照由主及次、先长后幼、先上后下、先宾后主、先女后男、先疏后亲，或由近及远的顺序进行。

1. 常用的称呼方式

（1）泛称　泛称是适合于各种社交场合的称呼。泛称可以单独使用，如称男士为"先生""阁下"；称未婚女子为"小姐"，已婚女子为"夫人""太太"，不清楚婚姻状况的女子可称之为"女士"；男士女士均可称"同志"。在正式场合，泛称可以与姓名、姓氏、职业性称呼分别组合在一起使用，如"李梅女士""张先生""护士小姐"等。

（2）行政职务性称呼　行政职务性称呼是以对方的职务来进行称呼，以示身份有别、敬意有加。行政职务性称呼可分为三种情况：①仅称呼职务，如"董事长""经理""主管""主任"等；②在职务之前加上姓氏，如"李经理""赵主管""陈秘书"等；③在职务之前加上姓名，这仅适用极其正式的场合，如"李强董事长"。

（3）技术职称性称呼　技术职称性称呼是对具有职称，特别是中、高级职称者，直接以其职称相称。如果在有必要强调对方的技术水准的场合，尤其需要以职称来称呼对方。技术职称性称呼可分为三种情况：①仅称呼技术职称，如"教授""工程师"等；②在职称前加上姓氏，如"王教授""张工程师"等，这种称呼有时可以采用约定俗成的简称来称呼，如将"张工程师"简称为"张工"，但使用简称应以不发生误会、歧义为限；③在职称前加上姓名，适用于正式场合，如"张伟教授""李月主任医师"等。

行政职务性称呼和技术职称性称呼在使用时，一般遵循"就高不就低"的原则，直接以正职称呼。如"李副经理"称为"李经理"、"王副教授"称为"王教授"。

（4）学术头衔性称呼　对于有学术头衔者，特别是具有较高学术头衔者，以学术头衔进行称呼，可增加被称呼者的权威性，有助于增强现场的学术气氛，提高被称呼者的学术权威性。学术头衔性称呼可分为四种情况：①仅称呼学衔，如"博士"；②在学衔前加上姓氏，如"张博士"；③在学衔前加上姓名，如"张明博士"；④将学衔具体化，说明其所属学科，并在其后加上姓名，如"经济学博士张明"等，此种称呼最为正式。

（5）职业性称呼　在人际交往中，若不了解交往对象的具体职务、职称、学衔，可直接以其职业性称呼或约定俗成的称呼相称。职业性称呼可分为两种情况：①以其职业相称，如"老师""医生""师傅""警官"等；②在职业前加上姓名，如"陈老师""赵医生""吴师傅""王警官"等。

（6）姓名性称呼　在工作中，对于同事、熟人之间可以直接称呼其姓名。姓名性称呼可分为三种情况：①直呼姓名，如"王丽"，适用于长辈对晚辈或者平辈之间；②只呼其姓，不称其名，但要在姓氏前加上"老""大""小"等进行称呼，如"老刘""大李""小王"；③只称其名，不呼其姓，一般用于同性之间，如称"李丽君"为"丽君"，一般，上司称呼下级、长辈称呼晚辈、亲友、同学、邻里之间，均可使用这种称呼。

除了以姓名相称，还可用"您"和"你"，一般称呼长辈、上级和熟识的人用"您"，以示尊重；而称呼自家人、熟人、朋友、平辈、晚辈和儿童用"你"，表示亲切、友好和随便。

2. 称呼的禁忌

（1）使用错误的称呼　指由于念错对方的姓名，或对被称呼者的年龄、婚否、职务等作出了错误判断而导致称呼错误。如果不清楚对方的具体情况，应该事先请教对方，不要凭主观想象而贸然称呼对方。

（2）使用不适当的称呼　在正式场合，不宜用"下一个"等替代性称呼去称呼他人，也不宜使用非正式的简称，如将"张局长"简称为"张局"。此外，与他人打交道时不使用任何称呼，也是不礼貌的表现。

（3）使用不通行的称呼　有一些称呼仅仅适用于某一地区，或者仅仅适用于国内。一旦超出一定范围，就有可能产生歧义。如北京人称别人为"师傅"，山东人则习惯于称呼别人为"伙计"，天津人称呼女性为"姐姐"等这类地区称呼不宜用于商务场合。

（4）使用庸俗的称呼　在正式场合，不论对外人还是自己人，最好都不要称兄道弟，对他人以"兄弟""哥们儿""姐们儿"等相称，不仅不会使人感到亲切，反而会让别人觉得称呼者的庸俗低级、档次不高。

（5）用绰号作为称呼　在人际交往中不能使用歧视性、侮辱性的称呼，更不能擅自给对方起绰号或用道听途说来的绰号去称呼对方。另外，不能随便拿别人的姓名乱开玩笑，要尊重一个人，必须首先学会尊重他的姓名。

四、表情

面部是人体表情最丰富的部分，它表达人们内心的思想感情，表现人的喜、怒、哀、乐，对语言有解释、澄清、纠正或强调的作用。在人际交往中表情起着重要的作用，优雅的表情，可以给人留下深刻的第一印象。构成表情的主要因素有笑容和眼神。

（一）微笑

笑容是人们在笑的时候的面部表情，可以表现出对他人的尊重、理解和友善，消除彼此间的陌生感，打破交际障碍，为更好地沟通与交往创造有利的氛围。在商务场合，最适宜的笑容是微笑，能够给人以一种亲切、和蔼、热情的感觉。

1. 微笑的要求

① 发自内心，口眼结合。由眼神、眉毛、嘴巴、表情、面部肌肉等协调动作完成的微笑才会自然大方，显示出亲切、热情和尊重。要防止笑容生硬、虚伪、笑不由衷。

② 与神情气质相结合。微笑时应该情绪饱满、神采奕奕，笑出感情，体现谦逊、大方的良好气质。

③ 与语言相配合。微笑应与美好语言相配合，声情并茂，相辅相成。

④ 与仪表举止相和谐，形成统一的效果。

2. 微笑的技能要领

微笑时面部肌肉要放松，唇部向上移动，略呈弧形，露出6~8颗上牙，不要露出牙龈和下牙，不要出声。

知识链接

微笑训练方法

① 照镜训练法。端坐镜前，以轻松愉快的心情，调整呼吸自然顺畅；静心3秒钟，回忆高兴的情境，开始微笑：双唇轻闭，使嘴角微微翘起，面部肌肉舒展开来；同时注意眼神的配合，使之达到眉目舒展的微笑面容。自我对镜微笑训练时间长度随意。为了使效果明显，可配合节奏欢快的背景音乐。

② 含箸训练法。选用一根洁净、光滑的圆柱形筷子（不宜用一次性的简易木筷，以防拉破嘴唇），横放在嘴中，用牙轻轻咬住；嘴角对准筷子，两边都要翘起，并观察连接嘴唇两端的线是否与筷子在同一水平线上；保持这个状态10秒，以观察微笑状态；取出筷子后，维持微笑状态。此法可以使两边嘴角在微笑时一起上升。

③ 口型对照法。通过一些相似性的发音口型，找到适合自己的最美微笑状态，如默念"茄子""田七"等词语形成的口型，是微笑的最佳口型。

---

3. 微笑的禁忌

不要虚假的笑，即皮笑肉不笑；不要冷笑，容易使人产生敌意；不要放肆大笑，使人感到缺乏礼貌；不要捂着嘴角不自然的微笑等。

（二）眼神

眼神是面部表情的核心。在人际交往时，眼神能够最明显、最自然、最准确地显示一个人的心理活动。与人交谈时，使用坦然、亲切、友善、有神的眼神与对方进行目光接触，能表现出诚恳与尊重。

不同的眼神表示不同的含义，如相互正视片刻表示坦诚；行注目礼表示尊敬；正视、逼视则表示命令；斜着扫一眼表示鄙视；不住地上下打量表示挑衅；白眼表示反感；眼睛眨个不停表示疑问；双目大睁表示吃惊；眯着眼看既可表示高兴，也可表示轻视；左顾右盼、低眉偷觑表示困窘；瞪眼相视表示敌意等。

在人际交往中，要注意注视对方的时间、角度、位置，讲究眼神的礼仪规范。

1. 注视的时间

（1）表示友好　不时地注视对方，注视对方的时间约占相处时间的 1/3 左右。

（2）表示重视　常常把目光投向对方，注视对方的时间约占相处时间的 2/3 左右。可用于听报告、请教问题时。

（3）表示感兴趣　目光始终盯在对方身上，偶尔离开一下，注视对方的时间多于相处时间的 2/3。

（4）表示敌意　目光始终盯在对方身上，目光专注而严厉，注意对方的时间多于相处时间的 2/3。

（5）表示轻视　目光常游离对方，注视对方的时间不到相处时间的 1/3。

2. 注视的角度

（1）平视　视线呈水平状态，与对方正面相向，也叫正视。平视表示理性、平等、自信、坦率，令人感觉平等、亲切，一般适用于普通场合与身份、地位平等之人间的交往。

（2）侧视　是平视的特殊情况，当位于对方侧面时，要面向并平视对方。侧视的关键在于面向对方，否则为斜视对方，是很失礼的。适用于与位于自己左右的人交往。

（3）仰视　抬眼向上注视他人。仰视表示尊重、期待、敬畏之意，适用于晚辈对长辈、下级对上级之间。

（4）俯视　抬眼向下注视他人。俯视可表示对晚辈的宽容、爱护，也可表示对他人的轻慢、歧视。一般用于身居高处之时。

3. 注视的位置

（1）公务注视　注视的位置在对方的双眼或双眼与额头之间的三角区域，表示严肃、认真、公事公办，能制造紧张气氛。一般用于洽谈、磋商、谈判等场合。

（2）社交注视　注视的位置在对方的双眼与嘴唇之间的三角区域，表示礼貌、友好，容易形成平等感。一般用于舞会、酒会、朋友聚会。

（3）亲密注视　注视的位置在对方的双眼和胸部之间的区域，表示亲密、友善。一般用于亲人、恋人、家庭成员等亲近人员之间，不适用于陌生人。

4. 注视的禁忌

① 人际交往中，冷漠、呆滞、疲倦、轻视、眯眼、斜视、闭眼、左顾右盼的眼神都是不礼貌的。

② 不要对关系一般的人或异性长时间凝视。一般交往中目光交流的时间每次约三四秒钟，目光交流的总时间大体为交谈时间的 30%～60%。

③ 与陌生人谈话时，不能不看对方。

④ 眼睛转动幅度不能过快或过慢，太快则表示不诚实、不成熟，太慢是"死鱼眼睛"；眼睛转动的范围也要适度，范围过大给人以白眼多的感觉，过小则显得木讷。

⑤ 在与多人交谈时，要不时地与不同角度的听众进行目光接触，不要只顾与一两个人交谈而冷落他人。

课堂思考

拜访客户时应该注意些什么？

小王大学毕业后进入一家医药公司做业务员，第一次拜访客户时他穿戴不整洁，也不敢正视客户的眼睛，即使勉强与客户对视，也会立即把眼神游离到别的地方。在客户述说对产品的看法时，小王打断客户，对产品的特点进行说明。客户听完后含糊其辞地"哦"了一声就开始转换话题，几分钟就把小王打发走了，根本没有谈具体的合作事宜。小王此次的拜访以失败告终。

问题1：小王的表现有哪些不妥的地方？

问题2：拜访客户时应该注意些什么？

第三节　药品营销人员应具备的职业素质

情景引入

张梅要对公司产品销售情况进行市场调研，主要的工作有走访客户，收集、整理资料并最终形成调研报告。张梅向师傅询问市场调研的注意事项，师傅告诉她可以先查些资料，制订出调研计划，然后逐一拜访客户详细了解产品的销售情况，最后对所有的情况汇总分析形成调研报告。师傅还告诉她，不要随便查些资料应付工作，应该以认真、踏实的态度对待工作。那么，工作中应该遵守哪些职业道德？保持什么样的工作态度？

一、职业道德

职业道德是同人们的职业活动紧密联系的符合职业特点所要求的道德准则、道德情操与道德品质的总和，它既是对本职人员在职业活动中的行为标准和要求，同时又是职业对社会所负的道德责任与义务。它是人们在从事职业的过程中形成的一种内在的、非强制性的约束机制。

药品营销人员应具备的基本职业道德如下。

1. 遵纪守法

药品营销人员在从事营销活动的过程中，首先应该做到的就是遵纪守法，既要遵守国家的法律法规，还要遵守企业的章程及管理制度，如劳动纪律、组织纪律、保密纪律等。

2. 爱岗敬业

爱岗敬业是对人们工作态度的一种普遍的要求，就是干一行爱一行，爱一行钻一行，钻一行精一行。爱岗，就是热爱自己的本职工作，能够为做好本职工作尽心尽力；敬业，就是要用一种恭敬严肃的态度来对待自己的职业，即对自己的工作要专心、认真、负责任。

3. 诚实守信

诚实守信是做人做事的基本准则，也是药品营销人员与他人建立长久合作关系的基础。诚实，就是忠诚老实；守信，就是信守诺言，讲信誉，重信用，忠实履行自己应该承担的业务。诚实守信不仅包括对客户，也包括对雇主和同事、对股东和企业忠诚，严守企业的商业秘密；对客户要诚实，维护客户的利益，讲信誉、重信用，重视合同和约定。

4. 办事公道

办事公道是处理职业内外关系的重要行为准则。办事公道，是指药品营销人员在办事情、处理问题时，要站在客观公正的立场上按照同一标准和同一原则公平合理地做事和处理问题。

5. 开拓创新

药品营销人员应主动学习最新的专业技能知识，探索更好的工作方法，不断提高自身的业务水平，并且在理论知识和实践工作中要不断地创新。

6. 奉献社会

奉献社会是职业道德中的最高要求，也是做人的最高境界，是为人民服务和集体主义精神的最好体现。奉献社会是指一心为社会贡献，在公与私、义与利、奉献和索取之间，把前者放在首位。每个公民无论在什么行业、什么岗位、从事什么工作，只要他爱岗敬业、努力工作，就是在为社会做出贡献。如果在工作过程中不求名、不求利，只奉献、不索取，则体现出宝贵的无私奉献精神，这是社会主义职业道德的最高境界。

二、工作态度

工作态度是对工作所持有的评价与行为倾向，包括工作的认真程度、责任程度、努力程度等。以什么样的心态对待工作，直接决定着药品营销人员的工作质量。

药品营销人员必备的心态有如下几方面。

1. 积极的心态

药品营销人员每天都要面临很多新的问题与困难，要学会用积极的心态去面对，看到克服这些困难后的一片蓝天，这样，有助于药品营销人员克服困难、摆脱困境，使人看到希望，保持进取的旺盛斗志。

> **知识链接**
>
> **积极心态的十个特征**
>
> （1）面临难题，认真思考，做出自己的选择；不可不动脑筋，安于现状。
> （2）遇到挑战，从实际出发，求变创新；不可浑浑噩噩，回避矛盾。
> （3）选取目标，计划事情，具体而明确；不可笼而统之，模糊不清。
> （4）正视现实，负起责任，不管是愉快还是痛苦；不可否认、逃避现实、沉溺在幻想中。
> （5）尊重事物规律，考察客观可能；不可拒绝真理，不顾实际，只凭主观愿望办事。
> （6）独立自主、积极行动；不可依赖别人、消极等待情况变化。
> （7）敢于冒险，不怕失败；不可躲避风险，贪图安逸。
> （8）坚持自己的价值和能力，坚持靠自己；不可自我贬低，就怕别人看不起。
> （9）有了错误，愿意承认并纠正；不可文过饰非，虚荣自负。

（10）冷静从容，能够选择控制自己的情感；不可急躁任性，感情用事。

2. 主动的心态

药品营销人员的工作具有极大的挑战性，很多时候没有人告诉你该做哪些事、不该做哪些事。在竞争异常激烈的时代，"被动就会挨打"，只有怀着主动的心态做事，才能占据优势地位。我们的事业、我们的人生不是上天安排的，是我们主动去争取的。在公司里，有很多的事情也许没有人安排你去作，有很多的岗位空缺，如果你去主动地行动起来，你不但锻炼了自己，也为自己的成功积蓄了力量。

3. 空杯的心态

> **课堂思考**
>
> **空杯的故事**
>
> 古时候，有一个佛学造诣很深的人，听说某名山一个寺庙里有位德高望重的老方丈，于是前去拜访。
>
> 到了寺里以后，先是老禅师的徒弟接待了他，他很是不高兴，心想：我是佛学造诣很深的人，也算小有名气，方丈却派个小沙弥来接待，太看不起我了吧！后来老方丈出来后，他对方丈也表现得十分不满，态度傲慢。结果老方丈还是非常恭敬地亲自为他沏茶，但在倒水时，明明茶杯已经满了，老方丈还不停地倒。
>
> 他不解地问："大师，为什么杯子已经满了，还要往里倒？"大师说："是啊，既然已满了，干吗还倒呢？"老方丈的意思是，既然你已经很有学问了，干吗还要到我这里求教呢？
>
> 问题：上面的故事给了我们什么启示？

如果想学习到更多的销售方法和好的经验，就要把自己想象成"一个空着的杯子"，而不是骄傲自满。"空杯心态"并不是完全地否定过去，而是要怀着否定或是放空过去的一种态度，重新整理自己的智慧，吸收别人正确、优秀的东西，去融入新的工作环境，对待新的工作、新的事物。

4. 双赢的心态

双赢心态就是利己利人的心态，就是为自己着想的同时而不忘他人的权益，使双方都能受益。双赢心态是达到合作的必有心态，也是走向成功的必由之路。药品营销人员必须站在双赢的心态上去处理自身与企业之间、企业与客户之间的关系。不能为了自身的利益去损坏企业的利益，如果企业没有了利益，那么营销人员自己肯定也没有利益；同样，也不能破坏企业与客户之间的双赢规则，只要某一方失去了利益，必定就会放弃这样的合作。公司满足员工的需求，而员工实现公司的产品价值，这同样也是一个双赢，任何一方的利益受到损坏都会付出代价。

5. 包容的心态

药品营销人员在工作中会接触到各种各样的客户，每个客户的需求、喜好都不相同。这就要求我们站在别人的立场看一看，或者换个角度想一想，学会包容，包容他人的不同喜好，包容别人的挑剔。你的同事也许与你也有不同的做事风格，有不同的喜好，你也应该去包容。

6. 感恩的心态

人要懂得感恩，不要将拥有的一切都视之为理所当然，需要以感恩之心对待我们周围的一切事物。作为药品营销人员,我们要对公司感恩,感谢公司为我们提供了较为优厚的待遇和物质生活保障、构建了展现自我价值的平台;对领导感恩,感谢领导的信任支持、为我们提供了机会和空间;对同事和亲友感恩,感谢大家的相互支持、团结合作。以一种感恩图报的心情工作时,你不会产生抱怨、不会感到乏味、不会在困难面前退缩,工作效率会更高。学会感恩才能拥有更加美好的未来,才能成就事业的辉煌和人生的幸福。

7. 行动的心态

"心动不如行动",行动是最具有说服力的。药品营销人员需要用行动去证实自己的存在,证实自己的价值;用行动去关怀客户,去完成任务。假如一切计划、目标、愿景只停留在纸上,不去付诸行动,那计划就不能执行,目标就不能实现,愿景就是肥皂泡。营销的关键在于执行,再好的方案只能是方案、只能是规划与蓝图,关键是谁来描绘。因此在营销实践中,每个营销人行动的心态才是最重要的。

8. 付出的心态

天下没有免费的午餐,没有人可以不劳而获,想要得到回报就要首先付出。我们做任何事情,不能首先想到自己会收获些什么,不要太计较眼前的得失,以免在工作中患得患失,影响自己的工作。

9. 学习的心态

在信息技术快速发展的今天,知识更新的速度日益加快,想要应对千变万化的世界,务必要做到"活到老,学到老。"一个人如果不及时更新自身的知识,将很快被淘汰。药品营销人员只有不断学习、不断提高,才能与时俱进、顺应发展,成为职场上的胜者。

10. 老板的心态

老板的心态是指像老板一样思考,像老板一样行动。具备了老板的心态,你就会从全局的角度来考虑自己的工作,会找到工作的最佳方法,会把工作做得更加圆满出色。

三、良好的心理素质

营销工作每天都会出现各种各样的情况及各种各样的压力和挑战。药品营销人员不仅要面临繁重的任务压力,而且还面临着巨大的心理压力,因此,要想做好药品营销工作,一定要有强大的心理素质。完善的心理素质既是营销人员职业发展成功的基础,又是其职业成熟的主要标志。

药品营销人员良好的心理素质主要包括:强烈的自信心、顽强的意志、稳定的情绪、豁达的性格、足够的勇气。

1. 强烈的自信心

信心是力量的源泉,是成果的前提。一个人成功与否,除去与其智力因素有关外,非智力因素也起着至关重要的作用,而自信心又是非智力因素中一个很重要的方面。自信是人们事业成功的阶梯和不断前进的动力。

增强自信心的六大方法

(1) 要做好坐在前面的思想准备;

(2) 养成盯住对方眼睛的习惯；
(3) 把走路的速度提高百分之十；
(4) 主动和别人说话；
(5) 默念一些经过时间检验的谚语或励志的语句来增强自信心；
(6) 每天照三遍镜子。

2. 顽强的意志

药品销售工作不是一帆风顺的，会遇到许多困难与障碍，在面对挫折与失败时，不能轻易放弃，要锲而不舍，认真查找原因、改进工作方法，用坚强的意志力去克服挫折和困难。

3. 稳定的情绪

在面对压力或者遭遇挫折时，药品营销人员会感到气馁和沮丧，产生情绪的波动，消极的情绪状态对药品营销工作是十分不利的。因此，药品营销人员要有一定的情绪控制能力，才能在工作中保持稳定的情绪，以积极的心态投入到营销活动中。

4. 豁达的性格

在药品营销过程中，即使做了万全的准备，也难免百密一疏，遇到不如意的情况，要练就"一笑了之"的豁达性格，学会谅解，不要耿耿于怀。

5. 足够的勇气

在药品营销工作中，有一些营销人员往往只注重对技能和知识的学习，却忽视了如何克服恐惧的训练，他们在与客户交流时，会因为恐惧而面红耳赤、语无伦次，给客户留下负面印象，导致工作的失败。产生这种现象的原因是"缺乏人际勇气"，或者说是"不敢与人打交道"。药品营销人员要敢于推销自己，要有足够的勇气和胆量来克服人际沟通中的心理障碍。药品营销人员在与客户的交往中，只有既敢于说话又善于说话，才会如虎添翼、锦上添花，产生良好的交际效果。

课堂思考

案例分析

某公司总经理分别把销售部的员工小江、小杨、小刘叫到办公室，对他们说："请叫你们经理到我办公室来一趟。"小江、小杨、小刘的做法是：

小江回到办公室发现经理不在，就回到自己办公桌前干起自己的事情来。总经理没有见到某部门经理，不知道是小江忘了自己的嘱咐，还是销售部经理知道后没有过来，没有办法布置新的销售任务。

小杨回到办公室发现经理不在，立即给总经理打电话说："我们经理不在。"总经理问："他去哪儿了。"小杨说："不知道"。总经理还是没有把新的销售任务布置下去。

小刘回到办公室发现经理不在，首先通过各种途径打听到经理把手机忘在家里了，正在回去取，预计半小时后到单位，接着把这些情况告诉了总经理，总经理统筹后把工作布置给了别人。

问题1：小江、小杨、小刘三者中谁的做法可取？为什么？
问题2：他们在工作态度方面有什么不同？

第四节　药品营销人员应具备的职业能力

> **情景引入**
>
> 张梅要对公司产品销售情况进行市场调研，主要的工作有走访客户、收集和整理资料并最终形成调研报告。想顺利完成这项工作，张梅需要具有哪些能力？

一、计划能力

药品营销人员应该根据自己的工作任务制订出详细的工作计划，这样才能有明确的工作目标和清晰的思路，并且能够统筹安排各项资源和时间，有利于减少失误和提高效率。

二、分析与总结能力

药品营销工作是一个系统而又复杂的过程，药品营销人员要能从纷繁复杂的表象中发现事物的本质，通过各种信息综合判断、寻找、发现销售机会，并及时将自己的时间和精力投入到核心问题的解决上，才能取得事半功倍的效果。此外，药品营销人员还应及时对以往工作进行总结，这样可以正确分析以往工作中的优缺点，明确下一步工作的方向，提高工作效率。

三、执行能力

执行能力就是按质按量地完成工作任务的能力。如今已不仅仅是策略的时代，也是策略执行的时代。药品营销人员是企业的细胞，只有每个细胞都有活力，企业才有旺盛的生命力和战斗力。所以，我们要提升个人的执行能力，不仅要通过加强学习和实践锻炼来增强自身素质，更重要的是要端正工作态度。

四、沟通能力

沟通能力是指通过有效的听、说、读、写获取信息并有效传达信息的能力，它是药品营销人员成功的必要条件。药品营销人员拥有良好的沟通能力能够实现与客户、同事、领导的有效沟通，便于工作的顺利开展。

五、学习能力

学习能力就是学习的方法与技巧。当今世界科学技术突飞猛进，社会发展日新月异，知识更新节奏加快，学习对于一个人来说是一个终身课题。药品营销人员的学习能力决定了个人在企业中的位置与未来的职业生涯发展规划，想要成为未来市场上的抢手人才，必须由"学会"变为"会学"。谁会学习，谁学得更快，谁就更接近成功。

> **课堂思考**
>
> **分析自身的能力**
>
> 结合本节课程内容，对自己的能力进行分析。
>
> 问题1：对于药品营销工作，你已经具备哪些能力？还有哪些欠缺？
>
> 问题2：针对自己欠缺的能力，如何来改善？

【本章小结】

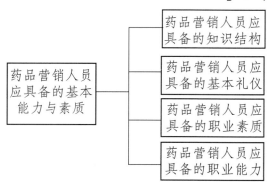

【复习思考】

1. 结合本章内容，对自身的能力与素质进行分析，找出自己的优缺点，拟定一个在校期间的个人能力与素质的提升计划。

2. 判断下列情境中各位人物做法的正误，并说明理由。

（1）小王是一家医药公司的业务员，他去拜访一位客户，一进门就坐在沙发上，跷起二郎腿，点起香烟。

（2）业务员小李进入一间公司，问接待人员小张："哎，这里是××公司吗？"小张没有理小李，继续与旁边的同事小声聊天。

（3）杨先生戴着墨镜在路上遇到了客户李小姐，李小姐伸手与之相握，李先生伸出双手并用力摇晃。

（4）在某次招商会上，小陈掏出名片，欲递与一客户，正巧这时手机铃响，仓促之间，小陈腾出右手拿手机听电话，左手夹着名片递与客户。

3. 案例分析

（1）李明大学毕业后进入某医药公司做业务员，公司安排他去拜访客户王经理。他听同事说王经理是一个大公司的老总，为人很严肃。于是李明心里便开始担心，害怕王经理为难自己，或者干脆把自己骂出来。他越想越害怕，甚至想要放弃，但是已经和王经理约定好了，于是硬着头皮前去。拜访过程中王经理对李明很客气，但是李明非常紧张，最后连自己说什么都不知道了。王经理见李明的表现，心里很不满意，就找了个理由让他离开了。这笔生意也不了了之。

分析李明拜访失败的原因是什么？应该怎样改善？

（2）美国一个制鞋公司要寻找国外市场，公司派了一名业务员去非洲一个岛国，以了解能否将本公司的鞋销售给他们。这个业务员到非洲后待了一天发回一封电报："这里的人不穿鞋，没有市场。我即刻返回。"公司又派出一名业务员，第二名业务员在非洲待了一个早期，发回一封电报："这里的人不穿鞋，鞋的市场很大，我准备把本公司生产的鞋卖给他们。"公司总裁得到两种不同的结果后，为了解到更真实的情况，于是又派去了第三个人，该人到非洲后待了三个星期，发回一封电报："这里的人不穿鞋，原因是他们脚上长有脚疾，他们也想穿鞋，过去不需要我们公司生产的鞋，是因为我们的鞋太窄。我们必须生产宽鞋，才能适合他们对鞋的需求。这里的部落首领不让我们做买卖，除非我们借助于政府的力量和公关活动搞大市场营销。我们打开这个市场需要投入大约1.5万美元。这样我们每年能卖大约2万双鞋，在这里卖鞋可以赚钱，投资收益率约为15%。"

分析三个业务员的工作态度有什么不同？市场营销活动要求营销人员应具备什么样的素质与能力？

【实训项目】

实训　礼仪训练

一、实训任务

学生2～3人一组，1人扮演营销人员，其余人员扮演客户，模拟进行客户拜访。在拜访客户过程中将所学的着装、服务姿态、语言、表情等礼仪进行综合运用。

二、实训目的

能够根据商务活动中实际情境运用相关的礼仪技巧。

三、实训准备

1. 领带、丝巾。
2. 名片、公文包、笔、记事本。
3. 办公桌椅。

四、实训内容

学生自行选定身份，选择合适的产品，设计对白，模拟进行营销人员与客户之间的业务洽谈。

五、实训评价标准

1. 男生必须学会至少一种领带的系法，女生必须学会至少一种丝巾的系法。
2. 能熟练地握手、递接名片，并正确称呼对方。
3. 站立、行走、坐、手势等姿态规范，表情、语言恰当。
4. 评分标准

项目	1.领带/丝巾系法 10分	2.握手 10分	3.递接名片 10分	4.称呼 10分	5.站姿 5分	6.走姿 5分	7.坐姿 5分	8.手势 5分	9.表情 10分	10.语言 10分	11.内容安排 10分	12.表演效果 10分
得分												
合计：												

六、实训提示

1. 每组学生用时5～10分钟。
2. 每组模拟完毕，由所有同学和教师进行评分，教师组织学生对表演过程中的不妥之处进行讨论。
3. 实训结束后，每位学生撰写实训报告，对自己的实训情况进行总结。

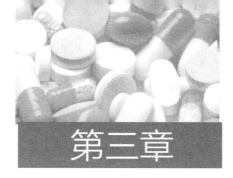

第三章

面向药店的药品营销

学习目标	**知识目标：** 1. 了解"潜在客户"的类型 2. 了解制订拜访路线的目的和原则 3. 了解店员培训的目的 4. 了解客户管理的目的与内容 5. 熟悉药品陈列的原则和方法 6. 熟悉店员培训的内容 7. 掌握销售日常拜访的基本流程、方法及技巧 8. 掌握药品促销的方式 **能力目标：** 1. 能够进行新药店的市场开发 2. 能够合理制订拜访路线，做好拜访计划 3. 能够运用拜访技巧进行销售的日常拜访 4. 能够进行药品的终端陈列 **素质目标：** 1. 具备踏实的工作作风及勤劳的工作精神 2. 具备较强的沟通及谈判能力 3. 具有较强的自我学习能力 4. 具有较强的心理承受能力及自我调节能力
学习重点	1. 销售的日常拜访 2. 终端陈列 3. 药品促销
学习难点	1. 新客户的开发 2. 拜访路线的制订
教学方法	案例分析法、角色扮演法、小组讨论法
建议学时	28学时

第一节　开发新门店

> **情景引入**
>
> 王明2个月前从学校毕业后在一家医药公司做OTC代表，现在负责本市朝阳区的市场。前几天公司布置了本年度的销售任务，要求销售额在去年的基础上提高15%。如何实现今年的销售任务呢？王明很是苦恼。他的师傅告诉他，要想提高销售额，除了维护好现有的客户，提高现有药店的销售额之外，还要开发以前没有合作基础的新药店。王明很是困惑：如何开发新门店呢？

> **知识链接**
>
> **如何提高OTC代表的销售业绩**
>
> 众所周知，OTC代表的销售业绩＝药店的数量×每个药店的平均销售量＝（现有的药店数量＋新开发的药店数量）×每个药店的平均销售量。
>
> 因此，OTC代表要想提高销售额有两大方法，一是要提高现有药店的销售数量，即对现有药店进行纵深层面的管理，扩大目前药店内的产品占有率；二是开发新的药店客户，从而扩大在所有药店中的市场占有率。

一、建立"潜在药店"名录

OTC代表在进行新门店开发之前，必须对"潜在药店"（即新药店）进行背景调查，建立"潜在药店"名录。"潜在药店"是指经过适当的培育后，有机会能成为交易客户的药店。"潜在药店"一般可以分为以下几种情况。

1. "潜在药店"是过去与公司完全没有交往的药店

这是最常见的情况，也是销售难度相对较小的客户，只要OTC代表经常拜访，努力发掘，比较容易把他们变为自己的新客户。

2. "潜在药店"是以往有交易，但目前暂时没有业务往来的药店

这类药店的开发难度要强于第一种类型的药店。我们必须分析好以往有交易，但现在没有业务往来的原因并研究对策，这样才有可能开发成功。

3. "潜在药店"是由于某些理由没有继续和我们有业务往来的药店

这类药店曾经是我们的客户，但不知什么原因没有继续进货，我们只需要继续拜访、持续跟进就有可能重新开展彼此的业务关系。这类客户我们必须马上着手拜访。

4. "潜在药店"是现在正在和我们发生业务往来的药店

虽然这类药店已经是我们的客户，但我们可以继续挖掘，让其增加业务量或为我们介绍新的客户，从这种意义上来说，这也是我们的潜在客户。

优秀的OTC代表必须保存有一定的"潜在药店"的名单，并且时时对这些客户档案进

行更新，以区别其不同的进货需求。通常将这些"潜在药店"分成"已有初步意向的药店"、"短期内有希望成交的药店"和"短期内希望较小的药店"等类别，以便有针对性地进行开发。

二、设定定期的"新药店"开拓日

为了避免开发新客户和维护老客户之间的冲突，OTC代表要在工作计划中，有意识地制订某日为专门开拓新药店的工作日。例如，可制订每月第3周的星期三为"新药店"开拓日。在那天，OTC代表可根据平日搜集到的资料，为自己设定当天要洽谈的新店目标店数。必要时，也可请求主管同行。另外，如果OTC代表在执行开发新药店的任务时，觉得还需要公司给予有效的帮助，也可提前与主管沟通，例如建议"本月底前签约进货者，赞助灯箱广告"等。这些都能有效地帮助完成开发新店的任务。

三、药店开发

1. 扫街

OTC代表应在自己管辖的区域内，根据公司的整体规划开发新的药店，以增加销量。对于新入职的OTC代表来说，开发新门店最主要的方法就是"扫街"。"扫街"指OTC代表需要每天沿街拜访各个药店，对药品进行推销，以开发新的门店。通过"扫街"，OTC代表能够快速了解自己所辖区域中药店的情况，然后各个击破，使其能快速发展成为自己的客户。

在"扫街"过程中，一定要注意做好"扫街"的记录。如对于单体药店，要了解药店的产品结构和与产品相关的竞品情况，尽可能多地掌握药店信息，为以后的进店谈判和上量做准备。对于零售连锁药店的各个门店，要记录好总部在哪里、采购负责人是谁、店里的首推是如何指定的，同时观察店里的产品结构和竞品情况。

课堂思考

寻找到新客户后，如何能成功开发新客户

寻找到"潜在药店"对任何一名OTC代表来说都不是难事，难就难在如何能开发成功。在我们寻找到新客户后，我们需要对客户进行有针对性的拜访。在拜访客户的过程中，如果能够解决以下四个问题，那开发成功的概率就会大大增加。

问题1：如何说服药店购进自己的药品？

问题2：如何说服药店营业员向顾客推荐自己的药品？

问题3：如何说服药店给我们的药品以好的陈列？

问题4：如何说服药店配合我们开展药品的促销活动？

---

2. 药店经理或店员推荐

当OTC代表和药店经理或店员的客情关系比较好时，可以让他们帮助推荐一些好的药店。因为他们比OTC代表更了解其他药店的基本情况，能够使OTC代表节省很多了解药店的时间。同时，熟人的推荐也会使药店的开发变得容易，更容易成功。

3. 同行推荐

如果OTC代表和某些同行关系很好的话，也可以让他们帮助推荐。但这个方法需要慎用。俗话说,"同行是冤家",如果 OTC 代表的产品和同行的产品为竞品关系的话,此方法不适用。

第二节 制订拜访路线

情景引入

王明是一家医药公司的 OTC 代表,现在负责本市朝阳区的市场。由于除了维护老客户以外,还要开发新门店,因此他现在每天要跑 15 家门店,工作量比以前增加了很多,每天下班都很晚。可是他奇怪的发现,和他一起入职的同事小张,虽然和他是一样的工作量,但每次都很早完成工作。他很困惑:小张有什么"扫街"窍门吗?

一般来说,每位 OTC 代表一天内至少要跑十几家药店,因此必须找到合适的方法,对"扫街"进行科学有效的规划,最好的方法就是制订科学合理的拜访路线,每天按照拜访路线进行拜访。

课堂思考

每个 OTC 代表每天需要拜访多少家药店

某 OTC 代表辖区内共有 150 家药店,其中 100 家药店需要进行定期的拜访。这 100 家药店包括:A 级店 10 家、B 级店 30 家、C 级店 60 家。公司对于不同级别的药店,规定了拜访频率:A 级店每周一次,B 级店每两周一次,C 级店每月一次。

公司要求 OTC 代表每周一上午和每周五下午必须回公司参加例会和填写必要书面报告。

请你思考一下:该 OTC 代表每天要拜访多少家药店?(10 家店)

一、制订拜访路线的目的

一般来说,制订拜访路线具有如下目的:
① 确保计划,不遗漏所辖区域的所有客户;
② 确保高效,减少途中不合理往返,节省时间和精力与成本;
③ 确保重点,按客户重要性确定拜访频率并确保对每位客户的拜访达到既定的频率;
④ 确保便利,利于药店与代表的沟通效率;
⑤ 确保透明,让上级主管领导知道自己的行踪,利于上级主管的督导;
⑥ 确保总结反馈,能够每月回顾和分析工作重点及工作量,及时总结和改进。

二、制订拜访路线的原则

1. 保证药店的覆盖率

在制订拜访路线时,一定要保证这些药店的覆盖率,不能遗漏每一个目标对象。

2. 保证各级药店的拜访频率

对各级药店的合理拜访频率，都要纳入考虑的范围，不能因为距离远而就只去一次。

3. 保证时间的合理性

在一天的时间当中，OTC 代表要拜访 10～15 家药店，拜访路线的有效制订，能很好地节约时间，提高工作效率。

4. 有利于 OTC 代表的自我掌握

形成规律拜访。拜访路线一旦确定，就要形成工作规律，不能一天一个样，连 OTC 代表自己也不能确定自己的工作计划，这样的工作是没有激情和责任感的。

5. 要有利于考核与评估

有利于 OTC 代表的自行管理，有利于检查人员对他们工作的考核与评估。否则无法使考核与评估工作合理化、客观化。

三、制订拜访路线的步骤

1. 本地区药店普查

首先对本地区的药店进行调查，掌握和确定本辖区内所有药店的数量和地址，了解目标药店的基本情况，包括药店的规模、单位性质、配货情况、主要负责人等，建立相应的药店档案（客户档案见本章第五节客户管理）。

2. 对目标药店进行 A、B、C 级分类

根据药店的地理位置、营业面积、营业额、客流量、营业员数量、仓储能力等指标，按照各市场的具体情况，将辖区内的药店划分为 A、B、C 三个等级（客户分级方法见本章第五节客户管理）。

3. 绘制药店地理分布图

将所辖区域画在一张大白纸上做成地图，画出所辖区域的主要街道，分别将 A、B、C 级药店用不同颜色标注在地图上，并将自己的住处也标注出来，如图 3-1 所示。

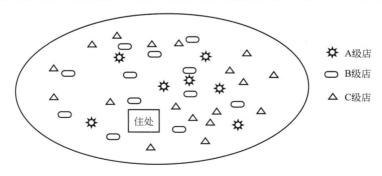

图 3-1 药店地理分布图

4. 进行拜访路线的设计

假设某 OTC 代表辖区内有药店 37 家，其中 A 级店 7 家，拜访频率为每周 1 次；B 级店 12 家，拜访频率为每 2 周 1 次；C 级店 18 家，拜访频率为每 4 周 1 次；每周拜访天数为 4 天。则设计拜访路线的步骤如下：

（1）将 A 级店划分为 4 个区域，如图 3-2 所示。

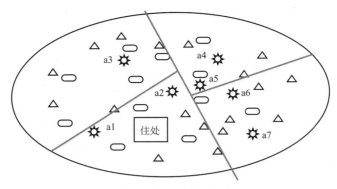

图 3-2　将 A 级店划分为 4 个区域

（2）制订每月 4 周的 A 级店的拜访计划表，如表 3-1 所示。

表 3-1　A 级店的拜访计划表

编号	1-1	1-2	1-3	1-4	2-1	2-1	2-3	2-4	3-1	3-2	2-3	3-4	4-1	4-2	4-3	4-3
a1	✓			✓				✓	✓				✓			
a2	✓			✓			✓		✓				✓			
a3		✓			✓					✓				✓		
a4			✓				✓			✓					✓	
a5			✓			✓				✓					✓	
a6				✓				✓				✓				✓
a7				✓				✓								

（3）在每个 A 级区域，以 B 为中心均分该区域，如图 3-3 所示。

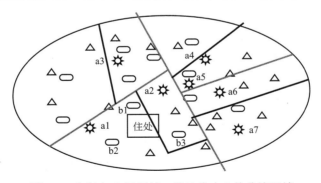

图 3-3　在每个 A 级区域，以 B 为中心均分该区域

（4）制订每月 4 周第一天的 B 级店的拜访计划表，如表 3-2 所示。

表 3-2　B 级店的拜访计划表

编号	1-1	1-2	1-3	1-4	2-1	2-1	2-3	2-4	3-1	3-2	2-3	3-4	4-1	4-2	4-3	4-3
a1	✓				✓				✓				✓			
a2	✓				✓				✓				✓			
b1	✓								✓							
b2	✓								✓							
b3					✓								✓			

然后再依次将每周第二天、第三天、第四天的 B 级店的拜访计划制订出来。

（5）在每个 A 级区域，以 C 为中心均分该区域，如图 3-4 所示。

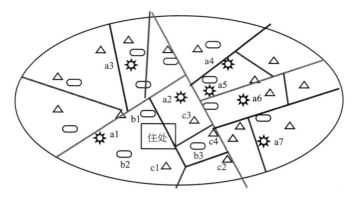

图 3-4　在每个 A 级区域，以 C 为中心均分该区域

（6）制订每月 4 周第一天的 C 级店的拜访计划表，如表 3-3 所示。

表 3-3　C 级店的拜访计划表

编号	1-1	1-2	1-3	1-4	2-1	2-1	2-3	2-4	3-1	3-2	2-3	3-4	4-1	4-2	4-3	4-4
a1	√				√				√				√			
a2	√				√				√				√			
b1	√								√							
b2	√								√							
b3					√								√			
c1	√															
c2									√							
c3					√											
c4													√			

5. 优化拜访路线

全面考虑：①每天拜访药店的数目是否平衡；②药店位置，怎样的路线最节省时间；③目标店员的上岗时间等。按照计划路线进行拜访，把合理的线路固定下来，不合理的线路再进行修改，最终确定辖区内药店的规律拜访路线，并以此制作出每周的拜访计划表（如表 3-4 所示）。

表 3-4　OTC 代表每周拜访计划表

城市：　　　　　行政区域：　　　　　OTC 代表姓名：　　　　　月份：　　　　　周次：

序号	周一 （ ）		周二 （ ）		周三 （ ）		周四 （ ）		周五 （ ）	
	店名	时间段	店名	时间段	店名	时间段	店名	时间段	店名	时间段
1										
2										
3										
4										

续表

序号	周一 (　　)		周二 (　　)		周三 (　　)		周四 (　　)		周五 (　　)	
	店名	时间段	店名	时间段	店名	时间段	店名	时间段	店名	时间段
5										
6										
7										
8										
9										
10										
11										
12										

第三节　门店常规拜访

情景引入

王明是一家医药公司的OTC代表，现在负责本市朝阳区的市场。前期通过本地区药店普查，他设计优化了拜访路线，并且制订出每周的拜访计划。按照拜访计划进行有目的的拜访，他的工作效率提高了很多。今天他要去拜访亲民药店等10家药店。那么，他如何进行拜访呢？

OTC代表进行门店拜访，一是为了提高现有药店的销售额，二是开发新的药店客户。根据OTC代表具体的工作职责，OTC代表在拜访药店时，需要开展很多工作，如铺货、产品介绍、公司介绍、理货（货架陈列）、提醒订货、落实促销计划、盘查库存、了解本公司产品销售状况、了解竞争对手促销情况、了解竞争对手产品销售情况、POP（卖点广告）宣传、与店员联谊、对店员进行培训等。为完成这些工作，通常将门店拜访的流程划分为7个步骤，也称为门店拜访七步曲。具体如下。

一、访前准备

（一）目的

OTC代表在拜访客户前，需要做好相应的准备工作。通过充分的访前准备，可以了解客户需求、认准重要的销售机遇、达成销售订单、完成销售任务。

（二）访前准备工作的主要内容

1. 确定拜访目标

OTC代表拜访的最终目标就是提高销量，为了实现这个目标，需要进行多次拜访。总体来说，对于现有客户，拜访目标是对新产品或产品的新规格进行介绍、进行新的促销活动、改善陈列、进行价格维护、提高店员主推的积极性和专业性、进行有效的补货和必要的售后服务、跟进活动执行状况等。对于新客户，拜访目标是建立关系和进行客户渗透、争取客户购进我们销售的产品等。

2. 准备线路客户资料

OTC代表每天都要按照固定的线路走访客户，因此在拜访客户之前，要检查并携带今天所要访问的客户的资料，如终端网点分布图、当日拜访路线表、终端客户档案表、终端拜访日报表、客户服务卡、装送单（订单）等。

尤其要明确拜访药店的人员结构（如图3-5所示），明确药店各级人员的岗位职责，依据拜访目标找到合适的人办合适的事（如表3-5所示）。

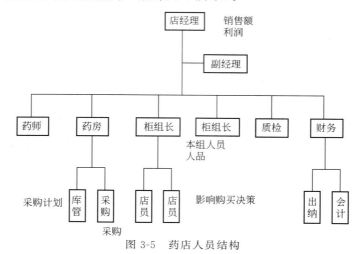

图3-5 药店人员结构

表3-5 拜访目的与药店负责人对应表

序号	拜访目的	负责人
1	铺货	柜组长、店经理
2	陈列	柜组长、店员
3	小POP摆件	店经理、柜组长
4	灯箱、橱窗等店内广告	店经理
5	提高销量	店员、店长、执业药师
6	产品遭投诉	店经理、质检
7	促销活动	柜组长、店经理
8	了解竞品信息	店员
9	理顺进货渠道	采购、柜组长、店经理
10	了解产品库存	库管

3. POP等宣传品及销售工具

POP等宣传品主要包括POP海报、价格贴、宣传展板、卷筒画及相关品牌推广活动折页等。OTC代表在终端充分合理地利用这些生动化材料，可以正确地向消费者传递产品信息，有效地刺激消费者的购买欲望，从而建立品牌的良好形象。

销售工具包括：计算器、裁纸刀、剪刀、笔、支票夹、名片、卷尺、数码相机、胶带、样品、抹布、白纸等。

4. 心理和形象准备

OTC代表是公司日常"品牌推广代言人"，在客户的眼中代表着公司的形象、产品的形象，甚至是品牌的形象。因此，OTC代表在客户面前展现出整齐统一的外在形象，良好的精神状态，会在很大程度上给客户带来愉悦的心情。很难想象一个衣衫不整、邋遢脏乱的OTC代表会给客户留下好印象。OTC代表的外表和服装要整洁，男性胡子要刮干净、不得留长发、夏天不准穿凉鞋和拖鞋，女性不要穿奇装异服、不要染发、手指甲要干净不留长指甲等。同时，最重要的是保持一个良好的精神状态去面对客户。

OTC代表到每家药店门前，再次利用1分钟的时间回想拜访此药店的目标；回想药店经理和主要负责人的姓名和特点，设想需要沟通的方式；整理需要的拜访资料；整理自己的仪表等。然后带着饱满的热情走进药店，开始下一步的工作。

二、打招呼

（一）目的

向客户显示你的友好态度，确立交谈基调，并确定拜访预期目的。

（二）过程

1. 寒暄

要保持微笑，精神饱满，充满热情。可以通过赞美、谈论一些客户感兴趣的话题等方式进行。

2. 自我介绍

主动介绍自己，并递上名片。

3. 积极提问，明确决策人

利用开放式提问，注意聆听和重述，察言观色明确决策人。

4. 解决前期承诺

对上次拜访所做出的承诺进行解决。

（三）注意事项

（1）打招呼的顺序一般是先和你近的人打招呼，然后再和离你远的人打招呼。

（2）如果距离差不多则按照老板→店长→店员→厂家促销的顺序。

（3）和老板打招呼的方式可以根据老板的性格和同我们的关系来决定，初次见面一定要正式，并递送名片；熟悉之后尽量拉近和老板的距离。

（4）和店员打招呼一定要轻松和谐，不要太正式以免引起对方的紧张和警惕。

三、店情检查

（一）目的

掌握产品在客户尤其是终端客户的陈列情况和库存，了解产品的销售状况和其他信息，从而寻找新的生意机会。

（二）检查内容

1. 分销

（1）观察门店产品分销是否齐全，按照公司的分销标准，将门店未分销或未陈列的产品及时做好记录。

（2）注意观察竞品的分销状况，了解某些规格是否竞品有分销而自己公司没有分销。

2. 陈列

观察公司产品在门店的陈列位置和面积；公司产品陈列是否按照公司陈列原则；观察货架陈列、特殊陈列尤其是陈列外观吸引人的程度，包括本企业产品的陈列、竞争对手陈列、销量好的保健品陈列以及消费者对这些活动的反应；检查终端 POP 的宣传如货架、招牌、立牌、喷绘、灯箱、吊旗、不干胶招贴等情况是否帮助 OTC 代表销售产品、维护产品与企业在店内的形象提升等。

3. 价格

检查产品的价格是否在公司的价格变动幅度之中（检查分销商、直供批发商的出货价格以及终端零售价格），顾客能否容易找到每种产品的价格标签（有无价格签、价格签更改过或者价格签上有几个价格的情形），是否满足不同包装单包价格梯度的要求、价格变动的幅度，时刻关心本企业产品的价格、价格变动的原因。

4. 竞品

主要检查销量占整个药店前几名的同类产品，了解竞品的终端铺货价格和政策，对比看看本品在"终端利润空间"上有没有输给竞品，需不需要通过价格调整和促销来提升销量。

5. 库存

每个规格是否有足够的货架库存（根据它的销量，确定安全库存），有没有过期或者快过期产品（帮助经销商检查库存，近效期的药品先发）。

6. 促销

检查应该出现的促销活动是否在店中出现；促销的产品是否在该店中被分销；促销的产品是否有足够的库存；促销产品是否有按照规定进行货架陈列；促销产品的价格是否在要求的范围之内；促销的资源（如赠品、费用）是否充足；促销人员是否按照要求来影响消费者，是否将促销信息传达给消费者。

（三）店内检查的注意事项

（1）店内检查要有条理，并且一次检查完，避免丢三落四，主要问题要记录下来。

（2）根据店内检查的实际情况，随时调整拜访计划，使其符合各个门店的实际情况，使拜访更有针对性。

四、订单建议

（一）目的

（1）最大限度地增加顾客的购进。

（2）避免出现压货或缺货现象，同时避免给竞品留下机会。

（3）帮助顾客保持合理的存货量，提高库存的周转率。

（二）过程

1. 结合当日库存，回顾客户销售情况

库存是指流通库存，即生产商及零售渠道为商业活动而准备的产品存货。要按品类的顺序来清点终端的库存，只有这样才不至于遗漏哪一个品类的产品，也只有这样才能够非常准确地清点出客户的实际库存量。在清点终端的存货时，主要包括清点两个地点的存货，即前线存货和仓库存货。前线存货主要是指终端的货架、柜台上所摆放的没有售卖完的产品；仓库存货则是指存放在终端仓库中用于补货的货物，两个地点的存货数量加在一起，就是终端

的实际库存总量。

结合当日清点的库存量，可以明确客户销售产品的情况，检查库存周转的情况及库存水平，可以避免产品过期，保证货源充足，了解客户销售水平。

2. 拟定补货数量

具体操作步骤如下。

（1）计算实际销量

$$实际销量＝（上次库存＋上次订货）－本次库存$$

（2）计算库存控制目标（安全存货量）

$$安全存货量＝上次拜访后的实际销量×1.5×调整系数$$

调整系数根据实际情况如节庆、促销活动、季节环境、突发事件、供应状况等要素的变化，需要适当调整。

（3）计算本次订货量

$$建议的补货量＝安全存货量－现有库存$$

3. 向顾客建议订单

OTC 代表可按照"1.5 倍的安全库存原则"向客户提出订单建议。根据"1.5 倍的安全存货量"补货，可以使客户在正常的经营状况下不至于发生缺货或断货的现象，避免造成生意上的损失，还可以帮助客户有效地利用空间和资金，不发生货物积压、资金无效占用的缺失。

向客户提出建议订货量后，客户大多会提出异议。OTC 代表要善于处理客户提出的异议，说服客户接受自己提出的建议补货量。同时，在进行销售拜访时，OTC 代表要主动地推荐新产品，为顾客提供新产品的相关资料并努力做到产品的全系列铺货。

五、销售介绍

（一）目的

（1）对现有客户　可以卖入新规格/产品；卖入新促销活动；卖入新的陈列建议。

（2）对新客户　可以建立关系和进行客户渗透，争取客户购进我们的产品。

（二）销售介绍的内容

向决策人销售自己的产品，进行销售介绍，通常采用 FAB 句式进行介绍。主要介绍：

（1）产品特点　介绍产品的特点，尤其是给药店带来的利益。

（2）品牌　介绍产品的品牌优势，使决策者明白品牌优势带来的固定消费人群。

（3）质量　介绍产品的质量保证，强调优质的产品会带来更多的回头率。

（4）广告　介绍该产品采用了何种广告策略，明确强大的广告可以激发消费者购买。

（三）注意事项

（1）要有目的性，不能泛泛而谈；

（2）要找到决策者或对决策影响最大的人，以免无的放矢；

（3）条理要清晰、语言要流畅、态度要诚恳。

六、陈列改善

（一）目的

强化品牌的形象和冲击力，突出重点产品及促销主题，加快销售速度。

（二）原则

（1）将产品放置在容易看到的位置。

（2）尽量扩大或增加产品陈列位置。

（3）尽量增大产品的陈列面　根据零售市场的商业调查显示，增加产品陈列面可以增加产品售出的机会。一个有趣的调查发现，销售可随着陈列面的增加而增加（见表3-6）。

表3-6　陈列面倍数与销售增加额对应表

陈列面倍数	销售增加额	陈列面倍数	销售增加额
2	15%	4	60%
3	30%	5	100%

（4）产品系列集中放置　系列陈列是指将本公司的产品或同一品牌不同规格的产品放置在一起，从而最大范围地展示品牌，吸引消费者视线。

（5）配合各类POP，营造生动的展示效果。

有关陈列的基本原则，在本章第五节终端陈列中有详细讲述。

（三）步骤

1. 进行陈列的维护和改进

主要注意以下几点：调整货架位置，争取在品类区域第一位置；扩大产品排面，使公司产品享有公平合理的陈列空间；确保产品的中文商标正面面向消费者；确保标价清晰；清洁产品外包装、陈列工具和POP；争取第二陈列机会。

2. 补充货架上的产品

把产品从仓库补充到货架上，注意要按照先进先出的原则进行摆放。产品陈列的最佳位置，对于柜台来说，是第一层，也就是最上层；对于货架来说，就是货架的黄金档位，即位于货架的1.3～1.5米处。

3. 更换和张贴新的POP

更换破损/过期的POP，同时在合适的位置张贴新的POP。

七、记录与分析

（一）目的

更新、完善客户和市场信息，培养OTC代表自我分析的能力，不断地提高个人的客户管理和销售能力。

（二）步骤

1. 与客户道别和预约下次拜访时间

与店铺负责人或店员道别，感谢经理、柜长和店员的帮助并确定和预约下次拜访时间。

2. 小结拜访中的问题与得失

问自己以下问题：
目标达到了吗？
遇到什么新问题？
做得好的方面？
需要改进的方面？

如何把这次拜访的经验运用在下一个拜访中？

3. 填写拜访记录

把拜访结果与客户问题和相关信息记录在客户拜访记录上，包括：铺货数据、摆柜陈列数据、新产品铺货数据、促销执行数据、库存数据、订单数据、竞争产品情况、待确认或目前不能完成的事项以及终端药店提出的OTC代表不能马上解决的问题、需要特别解决和上级领导答复的问题等。

八、拜访跟进

主要包括以下几个方面：

（1）跟进药店订货及其他服务，尤其是新产品和促销期间的产品。这需要与负责此药店销售相对应的药品的负责店员或部门经理沟通并协助完成。

（2）根据本次拜访中未能完成的工作以及出现的新情况，修正下一次的拜访目标或约定下次拜访时间。

（3）分析当天的拜访成效，总结成功的经验和找出失败的原因，用以指导今后的拜访实践。

第四节 铺 货

情景引入

王明是一家医药公司的OTC代表，现在负责本市朝阳区的市场。他参加工作已经有了一段时间，对自己的本职工作已经有了一个清晰的认识，并取得了一定的成绩。今天，公司引进了一个新的品种，现在他的主要任务就是对该品种进行铺货，尽可能提高该品种的铺货率。这是他第一次独立开始工作，那么，他该如何进行铺货呢？

铺货，就是在限定的时间内根据公司的要求，将公司的产品销入所有目标药店，并摆上柜台。现代营销理论认为，购买者的方便程度，在很大程度上影响着产品的销量。所以，广泛的铺货，尽快铺满所有药店，是OTC代表的首要任务。铺货率的高低是药店零售经营成败的关键。

一、铺货的方式

铺货的方式常采用以下几种形式。

1. 商业推广会形式铺货

与经销商合作，邀请目标终端客户集中开会，直接宣讲产品使其认识产品，现场订货。这种铺货方式的优点是铺货快，品牌效应好，但费用要比其他方式高。

2. 自然流通形式铺货

依据市场对药品的正常需求，使药品通过自然流通的形式进入药店。这种形式不需要人员及资金的投入，但铺货率很低。

3. 人员拜访形式铺货

OTC 代表对药店进行直接拜访，或跟随公司上级领导去拜访，向店长说明销售政策，将上市产品铺进药店。其优点是节约资金，降低成本，但存在着铺货时间长的问题。

二、铺货的作用

（1）抢滩登陆作用，通过陈列使消费者看得见产品，这是实现销售的前提；

（2）铺货是开展广告运动的前提；

（3）铺货可以掌握零售网络，从而可以掌握经销商；

（4）铺货即是挤货，使零售场所将有限的资金与货物空间用于购买和摆放本公司的产品，同时也会降低对手的进货；

（5）铺货可以统一的价格卖给限定的区域，由于有 OTC 代表的管理和监督，可以控制价格。

三、铺货标准化流程

（一）开场白

开场白旨在说明这次拜访的原因，同时解释这次会面对客户有何意义。通常都是通过某种形式，营造亲切、自然、和谐等氛围，然后把议题和一些客户熟悉的事情或其他事件简洁地、重点突出地交替推出，引起客户的注意和兴趣，并顺利地引出议题，将话题转到公事上。常见的有以下几种形式。

（1）寒暄式　大多数的开场白的形式，如：

上次见面时，您要我准备一些感冒健康手册，您看看放在哪里更好些？

我们的产品已经做了 3 个多月的电视广告，我想了解一下消费者的购买情况怎么样？

（2）赞美式　如：

"你好！你今天气色很好！年轻就是好啊！"

"你好，这个货架摆得不错！是您在负责吧？"

（3）关心式　如：

"你好，今天有点冷，要穿厚点，小心感冒！"

"你好！你们站一上午挺累，回家要常用热水泡泡脚，解乏快，不容易得静脉曲张呢！"

"你好！我发现你们的工作也不容易，要是我老是站着，还很有耐心地招待顾客，有点难度。"

（4）好奇式　如：

"你好！咱们店好像今天进了不少新药？不是我看错了吧！"

"你好，你们中午能按时吃饭吗？老吃凉皮或麻辣烫也不行，对胃不好！不行，中午下班我请你吃饭？"

（5）攀认式　如：

"您好，听口音您的老家不在这吧？我说呢，我家一个亲戚就在你们那安家落户了，过得挺好的！"

"您好！您在哪上的中学？这所中学还不错，我的一位朋友跟您还是校友。"

（6）请求式　如：

"你好，我这几天快累晕了！看见你们心情好多了！最近还要请您多推荐点，非常感谢！"

（二）产品介绍

介绍产品卖点和经营思路，可以先了解药店正在经营的同类品种状况，然后诉说差异卖点及差异思路，引起对方兴趣。

要按照一定主题介绍产品，这个主题可以参考最近市场畅销产品、季节、采购负责人的性别、公司重点产品，甚至是客户比较感兴趣的产品等。如根据季节介绍："张经理，您看现在是妇科疾病的高发季节，我们的××妇科洗液最近日均出库 200 瓶……"；根据公司重点产品："张经理，我们的××作为广告产品，几乎是药店必备品种、疗效确切、利润大，和一般的清火药不一样……"；根据优势品种："张经理，我们 10 支装的××有市场价格维护，比 6 支装的利润大，还避免了价格战和儿童医院统一规格，×××药店每月拿一件（60 盒），您可以重点考虑一下。"

在介绍产品时，要围绕产品的优势进行介绍，产品的优势通常体现在以下几个方面。

1. 独特组方

现在的很多中成药都来源于民族药，尤其是藏药和苗药，民族药疗效确切、安全性高，在市场上得到了消费者的认可，这也是一大特色。还有一部分药来自于传世名方，经过上百年甚几千年的传承，其安全性和疗效在历史的长河里已得到认可。我们可以从这两个方面挖掘特色。

××胶囊是经典苗药，生津祛火，实火、虚火都能祛，起效快、疗效好。

××颗粒组方来源于汉代医圣张仲景《伤寒杂病论》中的经典方剂"黄芪建中汤"，疗效显著、安全性高。

2. 独特成分

如果某药品的某成分具有独特性，在治疗效果上起重要作用，这也是此药区别于其他药品的一个重要特点，尤其是民族药的一些成分属于少数民族地区特有的药材，更有说服力。

××胶囊所含的"土大黄"是贵州特有的道地药材，它在泻火方面比大黄、石膏等药材温和，不会导致脾胃不好的人出现拉肚子的现象，清火而不伤元气。

3. 独特剂型

剂型不一样直接影响药物吸收和生物利用度，也直接影响药品的起效时间和疗效。

××凝胶采用卡波姆剂型的凝胶剂，能够直达病灶，起效快、药效持久、生物利用度高。

4. 为临床产品

医院带动的产品在终端销售的阻力较小，患者对医生的信赖度高，比较容易推荐。尤其是拿医院处方到药房来找药更是顺水推舟的事情。

×××颗粒是儿童医院的临床产品，处方量大，来找的人多。

5. 为大品牌、大厂家

品牌意味着药品质量高、安全性高、疗效确切，店员在推荐的过程中提及这个厂家，消费者更容易接受。

××软膏是广西玉林的一线品种，效果好、利润空间大，向消费者提正骨水的厂家，消费者更容易接受推荐。

6. 为广告产品

广告产品意味着主动上门找的消费者多，店员向消费者推荐，消费者也比较容易接受。

××胶囊是广告产品，您在 411 路公交车和大型商务写字楼的楼宇广告上都能看得到。

7. 为医保品种、基药品种

这类品种意味着市场容量大，是消费者熟知的品种，更容易接受推荐。

这个××地黄丸是基药品种，效果好、利润率高，不合作太可惜了。

8. 制造工艺先进

同一剂型、不同的制造工艺，生产出来的产品的疗效差异很大。

××益母颗粒采用超细粉碎技术，把药材粉碎到 60 微米以下，不但大幅提高有效成分的浓度，而且溶后无杂质、无沉淀、无糊状物，人体肠黏膜更容易吸收，提升了产品疗效。

注意：不同厂家、规格、剂型等不能比较，保健品、器械号产品、药妆号产品是不能和药品比较的。

（三）利益呈现

分析产品给对方带来的好处，如品牌带来的质量信用，差价带来巨大利润，促销活动带来人气，售后服务增加其经营思路和提高其员工素质等。药品批发企业或者厂家在推广的过程中，一定要有独特的地方，区别于其他药品批发企业或药厂，才能打动采购经理或老板。只要能给对方带来稳定的长期收益，合作一定会成功的。例如：

1. 控销

"我们公司的经营方式是控销，对于上游采购厂家，一个单品只采用独家省代或全国总代。一个厂家对于下游药店客户，一条街上或一个镇上只与一家药店合作，保证不乱价、保证最高零售价、保障最大利润。"

2. 店员培训

"产品进药店后，我们不是不管了，而是紧接着安排店员培训，传输产品的特点，指导药店店员推荐和联合用药，提高推荐成功率、提高销量，帮助促销。"

3. 送货上门

"没有金额限制，多少金额都送货上门。"

4. 无条件换货

"一周内觉得不好卖的产品无条件调货。"

5. 礼品配合

"针对一些季节性品种或是 VIP 客户，我们会定期配送礼品，帮助药店促销。"

（四）处理异议

处理客户的异议，以消除客户的后顾之忧。常见的异议及处理方法举例如下。

1. 产品供货价太高

药店经理会认为产品的供货价太高，他们的销售利润空间太小，同时消费者会认为价格较贵，不愿意购买。这种情况，我们可以这样处理：

药店经理："你的产品价格太贵了，我们的利润空间太小啦，还是不要了。"

OTC 代表："我们的产品是广告产品，消费者容易接受，销量大。本来，单品的利润也高，一个产品进价 5 元，卖 10 元，一个月卖 100 盒，赚 500 元。另一个产品进价 1 元 1 盒，卖 20 元，一个月卖 1 盒，也只能赚 19 元。店里的保健品是最好的例子，保健品赚钱，但销量不大，一样不赚钱。而我们的产品从销量和利润空间来说都比较大，这时不做更待何时？"

2. 产品太普通

药店经理认为产品过于普通，和其他产品同质化严重，没有卖点。这种情况，我们可以

这样处理:

药店经理:"感觉你们的祛火药和其他的祛火药也没什么区别啊,我这已经有很多同类产品了,就不要了。"

OTC代表:"我们的祛火药和同类产品不一样(此处进行产品介绍,要突出产品区别于同类产品的特点),所以,我们的产品不普通,普药销量大是大家公认的。"

3. 担心产品价格乱

药店经理担心其他的药店也销售同样的药品,但价格不统一,出现价格混乱的现象,销售额难以保证。这种情况,我们可以这样处理:

药店经理:"你们对价格如何控制啊?会不会出现乱价的情况啊?"

OTC代表:"我们实行一街一店的控销,是全国总代或者省代品种,物流和渠道都能控制,出现乱价的药店,屡教不改的,直接停止供货。"

4. 想做铺货代销

药店经理希望能销售后再结算货款,这样他们不用担心销售不好影响其利润,而医药公司或制药企业通常采取现款结算。这种情况,我们可以这样处理:

药店经理:"我们能不能铺货啊?月结货款如何?"

OTC代表:"我们公司目前是现款的制度,而且我们的合作不是为了提高铺货率,而是为了双方共同提高销量而获利。铺货的产品您不重视,销量自然不好,最后清场,大家都麻烦。现在,公司的制度比较灵活,一周内无条件退换货,可以少量尝试卖,我也会积极配合您。"

5. 产品好不好卖

药店经理担心产品不好销售,销售额低。这种情况,我们可以这样处理:

药店经理:"你们的罗汉果止咳片会不会不好卖啊?到时候卖不动怎么办啊?"

OTC代表:"×××大药房罗汉果止咳片一个单品一个月卖100多盒,消费者反映效果特别好。你的药店情况比它好,要是我们好好配合,一个月卖200盒是很容易的事(注意:列举的药店一定要在当地有一定的名气)。"

(五)建议成交

在处理完顾客的异议后,要技巧性地建议成交,否则,错过了时机,前面的努力全部报废了。建议成交的方法常见的有以下几种。

1. 二选一法

如:"张经理,××胶囊您是要50盒还是30盒?"

2. 特殊性交易

"张经理,我们现在一次性现款购入满1000元,送5瓶1kg蓝月亮洗衣液,建议您参加这个优惠活动。"

3. 尝试性订单

"张经理,您先挑几个品种合作,给大家一个彼此合作的机会,也给我一个日后表现的机会。"

4. 直接要求订单

"张经理,您对我们公司的产品比较认可,可以先拿50盒清火养元胶囊。"

(六)计划或下订单

将采购计划落实到对方的采购计划表上,以免对方应付而产生无效劳动或直接让对方下订单，以获得书面承诺。

（七）完成铺货，及时送货或电话跟踪督促进货。

知识链接

如何说服药店购进自己的产品

首先必须对目标新药店进行充分而详细的分类了解，分析你的产品不同于其他产品的地方，然后再清晰明确地传达给药店的购进人员和门店人员。不同之处主要从以下几个方面进行挖掘：(1) 价格；(2) 利润；(3) 适应证；(4) 副作用；(5) 推广手段或者促销活动（无论是针对顾客还是店员或者药店的）；(6) 市场占有率；(7) 人员支持（OTC 代表或者促销员等）。

四、铺货的注意事项

(1) 铺货数量第一次不宜大，待摸清月销售量后，再制定详细的铺货量。
(2) 目的明确：铺货不是目的，销售才是关键，要树立为客户赚钱的理念。
(3) 制定合理的铺货线路，节约时间，提高效率。

知识链接

补货的工作流程

第一步：查库存，了解库存数量是否够进货周期内销售。
第二步：核实警戒线，了解库存是否低于最低库存数即进货周期内的销售数。
第三步：向进货责任人报警，以引起对方高度重视与行动。
第四步：处理异议，通过理性分析，使其明确补货的必要性。
第五步：填计划或下订单（同铺货）。
第六步：实现补货。

第五节 终端陈列

 情景引入

王明是一家医药公司的 OTC 代表，现在负责本市朝阳区的市场。前段时间，他快速地完成了公司交给他的对新进品种×××的铺货任务，在 2 个月的时间内，他已经使该品种的铺货率达到公司要求的 80%。他非常开心，以为自己的销售额又会增加很大一部分了。可是，2 个月过去了，他的销售额增加的幅度并不大。王明非常困惑，为什么新产品的铺货率那么大，销售额却没有显著的增加呢？他请教了公司资深的销售员小张，小张问他："你的药品的终端陈列达到最优化了吗？"王明不解：我也对该药品进行了常规陈列，终端陈列真的对产品的销售额有那么大的影响吗？

陈列对于 OTC 产品的销售非常重要,这主要是因为陈列与消费者的购买心态密切相关,它会直接影响到消费者的购买决定。有统计显示,至少有 66% 的消费者因为店内的一些促销、广告、陈列而影响到他的购物决定,而这些消费者在事前是没有任何决定要去购买的,由此可见,陈列对于商家来说真的是非常非常重要。

所谓陈列就是将适宜的产品以引人注目的方式展示于合适的商店位置,以满足客户需求,从而增加销售。这个概念非常清楚地指出了陈列的目的就是为了增加销售额和利润,而它的一个手段和方法就是展示。

一、陈列的作用

药店与药店之间最明显的区别,不是低价格、位置、规模,而是有效陈列,好的陈列具有非常重要的作用。

1. 好的陈列可以建立和提升品牌的形象

建立和提升品牌的形象是陈列的第一大目的。通过陈列,商家可以向客户传递自己的产品信息,同样利用连续的陈列面能够造成一个冲击力,从而引起客户对产品的注意;更重要的是,假如商家有足够的产品陈列在货架上,那就意味着它有足够的库存,也就是保证了一定的存货量。

2. 好的陈列可以有效为消费者提供信息

通过陈列可以向客户充分展示此产品相对于其他产品的优势,如陈列的产品可以通过自身的包装展示自己的品牌特性;陈列还有很多 POP 的配合,很多促销活动的信息就是通过 POP 来展示的;陈列还可以向客户推荐新品,当一个新品上市的时候往往要做出一个单独的陈列,以此来吸引客户的注意力,让它区别于现有的产品。

3. 好的陈列可以吸引顾客和促进销售

好的陈列能够提高店内的可见率,能够提高客户,尤其是提高那些路过客户的进店率;如果是开架式陈列,好的陈列也能让客户非常容易地拿到商品;陈列能够让大众媒体广告实现收效最大化,当客户在电视里看到了广告,就会有兴趣去购买;很多顾客在走进商店内的时候往往没有一个事前的购买计划,而好的陈列能够吸引、提示客户,所以,一个好的陈列能够促进 70% 非事前计划性消费者的购买行为发生。

二、陈列的基本原则

1. 将产品放在容易看到或者容易拿到的位置

通常,消费者不愿意做搜寻、俯视、挺身、冒险等动作,因此,对他们来说,容易看到或者容易拿到的位置一般有以下几处。

(1) 对于前柜后架式药店
① 面向消费者入店的路线方向。
② 营业员的后方柜台:水平视线与肩膀之间的高度。
③ 营业员的前方柜台:膝盖以上的高度,柜台的上面首层。
④ 不宜被其他摆设物遮挡之处。
⑤ 最贴近玻璃的位置。
⑥ 在同类产品中摆放在中间的位置。

(2) 对于开架式药店　货架上离地面 1.45～1.55 米左右处。

2. 尽量扩大或增加产品陈列位置

多一个陈列位意味着多一份产品被售出的机会，因此，除了正常货架位置进行销售外，要力求有第二陈列位甚至第三陈列位。

对于前柜后架式药店，第二陈列位一般在柜台上。对于开架式药店，第二或者第三陈列位一般在：①陈列架，收银柜旁；②货架尾、头转弯处专柜；③走道边的落地陈列；相关产品旁的简便可行的位置，如小儿维生素可放在儿童感冒药产品的旁边。通常陈列销售最好的产品（或规格）、季节性强的产品或目前正在做促销的产品。

3. 尽量增加产品陈列面

产品陈列面是指产品面向消费者的包装面（但只计前面一行不计后面），增加陈列面可以增加产品出售机会。有数据显示，陈列面增加 2 倍，销售额会增加 15%，而陈列面增加至 5 倍时，销售额则会增加至 100%。产品陈列面必须遵循的原则有：

（1）产品陈列面占据店内最吸引顾客的位置，产品的包装面应该正面向外，使消费者对产品的商标、品名等留下深刻印象；

（2）三个以上的陈列面是必需的，因为布货时有一个陈列面易被价签挡住；

（3）陈列面的放置应稳定，不易翻倒；

（4）预留一两个陈列缺口，让消费者感觉产品正在热卖中。

4. 产品系列集中陈列

产品系列陈列是指将本公司的产品或同一品牌中不同规格的产品放置在一起，从而最大范围地吸引消费者视线。因为大多数消费者习惯从货架中间或从右边拿取产品，所以在系列陈列时尽量将产品或主要包装规格放置在中间或者略偏右侧。

5. 配合各类 POP 促销宣传品，营造生动的展示效果

POP 是店内将广告信息传达给消费配合各类 POP 促销宣传品者的最直接有效的方式。醒目的 POP 广告能使产品陈列抢眼夺目，因此，POP 广告被人们喻为"第二推销员"。

店内主要 POP 形式有：跳跳卡、折扣标牌、赠券、海报、不干胶贴、小册子、模型、吊旗、灯箱、手提袋、气球、广告录像、其他印刷品、陈列盒等。

三、影响陈列效果的因素

1. 恰当的产品

即患者群大；经常发生，病后不会产生免疫作用；生产厂少。

2. 恰当的位置

就是将产品放置在容易看到或者容易拿到的位置。研究表明消费者眼光最容易看到和右手拿到的位置往往就是销售量最大的位置。恰当的位置还包括尽量扩大或增加产品陈列位置。

3. 恰当的时间

指销售人员必须具备时间意识，在上市推广期、季节销售旺季、促销期等阶段要特别加强产品在货架上的位置表现。

4. 恰当的陈列

指销售人员应尽量制造多姿多彩的产品陈列,形成夺目的产品形象,充分营造销售氛围。恰当的陈列还包括尽量增大陈列面、产品系列集中放置以及配合各类POP促销宣传品营造生动的展示效果。

5. 恰当的标价

指采用醒目的标价方式,以达到吸引和劝购的效果,字迹清晰、易识别。内容准确、简洁,包括:品名、规格、产地、计价单位、价格等。

四、终端陈列要点

(一) 货架陈列

(1) 陈列高度在1.2米以上,宽度至少0.8~1.0米以上。
(2) 位置醒目。
(3) 扩大陈列面,横向或纵向至少有三个陈列面,A类药店争取专架陈列。

(二) 柜台陈列

(1) 尽量陈列在柜台上层或中层外侧。
(2) 位置醒目。
(3) 扩大陈列面,横向至少有3个陈列面,摆放整齐,特A、A类药店争取最大面陈列。
(4) 在橱窗或货架顶端陈列大展示盒或用样品盒拼成有创意的图形陈列,如叶片形、文字形、心形、人形等,吸引眼球。
(5) 争取在柜台台面上陈列样品盒、立牌等提示或展示物料。
(6) 如果不能设置专柜专架陈列,则尽可能靠近主要竞品摆放。
(7) 避免和假冒产品、性保健品并排陈列。
(8) 避免破旧包装、未开封的塑封包装上柜(架)陈列。

(三) 陈列不足的对策

当由于客观原因无法陈列到较好位置时,可参考下列方式:
(1) 可在陈列现场,以爆炸贴进行陈列引导;
(2) 以陈列展盒进行突出陈列;
(3) 采取捆绑赠品的方式,扩大陈列面。

知识链接

理 货

将适宜的产品以引人注目的方式陈列于合适的商店位置,以更好地满足客户需求,同时增加销售额与利润。

理货的目的:对于药店,理货可以增加销售收入和利润;增加消费者重复入店概率,推动购买;提高服务水准;提高库存管理效率。

如何做好理货:了解药店环境、了解消费者心理、产品陈列、日常维护。

第六节 店员培训

> **情景引入**
>
> 王明是一家医药公司的 OTC 代表，现在负责本市朝阳区的市场。前段时间，他快速地完成了公司交给他的对新进品种×××的铺货任务，但他的销售额增加的幅度并不大。王明请教了公司资深的销售员小张，对该药品进行了最优化的终端陈列。同时，他还积极听取了小张的建议，加大了对店员的培训。终于，他的销售业绩有了很大的提高。其他销售员纷纷向王明请教，王明是如何对店员进行有效培训的呢？

店员培训是指将产品的相关信息传递给店员，使店员熟悉产品的知识，以期在柜台销售中增加该产品推荐率。据市场调研公司统计：店员推荐所产生的影响力不低于电视广告的力量。店员从表面上不起作用的原因在于他们的主动性很差，多数情况下店员不向消费者推荐药品；一旦店员向消费者主动推荐某种药品时，有 74% 的消费者会接受店员的意见；在消费者明确具体品牌的情况下，店员向他们推荐其他具体品牌时，有 66.2% 的消费者改变了主意，接受店员的推荐。因此，店员的推荐对消费者有很重要的影响，做好药店店员培训是 OTC 代表重要的核心工作之一。

一、店员培训的目的

1. 建设客情

在培训过程中，OTC 代表本身展示的就是一个专业的形象，这种形象能让员工产生更多的信服。同时，店员培训可以采用很多形式，如游戏、竞赛等，这些形式能够拉近 OTC 代表与店员的关系，而在日常的拜访中并不是每一个代表都能走到柜台后与店员肩并肩地做交流。因此，店员培训能够在形式方面提供给 OTC 代表更多的机会和空间去展示自己，沟通与店员的感情。

2. 让药店店员掌握产品的特点及品类知识

通过培训，可以让药店店员了解产品特点及品类知识，以与竞争对手的产品区别开来，并且能够把产品的特点转化为消费者的语言来打动消费者，让消费者愿意去购买该产品。这样能够让药店店员在为顾客推荐产品时，体现出一定的专业知识，同时也有利于做出准确的推荐。可以提高顾客对药店的信赖度，增强消费者对产品的信任。

3. 提高店员销售技能

在很多的店员培训中，销售技巧的培训也是很重要的一项内容。因为药店经理希望 OTC 厂商给他们带来的不仅仅是销售额，也能够给他们的整体人员带来素质的提升和售卖技能的提高，最终能为药店创造更多的价值和利润。如果 OTC 代表能够为药店店员提供各种形式的销售技巧，相信在客户心目中的价值不仅仅是一家药品供应商，而更多的是药店的一个合作伙伴。

4. 传递公司的专业形象

在做店员培训过程中，无时无刻不在传递公司的整体品牌形象，好的培训能够为公司树立良好的专业形象,给店员足够的信心。

二、店员培训的内容

(1) 公司介绍　从产品优势、公司实力、广告投入等方面入手,让其充分感受到产品和公司的前景,从而增强药店店员对公司和产品的信心。

(2) 产品知识培训　产品主要成分、核心卖点(通常为三个左右)、适用人群、针对症状、产品的正确使用方法、可能出现的副作用及说明、区别于竞品的重要优势等。

(3) 话术　根据消费者不同特点,总结提炼出打动消费者的话术。

(4) 终端拦截　与竞争产品的比较,使店员明确本公司产品优于竞争对手的特性,为店员提供有技巧地说服竞品的消费者购买我公司产品的方法。

(5) 真实的销售案例及终端拦截案例演示　通过案例和演示,使店员深刻体会到销售的方法与技巧,提高其销售技能。

(6) 解答消费者经常提出的问题,尤其是尴尬的问题。

(7) 消费者投诉处理办法。

三、店员培训的形式

(一) 大中型培训会(店外店员集中授课培训)

以一个区域市场为单位(通常是在一个城市内),对医药公司下属药店、连锁药店等大型企业的较多数量的店员开展集中培训。

1. 培训目的

可以高效率向店员传播产品知识;增强企业、OTC代表与店员的关系;使店员认识OTC代表。

2. 培训内容

要和社会热点、公益知识、医药知识(如OTC普及知识、新《药品法》宣传、妇科病防治知识等)联合起来,使对方容易接受。主要培训内容如:

(1) 公司的历史和未来,公司的经营理念;

(2) 产品知识(医学背景知识、自己产品特性、同类产品比较、消费者可能对产品的反映);

(3) 店员药品销售技巧,促销活动的操作办法等;

(4) OTC普及知识、新《药品法》宣传等。

3. 培训操作要点

(1) 把产品知识编成顺口溜方便记忆　如某药品××牛黄消炎片顺口溜为:"古老配方,焕发生机,一次一片,热毒不见;内消热毒肿痛,外除疗疖痈疮。"

(2) 把药品疗效通过图片来进行说明。

(3) 用普通消费者能明白的语言来说明产品的卖点(即消费者购买的理由和购买后得到的利益)。

(二) 小型店内培训(入店培训)

在零售药店内针对店员开展的培训活动,可以由OTC代表在对药店日常拜访中采取"一对一"或小规模店员培训会来进行店员培训。

1. 培训目的

使店员明确本公司产品的相关知识,尤其是核心卖点,增强其销售技巧,提高销售额。

2. 培训内容

（1）公司简介，包括公司实力（如行业优势、发展规模等）及企业文化（如品牌价值、核心理念等）。

（2）产品介绍，包括产品的成分、适应证、特性、目标消费群、临床应用等。

（3）推荐技巧，包括卖点推荐、销售成功案例等。

3. 培训操作要点

（1）要尽可能带动培训会的氛围，给人以轻松愉快的感觉，如注意与店员的眼神交流、间歇采用提问方式调解氛围等。

（2）对培训内容要非常熟练，能够进行熟练的产品介绍和卖点宣传。

（3）培训中要采用生动形象的展示方式，如POP展示、PPT等。

（三）有奖知识问答（答卷法）

有奖问卷是指将产品知识以问卷的形式请店员问答并给予奖励的一种常用而且简单易行的店员培训方式。有奖问卷可以选择一家药店单独进行，也可以选择数家或数十家或更多的药店在同一时期较大范围地进行，还可以配合"一对一"的店员教育、小型店员教育会、电影招待会、店员联谊会、店员答谢会等形式一并进行，以达到更好的店员培训效果。

1. 培训目的

通过有奖问卷，让店员熟悉产品知识。店员要想正确回答问卷上的问题，就会看我们的宣传资料，而且是认真看，然后把答案填写在问卷上，通过这两个过程，把店员对我们宣传信息的无意注意转化为有意注意，从而让店员记住我们的产品的知识。

2. 有奖问卷设计

有奖问卷通常是将产品知识印在正面，围绕产品知识及提醒店员推荐的产品宣传要点归纳4～5个小问题（如同时介绍2个或2个以上的产品则加倍），并将问题印在背面。问题的答案要明确、简捷、易答、易记忆，可以设计成选择题供店员选择。问题一般包括产品的品牌、作用、特点、服法等方面的知识。问卷中还可以视需要作一些销量、广告效果、价格意见等方面的调查。还应将奖励规则、奖品名称印在问卷的醒目位置。

3. 有奖问卷法操作要点

（1）产品知识宣传资料必须与有奖问卷同时发放，如为双面印刷，则一面是产品知识，另一面是答卷，一次发放即可。

（2）有奖问卷只发给销售自己药品柜台的店员，以及经常倒班到销售自己产品的其他药品柜台店员，不可一个药店所有人都发放问卷。

（3）问卷发放后三天到一周内，业务员要督促店员填写，并一再说明肯定都有奖品或礼品。并且要在一周内派人员自己收回，时间长了店员可能忘记或者丢了问卷。也不可让店员自己寄回，否则回收率很低。如果实在没有人去一家一家收回，则要自己购买信封，写上邮寄地址，贴好邮票，随同问卷一同发给店员，不可不填写地址，否则，信封邮票都可能被店员移做它用。

（4）回收时相同字体的答卷视做无效，未完成答卷的无效，防止一人填写很多答卷的现象。

除了以上几种常见的培训形式外，OTC代表在工作时间以外，还可以采取多种沟通方式加强与店员的沟通和交流。如可以采用QQ群、微信群、微信公众号等，可以定期发一些产品知识宣传、销售技巧、案例分享等内容，以增强与药店店员的联系与感情，同时也潜移默化地起到培训的作用。

知识链接

如何说服店员推荐自己的产品

有三个最重要的方面：(1) 与连锁门店经理或者药店经理搞好关系；(2) 与店员搞好关系；(3) 搞好产品知识培训。我们有很多代表店员关系做得很好，但是从销售数据来看并没有太多的增长是什么原因？有以下几个可能：(1) 连锁药店门店经理不支持你的产品，他们要求店员重点推荐其他品牌产品；(2) 店员对产品知识不熟悉，推荐成功率不高或者说不知道该如何进行有效的推荐；(3) 与店员关系好只是一种表面现象，或者说OTC代表没有将关系转化为销售。要记住很关键的一点：在新开发的药店中，店员产品知识培训是最重要的，不仅要求店员熟悉产品知识，而且要帮助店员进行产品的有效推荐，OTC代表必须总结一些在推荐中常见问题的解决办法，然后将这些解决办法传输给店员！

第七节 药品促销

情景引入

王明是一家医药公司的OTC代表，现在负责本市朝阳区的市场。通过一段时间的学习与实践，他已经能够独立完成新客户的开发、拜访药店、铺货、产品陈列、店员培训等工作，销售额也有了较大幅度的提高，且每月的销售量都比较平稳。王明并没有满足现状，他寻找着再次增加销量的突破口，于是，他想到了促销。他将如何开展药品促销活动呢？

促销是在某一特定时间内，为中间商或消费者提供购买激励的一种活动，以促使其购买某一特定产品。由于OTC产品使用者和决策者的统一，所以药品的销售更多地来自品牌和价格两大驱动力，也更多地依靠广告和促销的互相配合和互动。

一、药品促销的目的

(1) 鼓励零售店的购进，如增加购进的产品规格、数量等。
(2) 提高店员对产品的第一推荐率，即当顾客向店员进行咨询时，店员能主动推荐我们的品牌。
(3) 鼓励店员增加产品的销售额，一般通过考核销量后采用物质的形式对销售业绩良好的店员进行激励。
(4) 改善品牌在货架上的陈列展示，以期给消费者醒目的购买提示。

二、药品促销的两大核心策略

1. 推式策略

主要是运用促销将产品推向市场，从生产企业推向批发商，从批发商推向零售商，直至最终推向消费者。实行这一策略的企业大多拥有较雄厚的推广队伍，或者产品的声誉较高，或者采购者的目标比较集中。这种策略通常以中间商为主要促销对象，要求推销人员针对不同的商品、不同的客户，采用不同的方式方法。简言之，"推"的重点是面向通路的工作。

2. 拉式策略

主要是运用广告和公共宣传手段，着重使消费者产生兴趣，刺激购买者对产品的需要，进而推动消费者向中间商购买产品，中间商向生产企业订购产品，以此达到向市场推销产品的目的。实行这一策略的企业一般是产品的销售对象比较广泛，或者是新产品上市，需要扩大知名度。"拉"的重点是面向消费者的工作。

三、药品促销的方式

（一）针对零售药店的促销

1. 购进折扣

即在指定期限内对零售店购进特定产品或达到某一数量作出特殊的价格折让。

（1）购进折扣的类型　依据折扣的目的不同，可以分为以下3种。

① 购进数量折让　指购进的数量越多，折让比率越高，鼓励多购进。

② 现金交易折让　指通过现金进行交易而进行折让，鼓励零售店用现金交易。

③ 定额目标折让　确立一系列销售目标，确定不同的折让标准。销售额越高，折让越大。以增加药店的销售动力，一般半年度或一年度结算。

（2）折让的支付方式　折让的支付方式通常有3种：①以津贴形式，在一定时限内返给零售店；②用产品替代现金支付；③以礼券或赠券支付。

2. 小礼品或试用品分发。

3. 神秘顾客活动

指厂家派出代表扮作顾客，通过对店员的提问检查其对产品的推荐率及对产品知识的了解程度。当店员的反应达到一定标准时给予赠品奖励。

4. 销售积分竞赛

销售积分竞赛多为药品生产厂家在独立的药店、连锁药店之间开展销量竞赛的活动。开展这一促销活动的不足之处在于竞赛活动所设的奖励数量有限，部分参加竞赛的药店投入了一定的人力或物力，但可能在活动评比中拿不到任何奖项，从而会挫伤部分参加竞赛的药店的积极性，给厂家带来一定负面影响，所以开展竞赛活动前的准备、计划、评比条例及对所有参赛药店的解释、告知均要耐心、详尽。

例如，某公司竞赛积分的方法如下：

A. 制订促销活动的规则。

B. 设置每个营业员销售本公司产品每瓶（盒）积一分。

C. 积分累计到一定分值，可领相应价值的礼品一件。

D. 每兑一次奖，积分归零，重新计算积分。

E. 同一药店营业员在自愿的基础上，积分可以合并领奖。

注意：设置奖品的奖励分值，最好以5、10的倍数设置，以便于统计操作。

5. 陈列比赛

指将货架上的产品进行有序摆放，从而达到刺激消费者购买欲望的目的。

陈列比赛的作用有：①支持产品的广告及其促销活动，帮助树立品牌形象。良好的产品陈列也是品牌领导地位的表现，有助于消费者购买和使用的信心。②联合零售店，利用活动及奖品使其给予工作上的配合。③使消费者容易看到产品，产生购买提示作用，增加事先无计划的消费者购买产品的比率。

（二）针对消费者的促销

1. 样品赠送

对消费者提供某种产品一定的用量（标准产品或专门样品装）以供其判断产品的优点，刺激购买欲。

目的：吸引尚未使用的顾客群，维持现有顾客，促使已使用者大量购买，增加产品的使用频率，抵制竞争品牌的威胁。

样品赠送的注意事项：

（1）样品赠送一定要达到足够数量，才能有足够的试用者，让消费者了解到产品的优点，刺激购买欲望。

（2）要明确样品赠送的对象，这样样品赠送才有针对性，最大限度发挥赠品的效用。样品赠送的难点在于赠送过程中不易把握和分辨真正的目标消费者。因此，样品赠送对象应紧扣商品的目标消费者。样品赠送如失败，则不但浪费促销产品公司资源，而且也影响正常的销售。所以，举行样品赠送的促销活动，必须制订出围绕促销产品购买者或决策购买者的周密计划，选择合适的时间、合适的地点，针对合适的人群，才能发挥出较好的效果。

2. 赠品促销

附送赠品在OTC药品市场适合于各种产品及各种产品的不同时期，通过精美的赠品吸引消费者购买新产品、弱势产品，鼓励重复购买等。所以好的赠品可以帮助企业产品打开市场，提高市场占有率，而糟糕的赠品可以将企业推入下降通道。这里，特别需要将附送赠品与前面所述的附加赠送"买×送×"加以区分，附送赠品与"买×送×"是两类不同的促销方式，有着本质的不同，附送赠品送的是非产品本身，而折价促销中"买×送×"则赠送产品与促销产品是同种产品。

好的或者理想的促销赠品必须具备以下特性。

相关性：赠品须与产品相关联，须与产品目标消费者相关联，须符合品牌形象；

重复性：赠品可重复使用，每当使用时，能令消费者联想到产品品牌；

获益性：赠品须有价值感，令消费者想获取。

3. 折价促销或折价券

适用于药品同质程度比例大，品牌形象相差无几的同类产品；竞争厂家推出或即将推出同类新产品时；主要针对具有一定品牌影响力，有一定稳定消费群体的OTC药品。

注意：有效把握"折价"奖励优惠的幅度是活动成败的关键。一般的原则是，品牌知名度高，市场占有率高的药品折价幅度就小；品牌知名度低，市场占有率较小的药品，其折价幅度要大一些，方能吸引患者的注意。

促销时间：折价促销一般初期对促销药品的销量增长最明显，随着促销活动的进展，销量趋缓，故一般折价促销活动时间宜1~2个月，最好能根据产品的不同在一些特定的假日里开展。

优点：

① 折价促销活动可以不必依赖医药公司等商业单位，既改变了现有价格体系而对药品实施一定范围的降价，同时对促销药品的价格恢复原来价格体系影响不大。

② 折价促销活动是一种最有效、最实用的竞争手段，可以帮助药品生产厂家抵御竞争者的同类产品的进入。

③ 折价促销活动能迅速提高促销药品的销量，提高患者再次购买率，提高市场的占有率。

缺点：

① 折价这种促销活动将直接有损于企业的利润。而且促销活动结束后，销量可能有一个下降的过程。

② 折价促销并不能帮助提高患者对促销药品的忠诚度。

③ 频繁的折价促销活动会对品牌形象造成伤害。因为过于频繁的折价活动，容易让人怀疑促销产品可能是暴利，虚高定价、损害患者的利益。

④ 在新品牌推广时谨慎使用。

4. 抽奖与有奖竞赛

抽奖方式：回寄式抽奖、即开即中式抽奖、多重连环抽奖。

有奖竞赛是指厂家为消费者提供一个丰厚诱人的奖励，人们利用自己所学的知识，展示自身才华，通过竞争参加竞赛活动而获取奖赏，厂家因此而获得自己应得利益的一种促销方式。

不论是抽奖还有奖竞赛，诱人的还是在于奖励。因此，一定要避免消费者过于关注活动而忽视了产品本身。

5. 集点换物

集点换物是指消费者收集产品的购买凭证，达到活动规定的数量即可换取不同的奖励（奖励可以是现金，也可以是礼品，或者是下一次购买时可用的折扣券等）的一种促销活动。

集点换物活动中，用以累积积分的凭证通常为产品包装上的某一特殊标志，如瓶盖、商标帖、包装袋、刮刮卡等。

集点换物可以刺激消费者，只有通过重复购买或多量购买才能收集到足够的兑换凭证来兑换奖品，在不断地重复购买过程中，可以使消费者了解该产品，继而养成使用该产品、购买该产品的习惯；而且消费者一旦参加了集点换物这项活动，一般不会轻易退出活动，所以在一定程度上提高了本产品的竞争力，达到压制竞争品牌的作用。需要注意的是，活动的时间不宜太短，要留有足够的时间给消费者去收集积分凭证，根据各种在营销活动中的不同状况，可以让活动时间为6个月，甚至1年。

四、药品促销的具体实施

1. 促销前沟通

促销前的沟通是指促销前信息的发布，零售商和批发商是第一类沟通对象。

与零售商和批发商沟通的内容有——让他们备货，保证促销期间不发生断货；给零售终端和批发商一些折让，鼓励他们加入促销；与他们沟通促销的内容、时间和预计的销售增长目标，同时在执行方面还要向他们提出售点的陈列要求，确定进场时间；沟通对现场促销人员的管理、现场执行的安全因素和应付意外情况的备选方案；同时也要沟通如何应对与自己同期促销的竞争对手。

沟通的第二类对象就是促销人员，主要沟通内容就是培训。

2. 促销前准备内容

促销前的沟通结束之后就要进行促销前的内容准备。准备内容包括促销信息的发布；促销前与零售终端的沟通；促销执行人员的培训；促销物品的质量、数量、派发；零售终端备货；售点陈列布置、价签更改；现场执行安全因素；监管规定确认和备选方案（人员/物品/方式）。

3. 促销执行控制

（1）促销执行控制的内容　　在促销执行过程中，要控制的内容包括销量、库存、礼品以及售点陈列，最重要的是促销人员推荐。要考察促销人员如何去推荐，是否非常热情主动地向每一位顾客推荐，是否非常有效地把促销计划的内容，包括能够给客户带来的利益推荐给客户，是否有很好的技巧能够打动客户。促销人员的推荐是整个活动中非常重要的一环，同时控制内容还要不时地去收集店方的反馈意见。

（2）促销执行控制的方法

① 现场的督导　　在促销期间无论是自己的销售代表还是广告执行公司，都要设置专门的人员定期地在各个零售终端做督导。督导的目的是检查促销人员在这个岗位上的工作表现、工作质量，同时提供一个必要的销售支持和协调。所谓的销售支持和协调就是在促销岗位上直接对促销人员进行二次培训，也可以帮助他们去跟店方协调一些问题，甚至于协调礼品等。

② 促销小结会/二次培训　　通常主张在促销阶段至少每2~3天开一个促销小结会，最长不得超过一周，利用促销小结会来回顾促销中出现的问题，同时做一个二次培训，来巩固促销人员对于产品和促销内容的了解。

③ 促销简报　　假如整个促销活动跨度比较大，通常就要以周为单位推出促销简报，以此来鼓励促销人员，让他们向表现好的药店和零售终端看齐，向那些表现好的促销人员看齐。同时对于整个促销计划中有调整的部分，也可以通过促销简报让促销人员获得了解。

4. 促销前信息发布

促销前的信息发布包括大众媒体和售点发布。其中售点发布包括邮报、海报等POP，促销主题陈列（堆头等）和促销人员/店员。

5. 促销人员管理

（1）促销人员培训　　促销人员的培训包括很多内容，具体有产品知识培训/Q&A、促销执行内容培训、上岗纪律、促销礼品管理/发放登记、销售记录、与店方沟通要求、报告/会议制度、考核标准、售点陈列标准/维护要求和对干扰促销的应对（稽查/竞争对手/店方）。

（2）工作职责　　工作职责包括宣传、售点陈列、促销物品管理、促销数据记录、售点事宜协调和意外事件协调。

第八节　客户管理

情景引入

王明3年前从学校毕业后在一家医药公司做OTC[*]代表，现在负责本市朝阳区的市场。他的上司张经理人缘很好，与许多客户都建立起了深厚的友谊，公司的销售业绩也得到了飞速的发展。王明刚进入公司时,也受到了这种成功的鼓舞。但是,他逐渐发现公司许多客户的资料都只保留在销售人员手中,销售部并没有这些客户的详细信息纪录,销售大部分是依靠销售人员与客户的私人关系进行的。他为这种情况感到了深深的担忧,并把这种担忧告诉了他的上司,但他的上司没有给他一个明确的答复。

半年后,他所担忧的事情终于发生了,他的上司跳槽到了另外一个大公司,同时带去了部门里另外两位核心销售人员。这样,由于缺乏客户资料,公司的销售一下子陷入了泥潭,销量迅速下降。鉴于王明过去的优秀表现,他接替了张经理的工作。临危受命,王明深深感到自己责任的重大,他该怎么做才能逐渐扭转局面呢?

客户管理,亦即客户关系管理(customer relationship management)的简称,也可以称作CRM。企业为提高核心竞争力,利用相应的信息技术以及互联网技术来协调企业与顾客间在销售、营销和服务上的交互,从而提升其管理方式,向客户提供创新式的个性化的客户交互和服务的过程。其最终目标是吸引新客户、保留老客户以及将已有客户转为忠实客户,增加市场份额。

根据"二八"原则,企业80%的利润来源于20%的高端客户。这20%的高端客户,如连锁药店、大型单体药店、对某一市场有垄断效应的客户,目前或在未来对我们的业务构成极大影响,是我们的主要客户,也称核心客户,更要加强对核心大客户的管理。

客户管理的目的主要有:稳固业务基础;整合供应链各环节的需求,提高运营效率;提升客户服务质量;建立战略合作关系,降低远期成本及风险,与客户共同发展等。

一、建立客户档案及分级管理

(一)建立客户档案

零售药店客户档案的建立通常分为两个层次:一是零售单体药店档案的建立,二是连锁药店档案的建立。建立客户档案有利于全面了解客户信息,了解终端药店的数量和质量,起到动态管理和查询的目的;可以为新老顾客提高优惠活动和方便;是培养忠诚顾客的基础;可以对顾客流失起到警示作用;同时也对顾客购买行为的变化具有系统参考作用。因此,建立客户档案,对客户的重要信息进行记录是客户管理的一项基础工作。

客户档案内容包括:终端名称、终端类别(A、B、C)、终端地址、终端性质(国营、集体或私营)、归属单位、营业面积(仅指药店、诊所)、负责人(或柜组长)姓名及联系电话、营业员姓名、性别、生日及班次、进货渠道及进货价格、产品陈列(柜台、货架、专柜、专架、堆场)、零售价格、同类产品、可设置POP及宣传等。表3-7为某医药公司零售药店客户档案资料统计表。

(二)客户分级管理

可以依据药店的销量、规模、性质等因素划分为A、B、C三个等级,A级(类)药店通常位于商业集中区、主干道两旁,客流量大,销量在当地平均销量以上,一般为当地有名的大药店和连锁店。B级(类)药店介于A类和C类药店之间,通常规模较小,但生意较好。一般为商场、超市药店专柜,人口流动大的药店等。C级(类)药店一般店面小,经营品种少,主要位于生活小区、市郊、工厂区、辅干道两旁,客流量小;销量在当地平均销量以下;一般为新区和郊区的便民小药店、小诊所等。

表 3-7　零售药店客户档案资料统计表

城市_____　　月份_____　　填表人_____

客户档案资料	A	B	C	D
药店名称				
药店级别				
类型				
性质				
营业面积				
地址				
电话				
邮编				
平均月营业额/万元				
进货渠道				
店员数				
店长				
店长联系方式				
柜组长				
柜组长联系方式				

级别划分的参考因素具体包括：月平均营业额（全部、药品）；营业面积；柜台（货架）数量；营业员人数；地理位置（繁华程度、人流状况）；目前本公司产品的销售状况；目前其他竞品销售的总体状况等。

原则上，A 级（类）药店应不少于当地药店总量的 10%～15%，B 级（类）药店不少于药店总量 50%。对药店进行分级管理，便于工作安排时有重有轻，提倡抓大带小。A 级（类）药店要经常走访，保持优势；对有潜力的小药店多下工夫，使其尽快跨入中、大型行列。

二、客情维护

客情维护就是 OTC 代表要与终端成员建立良好的客情关系，好的客情关系能使产品顺利地实现销售、回款。OTC 代表工作的根本目的是实现销售，目前国内的药品同质化现象异常严重，如果销售的产品没有品牌、价格、终端推广支持等优势，药店很难接受，无法完成铺货，其他的工作就无从谈起。但如果 OTC 代表和药店经理有着良好的客情关系，药店经理可能会网开一面，试销一个阶段。产品进入药店后，争取好的陈列面、提高首推率、品种的补货等工作都与客情关系密不可分。因此，客情维护工作是以客情关系作为基础展开的，如果把终端的具体工作比作"几根线"的话，那么客情关系就是"一根针"，所有的线都要通过这根"针"穿进去。

既然客情关系在终端推广中有如此重要的地位，那么是否让OTC代表加大拜访频率就能建立起良好的客情关系呢？答案是否定的。理由如下。

（1）过高的拜访频率会使代表疲于奔命，降低拜访质量　药店代表与医院代表的区别就在于工作核心一个是"面"，而另一个是"点"。一个药店代表每天平均要维护15～20家药店，加大拜访频率势必要增加他们的工作量。而为了完成拜访次数，只能缩短拜访时间，如蜻蜓点水一般，如此一来，可能有些工作会不到位，或"出工不出力"，点个卯就走，纯粹是无效劳动，从而造成各种资源的浪费。

（2）导致部分药店疏于管理　虽然药店代表作的是"面"上的工作，但20/80定理同样适用于药店维护工作。一些大卖场、配送及管理规范的连锁药店的销量占区域销量的大部分。代表为了完成销售指标，在正常的拜访频率中对这些药店投入的时间、精力就比较多，而对于一些品种少、销量一般的C级药店，每月1～2次的正常拜访频率就可能打点折扣。假如提高拜访频率，这种现象可能会更严重，形成"剪刀差"。长此以往，将会导致终端资源的流失。

（3）频率过密会让店方产生反感　之所以对药店的拜访路线、拜访频率作出具体要求，除了保证辖区所有药店都拜访到位、节省代表时间和体力等因素外，还考虑到过密的拜访会影响店内的正常工作这一因素。处于销售高峰时，店员、店长忙于接待顾客，无法与代表建立有效沟通，这样会造成无效拜访。而顾客少的时候，有的药店一天要接待许多厂家代表，店方难免会产生厌烦情绪。

既然过密的拜访频率会带来上述负面效应，那么如何在保持正常拜访频率的同时，又获取良好的客情关系呢？

（1）定期拜访、回访、慰问　自信、热情、礼貌、周到、微笑地介绍产品；通过拜访和慰问，可直接与经理、柜长、营业员建立朋友般的感情，有利于顺利铺货和回款；有利于争取较好的产品摆放位置和宣传位置；可防止断货或脱销信息闭塞；便于及时掌握市场动态，尤其是竞争产品情况；更为重要的是能够促使营业员推荐自己的产品。最好能使拜访时间周期固定化，使客户记住你的拜访时间，使客户有机会做一些力所能及的拜访前的准备工作。

（2）培养良好口碑　教会店员如何介绍产品；积极主动地协助其解决一些力所能及的事情；时刻研究终端药店经理、店长、柜组长的心理，并适度投其所好，赢得好感。

（3）多角度处理关系，由业务关系转化为朋友关系　OTC代表仅仅知道他（她）是店员，而他（她）也仅仅知道你是某品牌的OTC代表，这是失败的；OTC代表要知道他（她）的姓名，同时让他（她）也知道你的姓名，这是成功的第一步；OTC代表要了解他（她）的兴趣爱好，然后投其所好，赢得他（她）对你的重视；对药店经理、营业员的情况要制作登记卡，加深与他们的感情沟通，满足其探病、搬迁、孩子升学等特殊需求；赠送礼品包括生日礼品，加深感情；组织其参加有关活动及联谊活动等。

OTC代表应依据以下5点对店情关系进行自我评价：①药店是否乐意接受并推销产品；②药店是否乐意维护产品的突出位置和清洁度；③药店是否乐意在店内外张贴产品广告；④药店是否乐意按时进货；⑤药店是否乐意及时反馈市场信息。

【本章小结】

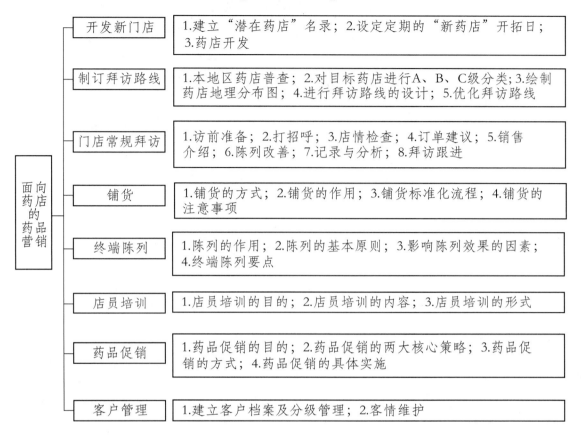

【复习思考】

1. 某市有大约 800 家大大小小的药店，其中值得靠人员覆盖的约 500 家。这 500 家包括：A 级店 50 家、B 级店 150 家、C 级店 300 家。公司对于不同级别的药店，规定了拜访频率：A 级店每周一次，B 级店每两周一次，C 级店每月一次。公司要求 OTC 代表每周一上午和每周五下午必须回公司参加例会和填写必要书面报告。而在外拜访时，每天必须拜访 12 家店。请你思考一下：该市需要安排多少 OTC 代表？

2. 某 OTC 代表辖区内共有 150 家药店，其中 100 家药店需要进行定期的拜访。这 100 家药店包括：A 级店 10 家、B 级店 30 家、C 级店 60 家。公司对于不同级别的药店，规定了拜访频率：A 级店每周一次，B 级店每两周一次，C 级店每月一次。公司要求 OTC 代表每周一上午和每周五下午必须回公司参加例会和填写必要书面报告。请你思考一下：该 OTC 代表每天要拜访多少家药店？

3. 健康药店是位于 A 市 B 路、年营业额约 1000 万元的单店，属于 A 类药店。××消痛贴去年每月的销量平均为 50 贴，但外用贴膏类销售额为 5000 元/月，今年我们的目标销量为 150 贴/月。经销售代表与主管讨论，综合评估分析认为增加陈列面（现有一个且位置不理想）在本店是一个非常有效的措施，现计划再增加两个陈列面，请以此为例制订一份拜访计划。

4. 请问这家药店中哪些地方是最佳陈列位置？

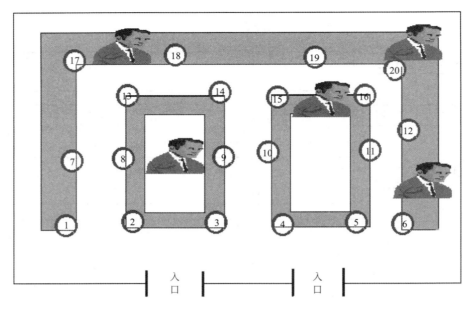

4. 您是一位OTC销售代表,现在您要拜访一家A级药店,该店目前还没有您的产品。这是您第一次拜访这家店,以前您只知道这是本市最大的一家药店,能否进货对您十分重要。现在您已经站在了这家药店的经理室门口,您如何进行拜访?(请先向大家说明您本次拜访的详细目的)

5. 您是一位OTC销售代表,现在要拜访一家A级店。因为市场部制订了一个销售竞赛活动,如果这家店参加有可能得到5000元的头奖,并且对您的销售大有帮助。但昨天您与经理交谈时被他拒绝了。匆忙中您也没有弄清原因,而您知道以前这家店经常参加类似的活动,并且表现积极。今天,您又来到了药店经理室的门口,您如何进行拜访?(请先向大家说明本次拜访的详细目的)

6. 前几天,当OTC代表去拜访××药店时,药店王经理对他说,过几天就是药店开业一周年店庆日了,他们药店打算开展一次针对店庆的促销活动。由于药店成立的时间比较短,没有开展店庆促销的经验,药店王经理希望王明能够帮助他们进行策划,并写出促销方案。王明又犯了难,他该如何完成王经理交给他的工作呢?

【实训项目】

实训1 制订拜访路线

一、实训任务

假设你是某医药公司的OTC代表,你的辖区就在你学校方圆10公里的范围内,你的住处就是学校,公司也在学校。请制订你的药店拜访路线。

假定:A级店占总门店数的10%、B级店占总门店数的30%、C级店占总门店数的60%;拜访频率为A级店每周1次,B级店每2周1次,C级店为每4周1次;每月拜访天数为20天。

二、实训目的

1. 掌握拜访路线的制订方法。
2. 能够根据实际情况进行拜访路线的制订。

三、实训准备

1. 百度地图（手机或电脑，可上网）。
2. A4 纸，彩色笔。

四、实训内容

1. 利用百度地图查找方圆 10 公里内所有药店的数量和地址，依据药店级别比例随机确定药店的级别，绘制药店地理分布图。
2. 设计拜访路线，并进行优化。
3. 制订 OTC 代表每周拜访计划表。

五、实训评价标准

1. 药店地理分布图绘制准确、不同级别药店区分标注、清晰明了。
2. 拜访路线设计合理，方法得当。
3. OTC 代表每周拜访计划表填写完整，时间分配合理。

六、实训提示

1. 拜访线路安排要结合药店的地理位置、药店的分级、各级药店所需的拜访频率、每天的总拜访数、拜访行程的次序安排等因素，才能合理设计拜访路线，每天进行有效的拜访。
2. 把每个标记当作一个公交车站，假如每月有 20 天需要跑街，就安排 20 条公交线路，代表每天的拜访路线。
3. 每条线路的起点和终点都是自己的住处。
4. 按不同级别药店的拜访频率，来确定通过每个站点的线路数量。
5. 如果自己平均每天需要拜访 10 家药店，则每条公交线路须包括 10 个站点。
6. 要考虑每站需要花费的时间。

实训 2 门店常规拜访

一、实训任务

假设你是某医药公司的 OTC 代表，与某药店已经有几年的合作关系了，你公司经销的××等药品都在该药店有很好的销量。但近期你发现，××药品的销量已经连续 2 个月在下降。因此你打算在常规拜访该药店建议补货的同时，分析药品销量下降的原因，采取适当的方法劝说当事人改变此种情况，以最终增加××药品的销售量。

二、实训目的

1. 掌握门店常规拜访的方法与技巧。
2. 能够根据不同的拜访目的选择恰当的拜访对象。
3. 能够根据不同的拜访目的进行恰当的拜访。

三、实训准备

1. 药品相关资料。
2. 药品陈列计划。
3. 药品促销计划。
4. 其他销售工具。

四、实训内容

1. 常规拜访门店，依据查库存等情况，建议补货。
2. 分析××药品销量下降的原因，任选其中之一，采取适当的方法劝说当事人改变此种情况，以最终增加××药品的销售量。

五、实训评价标准

1. 拜访目的设定明确合理。
2. 药品销量下降的原因分析准确。
3. 拜访流程基本合理、相关技巧运用到位。
4. 能完成拜访目的或能够预约下次拜访。

六、实训提示

1. 首先要确定拜访目的。
2. 药品销量下降的原因可能为：（1）陈列好久没有变化，顾客产生审美疲劳；（2）原来熟悉该药品的营业员辞职了，新来的营业员不了解该药品的情况；（3）促销不到位等。
3. 拜访的目的不同，拜访的步骤就有所不同。如：访前准备→寒暄→店情检查→建议补货（注意安全补货量与补货流程）→解决问题（说服店员改善陈列、对店员进行一对一培训、与店长商谈药品促销问题等）→记录与分析→访后跟进。

实训 3　药品终端陈列

一、实训任务

假设你是某医药公司的 OTC 代表，你要完成某新品的铺货任务。你已经和某药店商谈好相关的铺货细节，就差送货和陈列没有完成了。你打算 3 日后给药店送货并指导店员对药品进行陈列。

二、实训目的

1. 熟悉药品陈列的基本要求和原则。
2. 能够根据陈列要求和原则对药品进行恰当的陈列。
3. 能够运用相应的陈列技巧。

三、实训准备

1. 货架 5 组，其中两组高架约 170 厘米，三组矮货架约 150 厘米。
2. 商品或空商品盒准备，包括处方药品 4 种，非药品 3 种，非处方药品 15 种（其中清热解毒类 3 种，易串味药品 3 种，外用药品 3 种，妇科用药 3 种，儿童用药 3 种）。每种药品均准备两种规格各 10 盒（包）。
3. 准备标价签和药品分类标示牌若干，POP 广告多张、大白纸多张、剪刀 6 把等。

四、实训内容

1. 对药品进行分类。
2. 依据 GSP 要求，根据药品陈列原则与方法，对药品进行陈列。

五、实训评价标准

1. 分类正确。
2. 能够分类摆放、做到"六分开"。
3. 同一药品摆放在一起，近效期在前。
4. 同品名或同品种不同规格的药品相邻摆放。
5. 商品正面向前，没有倒置。
6. 排列整齐、美观。
7. 满陈列。

六、实训提示

1. 要先进行分类。
2. 依据品类贡献率排序，确定各品类陈列位置，拟定陈列方案。

3. 依据商品贡献率确定细类在品类中的货架权重,并依序排列,确定位置。
4. 单品陈列。

实训 4　客户档案的建立

一、实训任务

建立详细的客户档案,是 OTC 代表客户管理的重要内容,是 OTC 代表每天拜访药店的基础。假设你是某医药公司的 OTC 代表,请根据你平时在药店拜访过程中收集到的药店客户的信息资料,对客户进行分类,并建立客户档案。

二、实训目的

1. 了解药店客户调查与数据收集的方法。
2. 能够根据收集的客户信息,对客户进行分类。
3. 能够根据收集的客户信息,建立客户档案。

三、实训准备

1. 纸、笔。
2. 电脑。

四、实训内容

1. 通过平时在药店进行的拜访,收集药店客户的信息资料。
2. 根据收集的客户信息,按照一定的分类标准对客户进行分类。
3. 制定药店客户资料档案表,根据收集的药店客户的信息资料进行填写,并录入电脑。

五、实训评价标准

1. 药店客户资料档案表制定内容全面。
2. 药店级别划分的标准合理、区分度高。
3. 客户档案填写完整,表述清楚。

六、实训提示

1. 药店客户资料档案表的制定是为了确保信息收集的统一化和标准化,可以根据产品的不同在调查的内容上有所调整。
2. 药店级别划分的标准可以考虑药店的规模、所处的商圈、店员的组成、店员的销售能力和销售水平、以往的采购量与消费额、账期与汇款的情况、对企业品牌的认可程度以及店内其他竞争对手产品的销售情况等。
3. 顾客档案是动态的,随时更新。

实训 5　店员培训

一、实训任务

假设你是某医药公司的 OTC 代表,你已经完成了××药品在××药店的铺货工作,现在需要对店员进行新产品相关知识与销售技巧的培训。你打算采用入店培训的方式对店员进行培训,并在培训后采用有奖问答调查问卷的方式对培训效果进行反馈。

二、实训目的

1. 掌握店员培训的方式。
2. 能够采用合理的方法对店员进行培训。
3. 能够设计有奖问答调查问卷。

三、实训准备

1. 模拟药店(配多媒体,桌椅)。

2. 笔、纸。
3. 培训药品。

四、实训内容

1. 培训前的准备工作
(1) 熟悉培训药品的产品知识及销售卖点。
(2) 制作培训需要的 PPT。
(3) 设计培训后的有奖问答调查问卷。
2. 对店员进行培训
(1) 公司简介。
(2) 相关医学知识介绍。
(3) 产品介绍。
(4) 答疑。
3. 培训后下发有奖问答调查问卷，让店员进行填写，并收回。依据店员答卷结果，分析培训效果，并改进。

五、实训评价标准

1. PPT 制作简洁、内容全面、准确。
2. 有奖问答调查问卷设计合理、易于回答。
3. 对店员培训时姿态自然、内容准确。
4. 答卷及格率大于 80%。

六、实训提示

1. 产品介绍要点
(1) 最重要的买点，要少而精。
(2) 患者常见问题解答，要事先进行调研。
(3) 与竞品的比较，要强调自身产品的优势。
(4) 正确的使用方法。
(5) 副作用以及进行解释，要通俗易懂。
2. 有奖问卷设置的问题不要太多、不要太难，答案要直观。

实训 6　药品促销

一、实训任务

药品促销是 OTC 代表经常组织的门店活动，假设你是某医药公司的 OTC 代表，马上就到五一了，你打算联合××药店进行一次促销活动，其促销主题为：触摸"五一"，"药学服务关爱健康回馈顾客"。请设计该活动的促销方案，并按照促销方案进行药品的促销活动。

二、实训目的

1. 了解促销的常见方式。
2. 能够根据一定的促销主题设计促销方案。
3. 能初步组织药品促销活动。

三、实训准备

1. 模拟药店。
2. 笔、纸、条幅、气球、彩带、吊旗等。

四、实训内容

1. 促销方案的设计

大体包括以下方面的内容：促销目的；活动对象；活动主题；广告语；活动时间；活动地点；宣传的平台和工具；促销费用预算；意外防范；效果预测等。

2. 促销活动的实施

依据促销方案，进行药品的促销活动。

五、实训评价标准

1. 促销方案设计全面，较合理。
2. 促销过程能顺利进行。

六、实训提示

组织促销活动时应注意：

1. 选准促销药店；
2. 做好预约和公关；
3. 准备足够的物料；
4. 把握时间和天气；
5. 现场布置要醒目、生动；
6. 安排合适的促销员；
7. 抓住目标顾客争取成功。

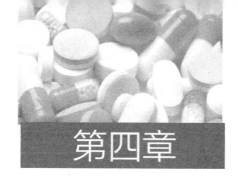

第四章

面向医院的药品营销

学习目标	**知识目标：** 1. 了解医院进药基本流程 2. 熟悉处方药的学术推广形式 3. 掌握医药销售专员拜访医院的基本流程、方法及技巧 4. 熟悉区域市场管理内容和方法 **能力目标：** 1. 能够进行新药的市场开发 2. 能够根据拜访目标，做好拜访计划 3. 能够运用拜访技巧进行销售的日常拜访 4. 能够进行处方药的学术推广 **素质目标：** 1. 具备踏实的工作作风及勤劳的工作精神 2. 具备较强的沟通及谈判能力 3. 具有较强的自我学习能力 4. 具有较强的心理承受能力及自我调节能力
学习重点	1. 医药销售专员的拜访技巧 2. 处方药的学术推广形式
学习难点	1. 拜访时的开场白设计、探询技巧、产品介绍方式 2. 制作药品学术推广产品介绍PPT
教学方法	案例分析法、角色扮演法、小组讨论法
建议学时	28学时

第一节 区域市场开发

情景引入

李强刚刚从学校毕业,由于成绩优异,表现突出,成功应聘进入国内一家大型外资医药公司,成为医药公司的一名处方药医药销售专员。公司对李强非常信任,也非常赏识,交给李强一个新的区域进行业务拓展,李强要如何完成公司的工作呢?其实医药销售专员的工作既有章可循,也有灵活机动之处,依照医药销售专员的基本工作流程可完成工作任务,而要实现优秀的业绩还需要医药销售专员在今后的工作中多积累、多留心,灵活变通。

处方药(Rx),是指有处方权的医生所开具出来的处方,并由此从医院药房购买的药物。这种药通常都具有一定的毒性及其他潜在的影响,用药方法和时间都有特殊要求,必须在医生指导下使用。而非处方药是不需要凭医师处方即可自行判断、购买和使用的药品。处方药的特殊性决定了处方药的销售方式有别于其他产品,处方药的销售主要以医院为主,由于我国医药卫生体制的特点,其中医院的药品消费占国内药品消费总量的80%左右,对于处方药医药销售专员,其目标客户就是医院及医院的相关人员,主要工作是通过专业拜访、学术推广等手段,把产品(药品)销售到医院去。但大家都知道,药品是特殊商品,因此,作为一名专业的医药销售专员,应该有很扎实的药品专业知识,对所推广的药品的药理作用、临床效果以及相关的政策法规等,都要了如指掌。

课堂思考

新医药销售专员必备知识

作为一名新医药销售专员,在上岗前必须有一定的知识储备,除了要充分了解自己的产品外,更重要的是要对医药销售专员的职责和医药行业一些基本规则有所了解。

问题1:作为医药销售专员,职责是什么?
问题2:医院如何采购药品?
问题3:对于即将开发的医院基本情况如何了解?
问题4:如何使新产品进入目标医院?

医院的药品销售具有以下特点:①购买量大。②面对最终消费者。③在处方药方面具有权威性,对非处方药也具有非常大的影响力。由于处方药不能由患者自由选择,而是由执业医生开具处方使用,因此医生对处方药的选用具有决定性作用。同时,由于患者比较信赖医生,医生也能极大地影响非处方药的使用。④定点医院对"医保"用药目录内的药品使用具有相当大的控制力。而医药销售专员在一定程度上能够引导或改变医生的处方原则,所以对处方药的销售有着巨大的影响。

> **课堂思考**
>
> **医药销售专员如何顺利进行业务推广**
>
> 接收到公司委派的新任务后,医药销售专员的难题便出现了。医药销售专员要如何完成任务呢?你必须了解以下几方面内容才能开始自己的工作。
>
> 问题1:你对目标医院是否了解?
>
> 问题2:药品如何才能进入目标医院?
>
> 问题3:拿出怎样的方案使产品进入医院?

一、医院简介

(一)医院的分类与分级

1. 医院的分类

(1)综合医院　旨在处理各种疾病和损伤的医院是综合性医院,其通常包括急诊部、门诊部和住院部。综合医院通常是一个地区的主要医疗机构,有大量的病床,可以同时为许多病人提供重症监护和长期照顾。

(2)专科医院　只治疗特定疾病或伤害的医院是专科医院。按不同疾病或伤害,可分为儿科医院、妇科医院、男科医院、肛肠科医院、耳鼻喉科医院、皮肤科医院、精神病院、肿瘤医院、传染病医院等。

(3)教学医院　为病人提供治疗,同时结合医学生和护理学生的教学工作的医院,是教学医院。教学医院可以是综合医院,也可以是专科医院。教学医院通常是医科大学、医学院或综合性大学医学院的附属医院。

(4)诊所　只能提供针对常见疾病门诊服务的医疗机构是诊所。诊所的规模一般都比较小。诊所也包括公立诊所(社区卫生服务中心)和民营诊所两种。

2. 医院的分级

医院分为一、二、三级。

一级医院是直接为社区提供医疗、预防、康复、保健综合服务的基层医院,是初级卫生保健机构(乡镇级)。其主要功能是直接对人群提供一级预防,在社区管理多发病、常见病、现症病人,并对疑难重症做好正确转诊,协助高层次医院搞好中间或院后服务,合理分流病人。

二级医院是跨几个社区提供医疗卫生服务的地区性医院,是地区性医疗预防的技术中心(县级)。其主要功能是参与指导对高危人群的监测,接受一级转诊,对一级医院进行业务技术指导,并能进行一定程度的教学和科研。

三级医院是跨地区、省、市以及向全国范围提供医疗卫生服务的医院,是具有全面医疗、教学、科研能力的医疗预防技术中心(省市级)。其主要功能是提供专科(包括特殊专科)的医疗服务,解决危重疑难病症,接受二级转诊,对下级医院进行业务技术指导和培训人才;完成培养各种高级医疗专业人才的教学和承担省以上科研项目的任务;参与和指导一级、二级预防工作。

一级、二级、三级医院的划定、布局与设置,要由区域(即市县的行政区划)卫生主管部门根据人群的医疗卫生服务需求统一规划决定。医院的级别应相对稳定,以保持三级医疗预防体系的完整和合理运行。

依据医院的综合水平,我国医院可分为三级十等,即:一级、二级医院分别分为甲、乙、丙三等，三级医院分为特、甲、乙、丙四等。

（二）医院的组织结构

医院的组织结构模式基本是以卫生部1987年发布的《综合医院组织编制原则试行草案》中关于组织机构设置的有关原则为依据而确定的，规模、专长、承担任务不同的医院，在临床、医技科室的数量和结构方面略有不同。另外，大学附属医院有专门从事教学管理的机构。医院的结构均为直线职能制，临床科室、医技科室属于直线部门，后勤为辅助部门，行政、党务等为职能部门。

如某医院的组织结构如图4-1所示。

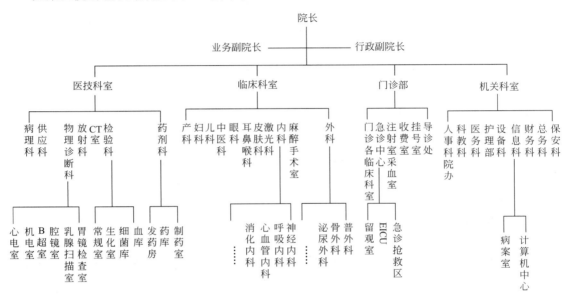

图 4-1 某医院的组织结构图

在这些机构中，与药品销售相关的科室与主要人员主要如下。

1. 药剂科

药剂科是负责医院药剂工作的重要职能部门，其集药品采购、供应、调剂、制剂、经济管理、临床药学、科研工作及贯彻执行药政法规为一体。药剂科的基本任务是根据《药品管理法》和药政法规的有关规定，监督、检查本院各科室合理使用药品，防止滥用和浪费，及时准确地为医疗、科研、教学提供各种质优的药品和制剂，为患者服务，配合医疗积极开展临床药学和科研工作，为临床当好参谋。其具体任务有以下几点：

（1）根据医院医疗、科研和教学的需要，按照医院制定的《基本用药目录》采购药品，做好药品的保管、供应及账卡登记。

（2）根据医院医生处方或摆药单、请领单，及时准确地调配处方，摆发药品。

（3）配合临床，积极研制中西药品的新制剂。

（4）加强药品的质量管理，建立、健全药品的监督和检验制度，对药品质量进行全面的控制。

（5）开展临床药学、用药监护工作，做好药物咨询、治疗药物监测及药效学、药代动力学研究，确保病人用药安全、有效、经济。

（6）配合临床做好新药临床试验以及药品疗效再评价工作。

（7）加强药物不良反应监测工作，及时向卫生部药品不良反应监测中心报告并提出需要改进或淘汰药物品种的意见。

（8）注重信息工作，开展用药趋势分析及药物经济学研究。

（9）承担医学院校学生的教学任务、在职人员培训和基层单位的技术指导等工作。

药剂科主任全面负责药剂科的管理工作，其主要工作为：合理编制采购计划；加强与临床医生的沟通及合理用药；监督、检查和落实麻、精、贵重药品及其他药品的使用、管理，发现问题及时处理等。

2. 临床科室

临床科室是承担病人的系统诊断、治疗任务，负责收治病人住院的科室。科室的种类随着医院的规模不同而有所不同，一般医院有内、外、妇、儿、五官甚至肿瘤科，大医院则还会在这些科室下面设有二级科室，如内科之下设有心血管、消化、泌尿、呼吸、神经、血液病等科室，外科下设有普外、泌尿、脑外、心脏、胸外、小儿外、骨科、烧伤整形、肛肠等，妇科下设妇科、产科、生殖医学，儿科下设新生儿、遗传性疾病等。

临床科室主任为科室日常工作主持者，对临床用药有直接指导作用。

3. 医务处/科

医务科是联系和协调医院内、外业务工作的枢纽。主要是安排全院的日常诊疗工作，管理各科编制、人员变动情况，确定各项业务活动的时间、内容等。医药销售专员代表企业与医院的各项合作均要通过医务科的统一协调，如临床试验、义诊咨询活动、学术研讨会等。

（三）医院进药基本流程

做药品最难的是进医院，药品只有进入医院才能为后续销售带来可能，想使药品能够顺利入院必须先了解医院药品采购的基本行为以及进药的程序，从而才能制定相应的方法进行处方药销售。

1. 药品进入医院的形式

（1）公立医院　在20世纪90年代初，因为公共财政投入不足，政府对公立医院的药品采购实施的是自由采购政策，对医院放权搞活，并制定了以药养医的政策，允许医院在药品进价基础上加乘15%以补贴医院运营成本。所以药品价格越高，医院收益就越大，同时，回扣空间也越大。由每家医院与药品的生产或经销企业单独决定采购价格，一些中小企业为了能够进入医院采购名单，往往给予医院较低折扣或是执行返点政策，导致药品购销秩序混乱、药价虚高、腐败滋生等，医院集中采购逐渐脱离控制。

为了降低药品采购价格，规范采购秩序，相关政策不断出台。1998年，国家发改委和卫生部下发《关于完善药品价格政策改进药品价格管理的通知》，2001年，卫生部等六部委发布《医疗机构药品集中招标采购工作规范（试行）》，标志着我国药品集中招标采购工作的全面推行。2009年国家九部委发布《关于建立国家基本药物制度的实施意见》，确定了基本药物省级集中招标采购的招标模式。2015年2月国家卫计委下发《国务院办公厅关于完善公立医院药品集中采购工作的指导意见》。这是药品采购总指导性文件。

（2）私立医院　私立医院药品采购仍然采用自由采购的形式，主要有：

① 产品代理形式进入医院　医药生产企业委托某家医药经销单位，由其作为产品的代理，而使产品打入相对应的医院。其中又可分为全面代理形式和半代理形式。

② 产品直接进入医院　医药生产企业不依靠相关的医药经销单位，直接派出医药业务代表去医院做开发工作，从而完成产品进入、促销、收款的全过程。

2. 医院选药的原则

（1）一些有重大意义的创新药物，医院会优先选用，因为创新的产品意味着与新的治疗方法接轨。

（2）同类的药品一定要保持合理的数量，同类品种中，新品种一定要比老品种有显著的优势，每一个剂型至少要保留一个品种。

（3）仿制药在质量可靠、价格合理条件下，原开发厂和仿制品各选一种。

（4）OTC 药基本满足需要即可，品种不宜过多。

（5）很多大医院都不会进淘汰品种或比较滞销的品种。

3. 药品采购流程

医院药品采购流程如图 4-2 所示。

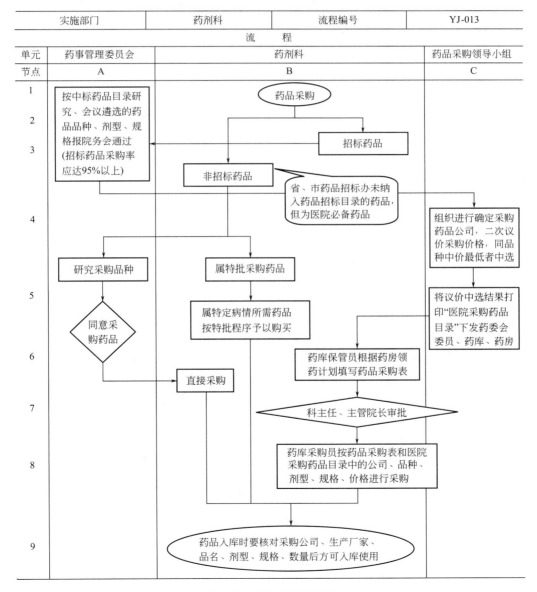

图 4-2　药品采购流程图

药事管理委员会

根据卫生部《医院药剂管理办法》规定,"为协调、指导全院药品的科学管理和合理使用,县以上医院(含县)要设立药事管理委员会"。在日本药事管理委员会被称作药事委员会或药品选用委员会,而在英、美被称为药学和治疗委员会。

药事管理委员会由业务院长、药剂科主任和有关业务科室主任或专家组成,其主要任务为:

1. 研究指定本院《基本用药目录》,并定期修订(至少两年一次);审定本院用药计划;药品年度预算、决算及其执行情况。

2. 研究审定医院各种申请购入的新药,审定本院新制剂的质量标准、操作规程并上报卫生行政部门。

3. 组织评价新老药品的临床疗效与不良反应。

4. 及时研究、解决本院医疗用药中的重大问题。

5. 接受卫生行政部门委托进行新药临床试验,研究解决临床试验中出现的问题,审核临床试验总结报告。

6. 宣传、贯彻执行药品监督管理方面的法令、条例、规章制度,并监督检查本院执行药品管理法规的情况。

7. 参与病例讨论、检查病历、分析处方等工作,指导医生合理用药。及时研究不合理用药造成的药源性疾病以及药物不良反应,评价药品疗效,淘汰疗效不明确的药品,负责监督销毁过期失效的药品和超过保存期的处方。

8. 组织医院药学学术活动。

二、区域市场开发

1. 市场调研

主要是对目标市场的医院的信誉度、同类品种的状况、医院的级别、门诊量及病床使用率的调研。

(1) 目标医院的信誉度　一个公司的产品能否持续销售关键在于和目标单位的持续合作,而目标单位能否履行合同规定按时回款关系到产品的销售稳定性和连续性。目前很多医院药品销售后不能按照合同及时回款,因而影响公司资金的周转。调研人员在准备进入该医院时首先要了解的就是医院的信誉度,这是调研的关键。

(2) 同类品种的状况　对于同类品种的了解的详细状况关乎一个产品进入目标医院的销量问题,目前有很多产品进入医院后不能打开销售局面,主要是不了解医院的竞争品种的情况。

竞争品种的调研内容主要有:

① 产品　产品的规格、用法用量、生产企业名称、竞争产品的主要卖点(临床功效和本产品的功效对比);

② 价格　销售价格、零售价格;

③ 渠道　供货渠道(直销还是商业);

④ 促销　竞争品种在目标医院的销售量、医生对竞争品种的忠诚度。

通过上述调研可以给自己的产品做好定位，可以决定是否进入该医院以及进入医院后如何操作。

（3）医院的级别和门诊量及病床使用率　此项指标的调研主要是对医院的未来销量提供一个参数，对未来的发展潜力有一个预测。

2. 调研分析

主要是针对上述指标加以分析：

（1）根据信誉度调研的数据和资料分析是否进入该医院，并对该医院分级并建立档案。

（2）同类品种的调研是决定该产品是否有价值进入该医院的关键，若是不做市场调研，即便是该产品进入医院，在临床当中没有自己的优势，这样不仅投入很大的人力、财力，还可能使公司面临亏损的僵局。要根据竞争品种的状况给自己的产品做适合的价格定位。

（3）对医院门诊量及住院部病床使用率的调研主要有利于选择适合医院的品种，各个医院都有自己的优势，门诊的哪几个科室患者多、哪几个科室的住院患者多，这些都是要考察的因素。

3. 制定决策

（1）通过以上调研，医药销售专员可在分析调研数据基础上，给产品做出合理的定位，作出决策。

（2）决定是否进入该医院　根据调研资料的分析，确定该医院是否有价值投入人力物力进行运作，而对于销量不大的医院医药销售专员也可以选择暂时放弃，把有限的精力投入在重点目标医院上。

（3）如何进入该医院　使新产品进入医院首先要找到突破口，找到合适的渠道，对于一个生产厂家来说可能会选择直销或是选择当地的商业公司。

（4）进入该医院后的预期目标是什么　此项指标要求主管和代表有一个明确的销售计划，明确该医院产品的年销售量、季度销售量、月销售量，在实际工作中制定销售目标。

（5）市场维护　使产品成功进入医院只占到整个销售过程的 20%，更重要的工作则是正确地传递产品信息，协助医务人员合理用药，完成日后的销售目标。

4. 产品进入医院

经过周密调研并作出合理的决策后，医药销售专员可以借助以下方法帮助产品进入医院。

（1）新产品医院推广会　医院推广会是指医药企业产品获准进入或已经进入大、中型医院后，企业和医院联合召开的一种产品介绍会。目的是通过向医生介绍产品的药理研究、毒性实验、临床使用、功能主治等多方面的情况，增加医生对产品的认识，促进医院对该药品使用量的增长。

推广会是医药企业开拓市场常用的一种方式，它一般分为医院推广会和商业推广会两种形式。医院推广会可分为针对整个区域所有医院的和针对具体某一医院的推广会。

（2）代理单位协助　一些医药代理单位是某些医院的长期供货单位，他们长期对某些医院供货，与医院有较好的业务关系，通常通过这些代理单位可以使产品更顺利地进入医院。

（3）利用医院的药事委员会推荐　新产品进入医院必须经药事委员会批准方可。因此如果产品在新产品推广会上能获得药事委员会成员的青睐，则更容易进入医院。

第二节 医院拜访

> **情景引入**
>
> 李强正式进入外企，成为该公司的一名医药销售专员，在经过一段时间的学习后，已经对医药销售专员的工作职能有了基本的了解和认识。接下来李强要开始新的挑战，要进行对药剂科主任的拜访工作，争取通过成功的拜访使该医院采购他的药品。

拜访医院是医药销售专员很重要的一项工作，通过定期地到医院去拜访，可以收集客户的信息，指导客户使用我们的产品，与客户建立良好的客情关系，进行市场维护，更好地销售产品。这就需要医药销售专员进行专业化的拜访，即每一次的拜访都与上一次的拜访相联系；持续传递连贯的、一致的具有说服力的信息；每一次拜访都能获得医生的承诺；能有效地获取、使用和分享信息。通常，一个标准的拜访过程包括以下几个步骤。

一、拜访前的准备

凡事预则立，不预则废，拜访前的准备对于达成销售目标是至关重要的。一个好的拜访前准备能够帮助销售人员：提高自身对市场的分析能力；帮助回顾客户的背景资料；加深对客户情况的记忆；准备适合拜访每一位客户时所需要的促销材料同时确定接下去拜访的目标和探寻的问题。

通常每次拜访的时间为3~10分钟，而真正的客户交流可能只占整个拜访时间的20%。准备工作如果没做好，是不可能顺畅地完成拜访计划的。因此，提高拜访效率就显得至关重要。访前准备通常包括如下内容。

（一）信息的搜集与分析

1. 搜集医院信息

（1）医院所处的环境　医院的位置、环境、交通、门诊大楼和住院部的规模、诊疗室的数目及分布等。

（2）病人种类　住院病人及就诊人数，病人的病种、性别、年龄、经济情况等。

（3）医院的诊疗设备　诊疗设备的种类、数量、品牌、服务的病人种类等。

2. 搜集拜访对象的详细信息

想要成功拜访医生，必须做到知己知彼，所以要翔实、准确地掌握被拜访医生的信息，以便于下一步拜访工作的开展。具体要掌握以下信息。

① 医生的个人资料：包括医生的姓名、性别、年龄、职位、话语权、专业知识熟练程度、电话号码、著述、家庭情况、社会经历、兴趣爱好、性格特点等。

② 医生所在医院、联合病房、讲学的院校和时间等。

③ 医生的工作时间，信息收集的过程能够帮助医药销售专员理清思路，帮助医药销售专员回顾一下将要拜访的医生的背景、兴趣爱好、在医疗领域的专长与观点，从而制订拜访计划，确定此次拜访的主题，设计出能够引起医生关注的话题。基于医生关注的问题，与他们探讨具体的事情。

知识拓展

如何搜集客户资料

客户资料包括姓名、性别、职务职称、年龄及生日、教育背景、家庭环境及成员、习惯及兴趣爱好、联系地址与电话等。

医药销售专员可以通过以下几种渠道了解客户的资料：

1. 通过朋友、熟人、其他医药销售专员介绍。
2. 通过互联网，查该客户所在公司的资料及客户资料。
3. 查看客户卡，了解客户的背景资料。

（二）制订拜访目标

1. 确立拜访目标的原则

医药销售专员的拜访目标应非常明确，这样便于在拜访后回顾这些目标，并确定自己是否达成了目标，主要利用 SMART 原则。

S——specific 具体性：意思是设定拜访目标时，一定要具体，即从这次拜访中，你的收获是什么。

M——measurable 可衡量性：目标要可衡量，要量化，即你的成绩能否通过销售图表、拜访医生等方面来衡量？

A——attainable 挑战性：设定的目标要高，要有挑战性，但一定是可达成的。即你所设定的目标难度如何，能否实现？

R——relevant 可实现性：设定的目标要和现实的工作相关联。

T——time bounding 时效性：对设定的目标，要规定在什么时间内达成。

2. 拜访目标的设定

（1）首先要回顾以往的拜访记录以及记录的医生信息，判断客户所处的"产品接纳梯度"阶段 客户对于产品接纳的过程可分为不了解阶段、了解阶段、试验阶段、使用阶段、忠诚阶段、倡导阶段。不了解阶段是指医生对我们的产品不了解，没有听说过；了解阶段是指医生了解产品及其使用方法，但没有使用过；试验阶段是指在新病人或老病人中尝试使用/转换使用本公司产品；使用阶段是指医院已经能够常规性地使用本公司产品；忠诚阶段是指在此类病人中首选本公司产品；倡导阶段是指在所有病人中作为首选，并积极向其他人推荐。

（2）根据医生所处的"产品接纳梯度"阶段，确定本阶段的总体拜访目标 即沿着"产品接纳梯度"向上移动一个梯度。如上一个阶段的"产品接纳梯度"为了解阶段，那本次的阶段拜访的总体拜访目标就是使其进入试验阶段，即试用本公司的产品。

（3）确定本次拜访的具体拜访目标 大多数医生都比较忙碌，对医生的拜访只能持续3~10分钟时间。在这么短的时间内，最现实的做法就是每次拜访只跟医生谈一件事情、达成一个目标。如此次拜访的目标可以是跟催、进药、竞争、信息、反馈、推广信息、医生档案、跟踪实验等。医药销售专员在整个拜访期间，紧紧围绕预定的目标展开。每次拜访目标相互联系，最终实现阶段性的拜访目标，推动客户沿着"产品接纳梯度"向上移动，进入下一个阶段。

（三）根据拜访目标，做好本次的访前准备

1. 确定拜访的方式

（1）非常规拜访 医药销售专员可以根据对客户的分析，设计一些特殊的拜访。例如，

在客户常去的早餐店里,你"突然"遇见了她;在超市里,你也"正巧"在买菜。非常规拜访既自然又不会给医生造成过大压力。

(2) 预约拜访　通常医药销售专员所拜访的客户在医院中都担任一定的职务(院长、主任等),事务相对繁忙。所以,提高拜访效率的关键就是要有预约,预约既是对客户的尊重也是帮助客户解决时间管理的工具。对客户来说,一般都不会拒绝有预约的销售专员,这样既可以达到拜访的目的,也可以培养医药销售专员的工作积极性和自信心,让医药销售专员养成预约拜访的好习惯。

通常医药销售专员预约医生也不能太过直接,可事先选择好一些事由,在确定约见事由时要让医生感觉到约见会对他有帮助,而不是增加麻烦,以此为契机进行约见。

知识链接

如何为预约提供事由

1. 介绍新药　医生需要知识更新,所以会关注新的临床用药的开发状况,如果产品的确具备技术上的先进性,医生会乐于了解。

2. 介绍药品的使用方法　不仅是一些年轻的、资历较浅的医生需要掌握多种药品的临床用药方法,老医生也需要不断从同行对同一药品的不同使用方法中汲取经验。

3. 介绍有关学术情况　医疗属于专业性很强的行业,医生对行业内的学术发展状况总是非常关注。

4. 了解患者用药的疗效与不良反应　药品涉及人体生命安全,任何药品都会存在不良反应,经常了解患者的用药反应与疗效,是医药销售专员的职责。

2. 确定拜访时间和地点

医药销售专员在约见医生时还要及时确定访问时间与地点,避免再次确定所造成的尴尬和麻烦。时间和地点应尽量替医生着想,避免在医生最忙碌的时间内约见医生,寻找医生较为轻松与愉快的时间。当医生的时间与医药销售专员安排的时间有矛盾时,应尽量迁就与尊重医生的意图。

知识链接

明确具体时间和地点的技巧

1. 不能占用私人时间,以及医生不忙时,如医生值班时、做实验时。

2. 可利用选择提问方式帮助医生确定时间,如:"我是星期二还是星期三来拜访您比较合适?"就比"您觉得我什么时候来拜访您比较合适?"效果要好。

3. 如果医生较忙,无法确定具体时间可先明确具体时间范围。约见前再次确认具体时间,不给医生太大压力。

3. 准备拜访资料

根据拜访目标,准备不同的拜访资料。如你的目标是让医生了解你的产品,则需要准备产品相关的宣传材料、样品/纪念品、医学文献(划出重点)等。注意:所选定的医学文献一定要仔细阅读过,要熟悉资料的内容,清楚能说明哪些问题。

4. 拜访角色预演

如何设计开场白？如何使用资料？如何进行利益呈现？客户可能提出的问题？如何获得承诺？

5. 拜访的心理准备

成功推销销售的秘诀在于医药销售专员内心。只要内心中存在一个坚定不移的信念，有胆量去容忍那些不能改变的事，有勇气去改变那些可能改变的事，会使你克服横在前面的障碍和困难，也能使你胜过其他任何对手。

6. 着装准备

医药销售专员应巧妙地根据拜访的时间、地点、场合、对象的不同，穿戴合适的着装，着装不能花哨，否则会给拜访对象以轻浮、不可信的感觉，但也不能总是"雪白的衬衣、笔挺的裤子和整齐的领带"。总之，根据场合，着装整洁、大方即可。

二、开场白

医药销售专员和客户的最初接触对于销售对谈能否成功具有决定性的影响。在这段时间内，医药销售专员要使客户产生兴趣，为销售对谈设定良好的方向。因此，一个良好的开场白显得尤为重要。开场白旨在完成彼此的初步认识，说明这次拜访的来意，同时解释这次拜访对客户有何效应，从而引起客户的兴趣。好的开场白可以拉近谈话双方的距离，建立彼此信任的基础，减少彼此沟通的障碍，提高拜访的效率。

> **课堂思考**
>
> **医药销售专员如何设计开场白？**
>
> 俗话说好的开始是成功的一半，医药销售专员对医生的拜访最关键的开场白要怎么说才能自然、融洽、有吸引力？
>
> 问题1：开场白有怎样的要求？
> 问题2：什么样的开场白是最有效的开场白？

（一）开场白的基本要求

开场白需要医药销售专员精心准备，一个合格的开场白首先需要具备：平等、专业、个性这三方面。

平等：你和所要拜访的医生是平等的，因为你的拜访是争得客户同意的，同时你的拜访也能为客户带来一定的价值（当然，这个价值是你根据顾客信息预先设计好的），所以要以平等的姿态与医生接触，这样你也会获得医生的尊重。

专业：专业性是获得医生对你尊重的另一个手段，也成为医生愿意与你交谈的理由，在拜访过程中，我们必须思考一个问题："作为医生，可以从你的拜访中得到什么？"将医生的需求通过专业化解决就可以解决诸如"医生为什么对我不理不睬"这样的问题。

个性：个性是医药销售专员无形的名片，幽默、亲切、果断等鲜明的性格特征能为医生留下深刻的印象。

一个好的开场白，会令你的客户在一开始就形成对你的良好印象，会令你自己一开始就建立起对自己的信心，这是非常重要的。

（二）开场白的类型

1. 开门见山式（目的性）

在拜访的过程中没有与医生建立良好的互动，而是直接切入主题。通常在时间紧急或在第一次拜访时，通常采用开门见山式的开场白类型。

如：×主任，您好！我是××药厂的医药销售专员，今天来是向您介绍我们公司的治疗心衰的新药×××。

2. 赞美式

以适度的赞美作为开场白。过度的赞美可能会引起对方的反感，甚至会引起别人对你的拒绝。

如：×主任，您好！您昨天的演讲非常精彩。

3. 好奇式

能够让医生感觉到你对他的事情感兴趣，只有对方确认你对他的事情感兴趣后，对方才有兴趣告诉你更多的信息。好奇式能够增加医药销售专员与医生之间的互动关系。

如：×主任，您好！您也喜欢篮球？（观察办公桌面上、玻璃板下、陈列柜里和墙上发现……）

4. 请求式

要慎用，如果用不好反而会产生副作用。在医生正遇急事，事情特别多，又不太接受你的情况下使用。

如：×主任，您好！您能给我3分钟的时间吗？我给您介绍一下这个治疗血脂的新药！

（三）开场白的技巧

开场白包括一个A，三个R。

一个A：AROUSE INTEREST 开场白要引起医生的兴趣，才能吸引他往下进行。

三个R：RAPPORT 开场白要气氛融洽，为后续创造良好的氛围；REASON 开场白要说明拜访原因，明确拜访目的；RESPONSE 开场白要要求回应，这样才能不冷场，可以有继续聊下去的话题。

通常，第一次拜访和重复拜访的开场白是不同的。一般而言，初次拜访重在双方相互的了解，很难达成具体目标，因此以问候对方、自我介绍和说明公司专长为主。重复性的拜访，双方已经有所了解，所以重在达成具体目标，主要是上次拜访的总结和重新开场。

1. 初次拜访时开场白的技巧

通常，初次拜访的开场白包括：礼貌地问候对方；清楚而完整地介绍公司（全称）和自己的姓名、职位；简短介绍公司的定位及能为对方提供的服务；询问是否接受此次拜访。

例如：王主任，您好！我是广东××药品有限公司的医药销售专员，名叫张明，弓长张，光明的明。我们公司是专业造福人类皮肤健康的制药集团，今天大约需要占用您十分钟时间介绍我们公司的情况，不知道您是否方便？

2. 重复拜访

重复拜访一般的开场方式为：上次拜访总结（回复上次拜访时间）；上次拜访的事宜及达成的共识；对上次拜访所得到的帮助予以感谢；简要说明对方通过上次拜访获得的利益；提出此次拜访议程；陈述议程对客户的利益；询问是否接受此次拜访。

例如：王主任，您好！上周二过来拜访过您，非常感谢您上次的接待和对我们的支持。

刚才我去药房了解了一下,很多患者已经开始使用我们的产品。今天是想向您介绍一种很受其他医院欢迎的新产品,希望有助于您对产品的选择。大约需要占用您十分钟时间,您看可以吗?

上述例子中的开场白使用了较为直接的方式,也可以通过寒暄的方式进入开场白。例如:开场白由三部分组成,自我介绍、一个可交谈的问题和一个与产品有关的问题。

(1) 自我介绍

——仪表得体、精神抖擞、热情洋溢;

——准确地称呼医生,谈吐生动、富有幽默感;

——赞美医生所处的环境;

——介绍自己及××公司;

——感谢医生给你谈话的机会;

——介绍自己时,勿忘自己是××公司的代言人。

(2) 提出一个可交谈的问题　不宜开门即谈产品,根据前期调研(如医生的喜好、上下班时间等),从侧面展开,引起共鸣,抛砖引玉,渐入正题。

(3) 提出一个与产品相关的问题　结合××公司××产品,谈谈与产品相关的一个现象或问题,从而引出一个产品,适时转入专业话题。

(四) 开场白注意事项

1. 适度的问候

如果是第一次拜访客户,可以适当地介绍你自己、你的公司和你所提供的服务。

2. 经常提及客户的名字

在初次见面之后一定要记住对方名字,并且多次使用,这会拉近彼此的距离,也会给对方一种尊重的感觉。

3. 带给对方价值

你能带给客户什么样的价值非常重要,因为客户并非真的对你本人、你的产品或你们公司感兴趣,他所感兴趣的是你能为他做什么,解决他临床治疗各种疾病的过程中你所能展示的价值。

4. 建立信任,拉近距离

拿出一定的时间,通过交流相互感兴趣的话题来建立信任,拉近距离。保持热情和积极的态度。非常自然的销售能使你与任何类型的人打交道。

试着按他们喜欢的方法同他们沟通而不是他们不喜欢的方法,否则在不经意当中你可能已经降低了客户与你交谈的兴趣。例如:同情感型的医生可以说"今天早上的交通太可怕了!",但分析型的医生则不能谈这样的话。

5. 适度目光接触

应用适度的目光接触和客户能接受的言谈方式。合适的目光接触表明你对你的客户感兴趣,愿意与他交流。注意,盯着对方会使其感受到恫吓并且导致对方退却,以致无法交流,甚至发生冲突;眼睛望着别处则会让客户感到你不重视他或你心虚。因此,建议可在整个交谈时间的 60%~75% 保持目光接触。

三、探询

探询就是通过试探性的询问,分析客户所传递的信息,从而明确客户的真实需求。

（一）探询的目的

探寻的目的是你所希望获得的资料符合你与医生讨论的主题，它包括确定医生对你的产品的需求程度、对已知产品了解的深度、对你的产品的满意程度，查明医生对你的产品的顾虑。如果达到了探询的四个目的，那么这次探询就是成功的。

（二）探询的类型

1. 开放式探询

开放式探询能帮助医生了解自己探询的目的，容许医生有思考的余地，并诱发其详细说明而不是迅速以一句话来回答我们的问题。其目的是鼓励医生主动介绍其需求。开放式探询是为了从客户那里得到尽可能多的信息而设计的。通常它提出的问题都是最肯定和富有成效的且被仔细考虑过的问题。例如：

"张主任，您能不能介绍一下贵医院使用××类产品的情形？"

"李主任，您看我下周哪天拜访合适？"

"张老师，您认为这类药有何临床前景？"

（1）适用范围　当你希望医生畅所欲言时；当你希望医生提供给你更多和更有用的信息时；当你希望改变话题时。

（2）优缺点　开放式问题能够让我们获得足够的资料，可以在客户不察觉的情况下影响会谈，创造和谐的气氛，但也会产生很多缺点：如耗时较长，而医生一般只有10分钟左右时间与你谈话，同时需要客户较多讲话，一些内向顾客可能较反感；同时有可能失去拜访的主动权，让客户引领你的谈话。

2. 封闭式探询

封闭式探询是只能回答是或不是的问题，可以在你提供的答案中选择，或者是一个经常可以量化的事实。例如：

李主任，你认为痔疮片是治疗初发性痔疮的首选药吗？

王教授，你有没有收到我们公司寄给你的最新资料啊？

于老师，这次临床试验你们会选用A方案还是B方案？

王老师，听说为了保持利福平的稳定性和安全性，国外利福平剂型只有粉针剂和片剂，是这样的吗？

（1）适用范围　当你要澄清医生的话时；当医生不愿意或不表达自己的意愿时；当达成协议或重要事项的确定时。

（2）优缺点　封闭式探询既有优点也存在缺点，封闭式问题能使医药销售专员很快取得明确要点，能够很快确定对方想法；但也存在局限性，封闭式问题提供信息有限，且易使医生产生紧张情绪，缺乏双向沟通的气氛，通常多用于重要事项的确认，如协议、合同等或是在对医生同意的市场调研言谈中。医药销售专员在面对面拜访中使用封闭式探询要格外慎重，这会让医生有一种你不太尊重他的感觉。

一般在探询时，通常将两种问法相结合，即所谓的"漏斗技巧"。由开放式探寻开始、由封闭式探寻结束会取得较好效果。这种方式既可以让客户自由地发挥，让他多说，让我们知道更多的东西；同时再利用封闭式问法，让客户始终不远离会谈的主题，限定客户回答问题的方向。

（三）探询的技巧

1. 使医生有兴趣与你交谈

探询的技巧首先是要使医生感兴趣，愿意与医药销售专员交谈。如果没有把医生的兴趣激起，那么医生就不会与医药销售专员进行交谈；如果不交谈，医药销售专员就没有办法取得更多的信息；如果没有信息，医药销售专员就不能知道医生的需求，也就不能实现销售拜访。所以首先要考虑怎么样激发医生的兴趣。需要注意的是激起医生的兴趣，不仅仅是在开场白，而是在每一次发问的过程中都要尽可能地让医生感兴趣，让医生愿意和医药销售专员交谈。

2. 取得有关产品使用、治疗及相关竞争产品的重要信息

只有通过医药销售专员与医生的对话才能真正了解产品的使用、治疗及相关竞争产品的一些重要信息。现代社会的竞争很大程度上在于你对信息的了解程度，医药销售专员了解到的信息越多，那么成功的概率就越大。

3. 取得医生对你、对公司、对产品及他（她）自己需求的看法

通过探询也可以了解到医生对你、对你的公司、对你的产品还有他自己需求的看法，这一点非常重要。如果医药销售专员在拜访过程中只注意自己的目的、自己如何达成销售，而忽略了医生对你和对你产品的看法，就不能实现真正的销售。

（四）错误的探询

1. 使探询变成盘查

如果医药销售专员反复地询问医生，会使医生感觉到医药销售专员咄咄逼人，让他觉得医药销售专员的探询是盘查，从而对医药销售专员的探询感到反感。如果医药销售专员的探询让医生感到反感，那么今天的拜访恐怕再好的开场白都不能使你进入实质性的拜访，最后可能会导致拜访失败或走向相反的方向。

2. 使拜访失去方向

在何种情况下会使医药销售专员的拜访失去方向呢？例如在询问时，问题太过于宽泛，提问的目的性不明确，也不够简洁，让别人听了以后不知道如何回答，那么这时医生对问题的回答就可能失去方向，此时医生也会给你一个朦胧的答案。所以在拜访过程中一定要注意探询的问题不宜太长，要简洁明确。

3. 使关系变得紧张

医药销售专员的问题可能会造成其与医生之间的关系紧张，因为医药销售专员在提问时如果不考虑语气、语调和语速，或者说态度、方式，只是从自身的角度去考虑如何提问才能达到目的，这样就可能使医生产生反感，从而可能给拜访造成紧张的气氛。

4. 使时间失去控制

时间失去控制是从事销售拜访多年的医药销售专员常常出现的一个问题。有多年销售经验的医药销售专员通常与医生建立了良好的私人关系，所以在拜访的过程中会提到很多题外话。作为一位医药销售专员，必须具备的是专业知识、产品的知识和销售技巧，此外还需要有辅助知识，因为辅助知识可以成为润滑剂，使销售拜访更为流畅，但是如果运用不当，丢失目标，浪费时间，那就可能丢失今天的有效时间，你所要达到的拜访目的就要大打折扣了。

四、产品介绍

医药销售专员可能都遇到过这样的情况：你满心欢喜地向医生介绍你的药品，你资料准备充分，讲解清楚，可医生却不耐烦地终止你的谈话"我不感兴趣，你别再说了"。为什么

会有这种情况？我们要如何应对这种情况？

介绍产品是销售过程中最重要的一个环节，同时也是最能体现销售能力的环节，很多医药销售专员认为只要有纯熟的商品知识就可以了，但用这种方式进行推荐却总会碰钉子。这其中最大的错误就是——卖点错误。我们只是低头推荐我们的产品，而没有考虑客户到底想买什么，顾客之所以用我们产品，并不是我们的原因，而是他们自己的原因，因为产品中的某一点正符合顾客的需求，我们要从需求出发，寻找卖点。对于医生来讲，如果他想听你介绍某一产品，一定是你的介绍中某点正是他目前需要了解的内容。

（一）药品介绍的内容

1. 药品简介

其内容包括药品的商品名、化学名、含量、强度、作用机理、适应证及治疗剂量。

2. 药品的特性和利益

特性：药物本身的理化特征或者经证明的事实。

利益：医生或患者能够从产品及其服务中获得的价值或好处。

在专业的产品介绍中，医生需要的不只是了解药物的特性，更重要的是这些特性将为他的临床治疗解决什么问题，这才是医生心目中一个药品的价值所在。

3. 特性、功效、利益的相互关系

利益就是把产品的特性及功效与医生的需要或要求联系起来。

4. 有关药品的临床报告和证明文献的使用

如作者是谁、什么出版物、重点和结论、论文讨论的问题等。

（二）药品介绍的方法

药品介绍最有效的方法就是FAB介绍法。

F：特性（feature），是指产品本身所具有的特点，例如疗效、耐受性、副作用、服用方法、化学成分、外观、颜色、剂型、包装。

A：功效（advantage），是指产品的功效，由特性发展而来，指具有什么功能或优点。例如重量轻、性质稳定。

B：利益（benefit），是指产品带来的利益，由特性和功效发展而来，对医生或患者的价值。例如安全性、方便性、经济性、效果性、持久性等。

如：××药品，其特性和功效是血药浓度可以持续12小时，每日早晚各服用1次，其利益为服用方便，病人不会忘记服用，用药的依从性好，可以达到良好的治疗效果。

再如：××缓释降压片，其特性是缓释片，其功效为药物的有效成分可以缓慢释放，其利益为避免了降压的波峰波谷，平稳降压，病人感到舒适。

用FAB介绍法进行产品介绍，实际上就是将产品特征转化为客户利益的过程。对医生而言，他不只是要了解药物的特性，更需要了解这些药物能为他们临床解决哪些问题，这是医生对药品的核心利益要求。医药销售专员进行药品介绍时要会挖掘出医生或患者的核心利益需求。

> **知识链接**
>
> **利益转换常用句型**
>
> "这意味着……"

因为该药品具有……（特点），它可以……（功效），对您（或您的患者）而言，……（利益）。

"因此，你将得到……"

"这意味着你的患者将……"

例如：

"因为××注射液是由党参、黄芪、枸杞和大枣组成的心脏保护剂，通过细胞分子学研究证实，它既能够增强新功能……，这样就意味着病人使用××后不仅能改善症状，而且改善了生活质量，从而建立治疗的信心。"

例如：

医药销售专员："我向您介绍的××药物，其半衰期很长，可以每天使用一次，非常方便。"（药物特性）

医药销售专员："这样您就只需要每天给患者注射一次，无需像其他抗生素一样定时注射，这样既减轻了患者的痛苦，也减少了科室的工作量。"（对医生的利益）

医生："对的。"

医药销售专员："您的患者甚至不需要住院，只需门诊注射就行。"（对患者的利益）

医生："听起来不错。"

医药销售专员："护士的工作负担也可以减轻了，患者综合治疗的费用也会节约。"（对护士、患者的利益）

医生："似乎比较合适，可以先使用一段时间。"

知识拓展

特性利益转化的技巧

1. 利益的描述必须具体，符合医生、患者的需要。

2. 陈述利益必须要用产品特性去支持（资料、报告等），针对在探询时发现的医生需求，针对性要强。

3. 通过疗效、安全性、依从性、经济等方面来解释你的产品和总体服务可以怎样满足某种需要。

4. 把特性转换为利益关键在于说明与医生和患者真实需要有关的特性和利益，当需要时，及时运用资料再次强调这些利益，引导医生主动评价产品的相关利益。

5. 准确把握特性利益转化的时机。

6. 帮助你牢记并说出你的产品利益的两种方法

（1）在你进行特性利益转换后，问自己："这样是不是清楚？"如果你还能用另外的信息来回答这一问题，那么你还应该把利益向医生介绍得更清楚。

（2）常用连接词的提示。在与医生谈话时，"您""您的""这样的话""这样您就可以"这一类词会告诉医生：医药销售专员清楚他的需要并在表达所推荐的药品能怎样满足他的需要。

（三）FAB介绍法使用注意事项

（1）要用产品特性去支持（通过资料、报告等）。

（2）针对在探询时发现的医生需要（针对性要强）进行介绍。

（3）先满足医生的最关键的需要（给医生的需要排序）——产品的特征是不变的，但产品所带来的利益却可以根据不同的需要而改变。

（4）无须太多。

（5）不要认为医生会把产品的特征转化为利益，你要每次主动地把特征转化为利益。

（四）告知药品的局限性

药品的局限性是产品可能的副作用，是推销处方产品时需要考虑的限制。在产品介绍时，承认产品有局限性，可以使医生对产品产生正确的期望值，对医药销售专员产生信任。回避产品的局限性，则医生会对产品产生错误的期望值，认为医药销售专员在隐瞒一些风险，从而降低信任度。因此要告知产品的局限性。

陈述药品局限性的方法常常使用的是负正说明法，即先说出产品的缺点，然后再根据这个缺点进行说明，以证明这个缺点并非不可弥补。

例如：虽然我们的药品使用不方便，但是我们的疗效是非常好的。

在陈述药品局限性时要注意：①说明产品局限性时，要尽量描述成是这一类产品的特点，表明此局限是这类产品所共有，而非我们产品所独有；②说明产品局限性时，要尽量使用药物的通用名，而非商品名。

> **课堂思考**
>
> 小张是××医药公司的医药销售专员，他销售的产品为一种抗病毒的注射剂，这种注射剂每天只需要注射1次，抗病毒效果较好，但就是单价要比市场上的同类产品贵20%。他该如何向客户介绍这个局限性呢？

五、处理异议

异议是一种"对立""不同意"或"不喜欢"的感觉或表达。很多药品销售专员在销售过程中，最害怕遇到医生异议。例如，张颖经过精心准备，拜访医生后，医生已对产品功效基本认可，但是医生突然提出异议："这种产品价格较高，估计患者接受不了。"接下来任凭张颖如何解释医生都不再感兴趣。

（一）异议产生的原因

其实，异议并不可怕。医生之所以会产生异议，可能是由于医生对产品认识不深、医生听过或见过对产品不利的事情、产品本身的缺陷或者医生对产品的使用结果不是很满意造成的。

（二）异议产生的意义

1. 积极意义

异议的产生，其实是有一定积极意义的：如说明医生在聆听，并感兴趣；通过异议可以判断医生是否需要此产品；通过异议可以及时发现介绍产品时存在的不足；能够知道医生在作出决定之前需要什么；能够明白医生做决定的障碍。只要消除异议，医生会更加信赖我们的产品。

2. 负面意义

当然，异议的出现也说明，医生可能对医药销售专员及其公司还不信任、医生可能正在使用竞争对手的产品或者医生可能还有某些其他利益我们没有满足。

（三）异议的类型

异议可以简单地分为两大类：真实的异议和潜在的异议。

1. 真实的异议

真实的异议是一种理智的异议，哪些是理智的异议呢？确实不需要、不合适或者说该产品不适合科室使用、患者难以负担、不安全，或是真正的误解，这些都是真实的异议，都是比较理智的，不是故意给医药销售专员制造麻烦。真实异议的解决相对于潜在异议而言比较容易。

2. 潜在的异议

（1）感情方面

① 竞争对手　医生可能正在使用医药销售专员竞争对手的产品，或对医药销售专员竞争对手的产品很感兴趣，很熟悉竞争对手的产品。在这种情况下医生通常很难接受你，于是医生可能会用其他方式来搪塞医药销售专员。

② 无兴趣　兴趣是主观性特别强的个人爱好，医生也许对某些东西特别有偏好，对医药销售专员介绍的产品没有兴趣。在这种情况下，医生往往也会找出一些其他理由来搪塞医药销售专员。

③ 偏见　医生对医药销售专员的公司产生偏见，这是销售拜访过程中经常碰到的问题。如果前一位代表在这家医院进行销售时给医生造成了很多误解，不得不由其他医药销售专员接手这一工作，这时医生通常会把前一位医药销售专员带来的麻烦转嫁到后来者身上。因为医药销售专员是衔接公司产品和医生之间的纽带，如果医药销售专员在拜访过程中没有把专业形象很好地体现出来，那么医生就很可能认为公司不好。因为医药销售专员代表着整个公司，所以这时医生也会对接替原医药销售专员的新医药销售专员产生偏见。

④ 怀疑　怀疑通常是医药销售专员对产品没有介绍清楚，或者在介绍产品的过程中可能没有全部转化成医生需要的利益，造成医生的怀疑。

（2）策略方面

① 提高身价　有的医生特别希望得到别人的尊重，当医药销售专员去拜访他时，他通常觉得医药销售专员和他的身份不对等，他希望的不是医药销售专员来拜访他，而应是医药销售专员的上级主管或公司的经理、总经理级别的人员来拜访他，这样医生才感觉到自己受到尊重，身价得到提高。

② 杀价　在与医院进行谈判时，医院往往会指出产品的一些缺陷，实际上真实的目的是想杀价，拿到最大的折扣。

以上策略，无论是出于提高身价，或是杀价，最终都是为了得到更大的利益。

（四）异议的处理步骤

异议的处理步骤可以归纳为：倾听→评估→缓冲→探询→答复。

（1）倾听　先弄清楚医生提出的异议是什么。

（2）评估　是真异议还是假异议，评估医生异议的真实目的。

（3）缓冲　放松当时顾客感到的压力，让其平静下来。

例如：

① 没有实施缓冲技巧的拜访效果

李明是一位医药销售专员，再一次拜访中，医生认为李明介绍的产品价格太高，认为病人无法承担这样的医疗支出，李明将竞争对手的产品拿出来，帮医生进行经济分析。李明是这样说的："王医生，您这么说可就不对了，您看看这是卫生经济学的分析结果，您仔细看看，我们的产品不贵。"但医生似乎对小李的解释不以为然，"每个药厂都会做出有利于自己的价格比较。"没等李明解释便离开了办公室。

② 采用缓冲技巧后的拜访结果

经过前辈指点后，李明改变了说话方式。

医生："这种药听起来疗效是不错，可就是太贵了，我的病人没几个人用得起。"

小李："王医生，您真是一位全心为患者考虑的好医生。的确，像您希望的一样，一个理想的药品除了高效安全方便，还要考虑它的经济性。"

王医生的确是在替患者的经济负担考虑，这就是他的需要。医药销售专员李明适当的赞美先缓解了王医生的不满情绪，缓冲之后再探询王医生的价格评估标准，随着王医生理性思维的启动，再逐步讨论事先准备的经济学分析表，说服王医生接受就容易得多了。

医药销售专员如果无法马上了解医生问题的关键之处，也可以进行一般性缓冲，例如，使用这样的句子："您的意见的确重要，能否详细介绍一下……""您考虑得特别仔细，我想多听您介绍一下您的观点……"。这样的语言也会缓解医生异议带来的紧张气氛，同时也表现出医药销售专员愿意为医生解决问题的诚恳和自信。

③ 常见的缓冲标准语句

感谢：张老师，感谢您对我们智灵通的关注。

赞扬：可以看出，张老师特别为患者考虑。

认同：您说的这个问题特别重要。

同舟共济：我们和您一样，非常关注这个问题。

确认：张老师，您的意思是……吗？

（4）探询　请医生把问题发生的背景细节再详细地描述一下，通过探寻聆听，获取信息与理解异议。

就上一个案例来讲，医生真正担心的是要价较高，经过缓冲过后，医药销售专员可以拿出确实的"经济核算"来消除医生的顾虑。

（5）答复　根据客户异议的真实含义，给予相应的回答。

一旦确定和彻底搞清了误解背后的真正需求，你就可以用正常方法来满足这种需求。也就是要承认客户的需求，向客户描述产品特征和利益，并确认是否达成共识。但有些异议的确是很难克服，或者超出了医药销售专员的知识范围，这时候，医药销售专员切不可不懂装懂，或者敷衍了事。最好的解决办法是明确地告诉客户"您的这个问题，我也是第一次碰到，让我咨询一下这方面的专家，下一次我一定给您最后的答复"。

（五）处理异议的方法

1. 同感法

以别人感受到的事情为例加以说服，通常以3F来构成：①我了解你的感觉FEELING；②某人原先也这么想FELT；③后来他发觉FOUND。

例如：

医生：你们的药品价格太贵，病人可能承受不了。

医药销售专员：我理解，价格上是不便宜，以前张主任也是这么认为，后来在处方的过程中发现，用了该药后患者出血少、恢复快、住院时间缩短，反而为患者节约了费用。

2. 间接否认法

医生提出异议后，先给予肯定，然后再提出自己的观点，以避免和医生发生正面冲突。

例如：

医生：你们的药品价格太贵，病人可能承受不了。

医药销售专员：王医生，您说得对，相比同类产品，××的价格是贵了些。但是，针对那些急重症患者来说，三个疗程下来基本上就可以治愈出院了，还是相当经济合算的。

3. 太极法

太极法取自太极拳中的借力使力，即将客户的反对意见直接转换成他购买的理由。太极法能处理的异议多半是客户通常并不十分坚持的异议，其最大目的是让医药销售专员能通过处理异议而迅速地陈述给客户带来的利益，引起客户的重视。

例如：

朱经理："小宋啊，跟你们总经理说说，花那么多钱打广告干吗，还不如多给我们经销商让几个点呢！"

医药销售专员："朱经理，因为我们厂投入了大量的广告，客户才会购买您代理的产品。您看，由于我们做了大量的广告，您就不用做太多的推广了，既省时、省力，还能顺便销售其他产品，这不正是您选择我们产品的原因吗？"

4. 补偿法

补偿法是指当客户提出有事实依据的异议时，你应该接受，而不应该否认事实坚决反击；补偿法就是给客户一些补偿，让他取得心理平衡，弥补你的产品既存的弱点。补偿法的使用范围广泛，效果也很实际，关键是要把握产品的优点和利益。

例如：

药剂科主任："你们的药品疗效确实不错，就是包装太一般了，一点新意也没有。"

医药销售专员："王主任，您可真有水平。产品包装一直是我们厂的大问题，我们也想重新设计一下，只是那样的话，价格恐怕就要比现在高 30% 以上了，不知道患者能不能接受？"

5. 直接反驳法

直接反驳法仅用于当客户提出的反对意见明显不正确时，方可使用，但要注意技巧，态度要诚恳，对事不对人，切勿伤害客户的自尊心，要让客户感受到你的专业与敬业。例如：当客户对公司的服务、诚信有所怀疑时，当客户引用的资料或事实错误时，可以采用直接反驳法。

一些常见异议的处理技巧

1. 对产品无兴趣

无兴趣是指医生对医药销售专员推荐的药品并不感兴趣，他并不关心药品是否满足他的需要。

无兴趣的原因：

（1）医生很满意目前使用的竞争对手的产品或服务。

（2）医药销售专员推介的产品利益和医生的需要并不对应。

（3）医生没有时间与你洽谈，他可能正关注于自己的工作。

（4）医药销售专员与医生的关系不够融洽，医生缺乏对医药销售专员的信任。

（5）医生认为不需要医药销售专员的产品或服务。

可从以下几方面改进：

（1）分析医生真正的需要，并根据他的需要再次提出相应的产品利益。

（2）帮助医生分析目前他使用的产品可能带来的某种缺陷。

（3）挖掘出自身产品的独特优势，让医生发现并认识到你的产品能满足竞争对手的产品无法满足的需要。

2. 对产品怀疑

怀疑是指陈述完药品的特性和利益后，医生仍不相信你的话，不相信你的药品真的具有你所强调的特性，或怀疑药品是否真的能达到你强调的这些利益。

怀疑的原因：

（1）可能是销售人员所提供的信息还不够。

（2）药品销售人员本人尚未得到医生的信任。

解决方法：

聆听并澄清客户所怀疑的问题；对客户的观点表示了解；针对客户的怀疑，使用推广资料以及第三方的证据来支持你的主张，将证据同产品益处联系起来；获得客户的同意：确认他不再持怀疑态度。

3. 对产品误解

误解是医生因缺乏充分的信息或接受了错误的信息而引起的负面的印象。只要能消除误解，就可能达成交易。

解决方法：

聆听并澄清客户所误解的问题；对客户的观点表示了解；利用推广资料来处理误解，必要时使用临床数据来支持你的解释，并联系产品的相关益处；确认是否消除了误解。

4. 产品缺陷

产品存在某些缺点（不良反应、剂型、价格、适应证），客户因此感到不满。

解决方法：

感受——表示理解客户的感觉或用药经验；

感到——表示理解其他一些受尊敬的人也有曾相同的感觉或用药经验；

发现——阐述总体的产品特征和利益用以淡化缺点，并说明其他客户在最后也同意接受该特征利益；

询问客户是否接受。

六、建议成交

一旦我们知道客户了解到我们的产品和服务能够满足他们的需求时，下一步就是建议成交。很多医药销售专员会主动回避此环节，他们认为医生已经了解了该产品，如果医生有需求，自然会选择，更多压力的施加会适得其反，其实不然。对于医生来讲，其解决问题的方案可能会很多，你没有达成交易，医生可能会选择其他方案来解决问题。因此，当医药销售专员在传递了产品的关键信息和特种利益后，就要主动要求客户使用产品。建议成交是拜访能否顺利完成的关键步骤。

（一）建议成交的时机

适当的建议成交的时机是医药销售专员已经发现并满足了客户的需求或者客户表现出要成交的信号（语言和非语言的）。

1. 语言信号

（1）医生询问使用细节时要求了解别人的使用方法

如："每片含维生素 D 多少？""一天最大剂量是多少？"

（2）对你、你的公司及其产品表示称赞

如："看起来迪巧是个不错的补钙剂。"

（3）医生的异议得到满意答复时

如："让我告诉你，你已经说服我了。"

（4）医生发出使用信息时

如："好，我们试一试。"

（5）对特定的重点表示同意的见解。

（6）向你要样品或有关的医学文献。

2. 非语言信号

当客户出现眼睛发亮、点头示意的次数增多、表情放松面带微笑、身体前倾等积极的身体语言和表情时，即应该建议成交。

当医药销售专员捕捉到以上成交信息时，应该紧紧抓住这些机会，争取及时成交。

（二）建议成交的步骤

1. 总结先前被客户认同的产品的特征利益

总结客户已接受的产品利益，其目的为：为进一步获取承诺打下基础；为客户列出其接受你的产品的主要原因；表示你已经认真聆听了客户的谈话，并认为他们的需求很重要；提供一个契机，使你的客户态度积极地给予承诺。

2. 协商承诺使用产品

提出成交计划，并要求客户承诺行动，其目的为：承诺对于客户和销售人员同样重要；让客户看到你期望他或她有所行动；让客户和销售人员提供衡量拜访收获和拜访目标达成的一致标准。

3. 与客户达成一致

与客户达成共识，确认下一步行动，其目的为：不仅包括简单地从客户处获得"是"或"不"的回答，更要注意观察一些积极的信号，用以帮助我们判断客户准备进行的承诺的真实度。

4. 建立后续的行动计划

寻求下一次拜访，其目的为：为下次拜访做准备；保持拜访的连续性；检查医生的态度。

5. 礼貌告辞

索要名片，约定下次拜访的时间，起立，保持目光接触，面带微笑，表示感谢，握手，礼貌的离开。

课堂思考

无法达成交易时要如何去做呢？

提示：

1. 继续询问；
2. 说服；
3. 辨别医生的态度是接受、怀疑、不关心，还是拒绝，以确认成交的时机。

记住：当客户否定你时，你要做的只有一件事情——继续询问。

七、总结跟进

拜访后总结跟进的目的是帮助你改善自己的业绩和效率。通过总结跟进，医药销售专员能完成 2 个目标：①建立清楚的拜访记录，诸如记录客户的产品接纳度状况、本次拜访客户所做的承诺、后续跟进的行动等；②进行业绩自评。前一次拜访可为下一次的跟进拜访铺路。

1. 访后总结

（1）完成拜访记录　拜访记录是每次拜访后对拜访情况的简要汇总，对拜访的结果及出现的待解决的问题的记载。常见的拜访记录如表 4-1 所示。

表 4-1　××公司拜访记录表

日期	姓名	身份	拜访次数	此次目的	拜访中出现的问题	客户重要信息	客户态度	下次拜访时间	联系方式	备注

（2）更新客户资料。

（3）进行访后分析　如：

是否达到目标，为什么？

这次拜访中哪些方面做得比较好？

在什么时候失去了医生的注意力？

应在什么时候向医生提出用药要求？

为什么医生不同意你的推荐？

下次拜访应做哪些改进？

下次拜访的目标是什么，什么时间？

下次采用什么信息、资料幻灯片演讲等进行跟踪拜访。

完成对医生的承诺。

（4）联系阶段性的拜访计划，计划下次拜访的目标。

2. 访后跟进

经调查和研究显示：客户所尊重的医药销售专员或乐于接见的医药销售专员的一个共同特点是他们的拜访后跟进工作都做得很好。医生告诉我们：如果医药销售专员在跟进的工作上，能很迅速且有效率地提供所需要的资讯或样品等，会给医生留下特别深刻的印象。

因此，访后跟进可以增进友谊、建立互信、成为合作伙伴、避免客户流失、赢得持久竞争、赢得持久性生意。

访后跟进的内容主要有打电话感谢医生接受你的拜访，使医生感到回馈的温暖；准备下次拜访时需要的样品；准备医生所需要的文献；邀请医生参加产品说明会、研讨会或演讲；邀请医生参加社交活动等。

第三节 药品学术推广

> **情景引入**
>
> 李强在外企的工作越来越得心应手,由于提前学习了专业知识,李强的医院拜访工作开展的非常顺利,为了更好地推广产品,促进产品在目标医院的销量,李强开始筹备药品的学术推广工作。

学术推广指医药企业通过专业、专职的销售队伍,专业化的沟通工具及专业化的产品知识提炼将产品的药理、临床试验过程、与前沿医学的发展联系、具体治疗方案等知识传达给医院医生、患者等的推广方式。

一、学术推广的意义

1. 提升产品学术价值

推广的最终目标是建立产品的品牌优势。在目前的经济活动中,品牌作为企业的无形资产显现出日益重要的作用。为了做到这一点且让客户相信企业品牌和产品对某种疾病的治疗效果,必须在充分了解当前的处方行为,客户的环境、观念和对此类品种理想治疗状况的期待等要素后,精心分析产品的细分市场,通过各种专业媒体的广告、专业会议的宣传、专家发表的论文、营销人员的拜访、病人的经历和感受、持久的临床观察汇编等方式营造出良好的口碑。

2. 保障医药企业经营的可持续进行

一般而言,药品的学术推广不是依靠某个业务人员的感情维系来实现的,而是通过对医生强化产品的功能性质等特征来实现产品的宣传。医药销售专员的活动都是在医药企业统一策划下完成的,容易复制,他们只是企业传递产品统一信息的媒介。一旦企业医药销售专员辞职或医药销售专员的负责区域由于内部管理调整而更换,公司在市场中可以很快地将具有专业知识的人员填充上去,避免了销售的波动,充分保证了药品在市场中的持续销售,为最终达成医生和病人用药完全看公司品牌这一终极目标打下坚实基础。

> **课堂思考**
>
> **企业要如何开展学术推广**
>
> 既然学术推广如此重要,企业如何开展学术推广工作?
>
> 问题1:学术推广有哪些形式?
>
> 问题2:学术推广要如何开展?

二、药品学术推广的主要形式

药品学术推广的主要形式有医药代表的学术推广活动、专业媒体学术推广活动、学术支持、公益赞助促销等。

1. 医药代表的学术推广活动

知识链接

医药代表

医药代表（medicinal representation，MR）是代表药品生产企业，从事药品信息传递、沟通、反馈的专业人员。

工作任务：

1. 制订医药产品推广计划和方案；
2. 向医务人员传递医药产品相关信息；
3. 协助医务人员合理用药；
4. 收集、反馈药品临床使用情况。

（1）学术拜访　制药企业通过安排具有丰富医药知识和全面、准确产品知识的专业化医药代表对医师进行学术拜访活动，与目标医师进行有效的沟通，及时将药品的安全性、有效性、稳定性等学术信息传递给医师，指导医师合理用药，收集医师反馈的药品使用情况，所以医药代表的学术拜访活动在药品信息的传播及反馈方面发挥着至关重要的桥梁作用。

（2）小型院/科室研讨会　医药代表还可组织科内会、院内会等小范围学术推广会议，向医师和护士介绍产品，通过向医生介绍近期产品使用情况、药物药理机制、作用特点、本企业产品与竞争产品的不同之处及医学研究新进展等内容，增加医生对药物的了解，利用学术信息影响医师的处方倾向，从而促进医院的采购和使用。例如在美国，医药代表提供给医师的药品信息占医师新药知识的 73%。

小型院/科室研讨会的优点是医药代表可以借此系统全面地向医生介绍某产品，推广会效果直接，规模较小，针对性强，可有效实施企业的产品策略。

此会的主角是医药代表，所以在此类会议之前，医药代表必须将有关产品的资料如产品介绍、幻灯片等熟记于心。

知识链接

小型院/科室研讨会注意事项

1. 参会人员最好是本院1~2个科室的主要医生。
2. 会议主持人应是科室主任。会议应主要依托该科室来进行，给人感觉应是科室自己组织的学术会议。
3. 会议时间最好是该科室的业务学习时间。
4. 会议地点也应是本院或本科室的会议室。
5. 会议开始时应由医药代表进行产品介绍，然后由主持教授展开讨论。如果时间允许，可以介绍一下公司的情况。
6. 会议发放资料应是产品详细介绍、论文集和国内外临床进展等。
7. 应附有小礼品。

2. 专业媒体学术推广活动

（1）发表学术论文　医药企业与学术机构和临床医师合作，进行产品学术研究，利用医药专业媒体的学术性、针对性和公信力强,对医学和药学工作者中的目标客户群体影响大的特点,在国内、外具有较高影响力的医药专业期刊、报纸和网络等媒体上发表学术论文,及时报告产品最新研发成果、上市后临床研究成果或针对竞争产品比较研究的结论,为企业和产品做好舆论铺垫和学术宣传,提高学术推广水平。

(2) 广告宣传　处方药的广告宣传包括两个方面,通过专业的药学学术杂志针对适应证面向医生群体的专业广告和通过社会大众媒体传播的面向普通社会人群的一般广告。在医药行业发展的现阶段,专业学术广告已成为常规的宣传手法,广告的意义不仅在于介绍商品,更在于展示企业的实力。药学杂志的广告页是最大、最快、最广泛的医药信息传递媒介之一,通过专业广告,企业能把产品的功能优势与厂家的自身特点等信息传递给消费者,沟通产需双方的联系,引起医生群体的关注和认可,促进临床使用。因此,专业药品广告的信息传递能迅速沟通处方关系,加速商品流通和销售。

药品的一般广告宣传同时也必须注意把握两个要点:一方面拥有非常充分的科学依据;另一方面,需要与新闻事件及社会热点紧密结合,给予人民群众深刻的印象,进而取得良好的宣传效果。

(3) 科普手册(书籍)　除了直接的广告之外,企业针对潜在的产品使用者在相关疾病的科普手册或者科普书籍中进行一般广告宣传也同样有着迫切的需要,把企业的处方药产品巧妙地融入在科普手册或者专家编写的科普书籍中予以宣传,是一个值得借鉴的宣传方式。

3. 学术支持

处方药推广的学术支持主要可以通过各级学术推广会议、正规临床试验、CME(继续教育)以及指南推广来实施。

(1) 药品学术推广会　所谓药品学术推广会,即以药品本身的各种信息为基础,激发医务工作者的兴趣、认知,并掌握该药品使用的学术性市场推广活动。也就是说,请专家逐级召开学术会议是一个非常有效且易于操作的方式。从小一级的科室会、区域会,到专科全国会议或研讨会,都是医药企业专业化学术推广的良好平台。在相应级别的会议上,让专家将药品在医药领域的研究成果和临床实践的最新信息及时提供给医师,通过学术传播的方式可以使医师了解产品的特点,推荐和指导临床医师合理用药。同时,医师将临床实际工作中遇到的问题反馈给企业,使企业在价格、剂型、口味、包装、规格等方面对产品进行改进,有利于提升企业产品的竞争力。企业也可以了解到本地区患者的经济状况、常见疾病种类以及竞争产品销售信息等,为产品销售策略的制订提供参考。药品学术推广会,很好地在企业、医师与患者之间架起沟通的桥梁。

① 大型学术推广会　制药企业通过组织高层次、大范围的学术会议,如省级会议、大区会议、学术沙龙及全国性的学术会议或产品推介会议,邀请相关科室具有影响力的医师参会,系统地宣传企业文化和产品知识,特别邀请本专业领域权威专家以专题讲座的形式宣传自身产品与竞争产品在药物作用、适应证、不良反应、禁忌证、使用方便性等方面的差异化研究成果。通过学术交流活动,影响医师接受并使用企业的产品。企业也可通过参与、赞助医学会、药学会以及医药卫生系统专业学科年会等相关会议,以展台宣传与卫星会宣讲等多种形式扩大企业和产品的影响力。

如2012年9月19日由中国临床肿瘤学会等在北京举办的《第十五届全国临床肿瘤学大会暨2012年CSCO学术年会》为全国性的推广会,2010年7月9日在成都举行的《第四届中国中西部心血管病学术会议》,2011年2月18日在杭州举办的《杭州2011疑难心律失常论坛》等为省或区域性推广会。

知识链接

大型学术推广会程序

1. 一般此类会议由市场部或大区召开，须按照审批程序进行报批。
2. 选定会议报告人，一般为3~4人。须选择1~2位全国知名专家，1~2位当地权威人士，市场部产品经理或医学部做产品介绍。
3. 确定会议时间和地点。确定会议总协调人和具体负责人。明确每人的分工和责任，一般有专人负责专家全程事务，专人负责资料分发和会议幻灯等用品，专人负责住宿交通接待等事务，专人负责会场布置产品宣传等。
4. 由所辖区域各级负责人安排邀请参会代表，必须有公司正式请柬。
5. 接待人员（公司所有参会人员）必须统一服装，佩带会务标志，规范言行举止。
6. 会议发放物品包括：会议日程，产品资料（多种），会议报告或论文集，礼品等。
7. 会场布置时须考虑公司形象。要安排会议名称条幅，标语，各种招贴画。要设有展台，公司展板，产品样品和其他产品资料。
8. 会议结束后，各地须安排医药销售专员进行回访以增强同医生的联系。若难以安排回访，则须写感谢函给每一位代表。

② 医院科内会　也可以聘请专家召开医院科内会，通过其公信力和权威来促进产品的学术宣传。主要传递如下产品信息：产品的药理性质，如稳定性、耐药性、配伍禁忌等；临床研究数据和循证医学结果，临床研究报告在医师诊疗过程中有着非常重要的参考意义；同类产品之间作用机制对比和产品性价比讨论等。如针对临床医师在使用过程中遇到的问题进行讲解的学术沙龙——"枸橼酸莫沙必利在治疗胃动力不足中的注意事项"等。

由于全国性学术会议和省级等大型学术会议花费较多，且往往不一定能够达到预期效果，所以国内制药企业的参与积极性越来越低。相反，医院科内会成本较低、组织方便、信息传达快，日益受到青睐。

（2）临床试验　进行药效临床验证或不良反应临床实验也是国内外主要的临床推广手段。挑选有代表性的医院，进行大规模、多中心、随机双盲的药物临床试验，从而得出一些比较有分量的试验数据作为产品的证据，再通过公司与医生的互动式沟通来强化产品的特性。

这类实验分为学术性和市场性两种。前者注重科学性，主要为完善产品而进行；后者带有促销性质，主要为扩大影响和促进销量。学术性临床验证一般由医学部和市场部联合进行，选择各地权威医院进行。而市场性临床观察则主要是由市场部和各地办事处联合实施。

通过临床试验，让医生直接参与，直观地感受到药品的效果，是非常有效的学术推广方式。例如当年杨森公司组织的吗丁啉液剂对小儿厌食症治疗的临床试验，就取得了非常好的效果。

知识链接

临床试验的操作流程

1. 由市场部做出有关的全面安排，拟订统一的说明、临床病种、临床观察表及合同书。
2. 各办事处根据自己的情况和市场部给予的临床例数合理分配给各医药销售专员一定的份额，由医药销售专员具体实施。

3. 医药销售专员一般应集中在一个科室进行此类试验。最好由科室主任安排。每份实验的例数不少于50例，时间应控制在3个月以内。

4. 签订合同应由科室主任或院方代表医院签订。不能以某个医生个别行为来代替。科室是进行此类实验的最小单位。

5. 实验结束后，医药销售专员按照规定收回临床验证表格进行总结，分发试验费用，并根据此试验统计销量。

6. 鼓励医生根据此次试验结果撰写论文，由公司协助安排在国内医学杂志上发表。

4. 公益赞助促销

对外为树立良好的企业公益形象，医药企业可通过设立专项救助基金、捐助突发自然灾难、支持社会公益活动等形式向社会奉献自己的爱心，而对内可以激发员工的工作热情和归属感的做法即为公益赞助促销的学术推广模式。其实信任营销就是公益营销的核心，就是与消费者建立信任的纽带。

在制定长远战略时很多大公司都将公益事业作为一项重要内容来考虑，因为制药企业通过这些公益赞助促销活动，不仅能够增加社会的公共利益，而且能够使公司的形象增强，从这一点上来看，公益事业作为树立企业品牌形象的一项重要举措，是企业经营策略的一个不可忽视的组成部分。

三、药品学术推广会的前期准备工作

药品学术推广会是药品学术推广最主要的形式，也是最常用的形式。组织一次处方药的学术推广会议是一项系统工程，在具体的执行过程中，大约可以分为如下几部分：会议主题的确定、产品概念的提炼、幻灯知识讲解、扎实的文献依据、目前临床常用药物对比和临床疾病治疗的联合用药等疑问解答。充分的准备是保证会议成功的基础。

1. 会议主题的确定

会议主题影响学术推广的效果，因此必须谨慎确定。确定的原则应当符合企业整体处方药营销策划的目的和与会医生的需求。一般参会医生都希望从学术会议中学习到对平时的临床工作有用的知识，或者学习到某一领域新的观点和方法，总之是学到对自己临床工作有很多帮助的内容。因此，制药企业在确定会议主题时就要有双赢的思维，即在传递最新的相关临床信息的同时，巧妙地将企业产品需要推广的信息融入其中，在不经意间很好地传递企业产品的信息，最终促进企业产品销量的提升。

常用主题：作用机理、安全性、药物的适应证及使用方法。其他主题倾向，有两种情况：一种是产品介绍为主，突出产品优势特点；另一种是偏重科室学术"活动"，调节产品在本科室的形象气氛，为医药销售专员日常工作做好铺垫。

2. 卖点的提炼

药品学术推广过程中，医药销售专员要突出产品卖点。药品的信息涉及面广，为了让医生能够迅速准确地了解药物的优点，对产品的记忆更深刻，药品营销人员必须抓住医生的需求焦点，在药品疗效、安全性等各方面进行提炼，用简洁的语言使医生了解药物的独特优势。

此外药品学术推广的另一个重要思维就是"选择合适的评价指标"。比如降压药当然以血压计的数据为衡量指标，调血脂的药物以 LDL-C 为指标，降糖药以血糖值为指标。这看起来似乎很简单，但如果两个品种降压效果一样的话，该再怎么比较呢？因此，如果药品在研发时就清楚地知道自己的优势指标，然后将这项指标置于评价体系中的前列，甚至第一关，那么，营销取胜就是必然的了。如果不具备以上条件，那么就需要依靠该领域的权威专家，也就是可以做通权威专家的工作，让他们先认可某项指标，这是最关键的。因此可先设置一个能够体现自己药品优势的指标到这个治疗领域的评价体系中，从而帮助突出产品卖点。

3. 幻灯知识讲解

医药销售专员必须具备扎实的会议讲解知识，好的医药销售专员更像一个优秀的主持人或者讲师，必须具备制作幻灯片的基本能力。幻灯片内容主要包括：产品名称、规格，企业简介，分子式结构，成分（处方），作用机理（药效学），体内药代动力学，适应证及临床应用举例，安全性及不良反应注意事项，具体使用方法和结尾总结（强化产品特性）。在讲解过程中争取能有提问、回答等灵活热烈的互动交流环节。

知识链接

幻灯讲解注意事项

1. 扎实的文献依据

需要广泛阅读相关文献论文，关注文献作者单位、刊登的杂志级别、报告的疾病种类，以便了解到如下内容：

临床多种使用方法，即给药方式；

论文讨论内容，更深程度地了解产品属性；

获取有价值的图表数据；

相关疾病术语、参数等基本常识性知识；

疾病的相关背景资料及前沿信息；

反复地阅读大量论文，可以快速、高效率地掌握产品机理。

2. 目前临床常用药物对比

医生用药习惯是种非常强大而不一定合理、不一定科学的力量，其对产品销售量的影响非常巨大。了解临床常用药物特性，可以增强推广中的学术氛围力度和我们的形象，同时对销售人员可以起到更好地强化信心的作用。

3. 主要包括如下内容：

包装规格及价格；

作用机理对比，找出差异点（主要参考说明书和质量标准）；

适应证的侧重点、差异点；

安全性的差异（半衰期、代谢、清除蓄积、毒性等）；

使用方面程度（医生使用、患者耐受两方面）；

医保及每日费用对比（临床疾病治疗的联合用药等疑问解答）。

针对患者的不同疾病，均有非常多的药物可供选择使用，药物之间的配伍问题，牵扯到安全问题，因此是医护人员比较关注的，如果能涉及此层次的问题，临床广泛使用的前景也就指日可待了。各种问题相对比较难以解答，重要的不一定是回答的内容正确与否，而是谦虚、认真、热情、阳光的态度！

比如：

（1）针对不同患者情况，使用剂量的调整与否（孕妇、儿童、老人等）；

（2）代谢的毒性问题；

(3) 药液稀释的具体比例、浓度（有意识地体现简化、方便）；
(4) 使用时给药时间的控制，缓慢、常规静滴的滴数时间关系等；
(5) 其他著名医院的使用情况（可以讲典型的患例故事）；
(6) 参考文献年代久远、过时的问题。

总之，各方面充分的准备，强烈的诱导意识，富有激情阳光的陈述，是成功讲解的关键。

4. 场地准备

(1) 选择会议场地　首先初步选择几个备选场所，现场考察后明确最终场地，签订场地租赁合同。

(2) 场地布置　场地要有展板、背景板、签到区等布置，同时要设置产品展览区。产品展览区应在比较醒目的位置。

5. 制定会议议程

会议每一阶段的具体流程，须在会前详细制定出来。

6. 突发事件应对计划

会议中很有可能会出现诸如音响问题等突发事件，在会前准备的策划中应归纳可能出现的突发事件，制定每一项突发事件的详细变通方案，保证在会议现场能做到随机应变。

7. 预约参会人员

参会人员确定后，就要以各种通讯方式邀请对方参加。参会人员接受邀请后，还要在会议开始前再次确认，以便做好相应的准备。

8. 安排交通事宜

为参会人员提供会议所需的航班、火车、汽车、自驾行车路线等信息，必要时提供接送及代订服务。

第四节　区域市场管理

情景引入

李强的工作开展得越来越好，公司对李强非常信任，并委以重任，李强既兴奋也苦恼，一般来说，每个医药销售专员至少负责10～15家医院的药品推广工作，即医药销售专员的业绩将产生于对这10～15家医院中客户的拜访。共有至少1000～2000位医生和药师，意味着每天拜访20位也要50～100天才能覆盖全区。这么大的工作量难坏了李强，该怎么办呢？对此，有效的区域市场管理能帮助医药销售专员解决这些问题。

课堂思考

医药销售专员要如何进行区域市场管理？

一个好的区域管理能很好地提升医药销售专员的工作效率，但有效的区域管理需要精心设计。

问题1：什么是区域市场管理？
问题2：区域市场管理有哪些内容？

区域市场管理是指对所辖区域市场确定管理目标并制定相应管理方法。区域市场管理是企业营销工作的重中之重，管理效果好坏直接影响着企业的市场业绩与营业利润。区域市场管理主要包括五个方面内容：时间管理，客户管理，产品管理，竞争产品管理，数据管理。

一、时间管理

时间管理是什么？柯维在《与成功有约》中提出：如何分辨轻重缓急与培养组织能力，是时间管理的精髓。我们需要在明确自己目标的基础上，通过有效的时间管理，把更多的时间花在真正对自己重要的事情上，不要浪费时间，干无关紧要的事情。人们要想在日益激烈的市场竞争中生存发展下来，就必须赢得时间先机的优势。在当今社会掌握"时间"是成功的关键。于医药代表从事的销售工作而言也是如此，如何在一天有限的时间里让15位客户接受你的产品观念？要解决好这个问题必须通过有效的时间管理。那么，该如何有效进行时间管理呢？

1. 成功的时间管理的心理转项

面对生活、工作的各种事件，效率低的人通常会在自己的"要做的事"的清单上写下"我应该完成的事项"，而不是"我必须"；效率高的人的清单上列出的都是必须完成的，所以没有给自己留下可以不完成的借口和拖延的余地。因此，成功的时间管理源自于我们对待时间的心理态度的改变，把每天要做的事由"我应该"转到"我必须"，不久以后，你就会发现改变后时间会给你带来新的利益和变化。

2. 时间管理的核心原则

柯维在《与成功有约》一书中提出时间管理的重点在于个人管理。他把生活事件按紧急性与重要性的不同程度分为四类。紧急性事件显而易见，需要立即处理。重要性事件与个人的目标有关，是指有价值、有利于实现个人目标的事件。四类事件如表4-2所示。

表 4-2　时间管理矩阵

类别	紧急	不紧急
重要	Ⅰ 危机 紧迫的问题 有限期压力的项目	Ⅱ 防患未然 改进产能 建立人际关系 发掘新的机会 计划、创造
不重要	Ⅲ 不速之客 某些临时插入电话 某些邮件与报告 某些会议 必要而不重要的问题 受欢迎的活动	Ⅳ 繁琐的工作 某些邮件 某些电话 消磨时间的事 娱乐活动

表中，第Ⅰ类事务既紧急又重要，无法避免，属于燃眉之急，人们常因身陷此中而疲于奔命。第Ⅱ类事务重要但不紧急，却因未迫在眉睫而拖延耽误。第Ⅲ类事务为紧急但对自己并不重要。第Ⅳ类事务既不紧急也不重要，人们在其上花费时间越多，越是浪费生命。

柯维又分析了在时间花费上偏重于不同事务后对人们造成的结果。偏重于第Ⅰ类事务的人常处于巨大的压力之中，往往精疲力竭，像救火队员一样四处忙于处理危机，收拾残局。

偏重于第Ⅲ类事务的人则容易短视，通常计划性差，缺乏自制力，遇到问题就怪罪他人，人际关系肤浅，容易破裂。偏重第Ⅳ类事务的人则没有责任感，很难做好本职工作，经常要依赖他人谋生。注重第Ⅱ类事务的人表现得有远见，他们通常善于自律，怀有远大抱负，善于平衡，在他们身上遇到的危机最少。他们讲求原则，兼顾重要性与紧急性，成功的可能性最大。

新的时间管理理论强调人比事更重要，个人的使命或者目标应保持与工作重点和计划一致。所有的目标都应围绕人的成功而设定。根据时间管理理论，我们应该使自己努力成为注重第Ⅱ类事务的人。所以把自己的目标写下来，确定完成时间及相应的行动计划。目标的设定应该灵活而富挑战性，个人、家庭和工作目标分开制定。

3. 时间管理之时间投入重点

对医药销售专员而言，时间管理的重点在于把时间花在能够帮助我们成功的事情上，二八定律告诉我们，20%的事情决定80%的结果。

对医院药品销售而言，20%最重要的医院产生了80%的销量，而在这些医院中20%的医生的处方选择又是最大的销售来源。在自己的区域市场中确定谁是目前用量和未来潜力最大的医院，选出谁是现有处方和未来潜力最大的医生，然后在这些潜力大的医院投入更多的时间！对这些高潜力医生投入更多的时间！这就是医药代表的工作中最重要的20%的事件。将80%的时间用于最重要的20%客户就是医药销售专员必须掌握的时间管理基本要点。

4. 拜访计划

根据所辖区域的客户数量与类别，制订每个阶段的工作计划（如年度计划、月计划等），然后再根据实际需要确定每天的拜访计划。要安排合理的拜访时间、拜访路线及拜访对象，使时间安排达到最优化。

> **知识链接**
>
> **日拜访计划制订**
>
> 1. 计划拜访哪家医院。
> 2. 确定计划拜访的医生数量。
> 3. 确定计划拜访哪几位医生。
> 4. 确定拜访医生最佳的拜访时间、地点。最佳的拜访时间应根据医生的工作安排而定。
> 5. 检查上次拜访的情况。

二、客户管理

二八理论和柯维的第四代时间管理理论都告诉我们，把80%的时间用于20%的客户身上就会帮助你实现80%的目标。但在医药代表管理的10～15家目标医院中，如何才能准确地找出属于20%重要的少数客户呢？找到之后又应该怎样开展工作，才能让那80%的目标成为现实？这就需要对区域市场内的目标医院和目标客户进行系统的管理。医药代表的客户管理可分为两个层次：目标医院管理系统和目标医生管理系统。

1. 目标医院管理系统

目标医院管理系统是医药代表按照负责区域内医院潜力不同，对医院进行不同潜力等级的划分，根据划分的结果制定不同的工作方案。划分的依据包括：床位数、日门诊量、月药品购进额、主要专业领域等，如表 4-3 所示。

表 4-3　常用目标医院等级划分法

级别	床/张	日门诊量/人	月药品购进额/万元	该类药与经销份额/%
A 级	>500	>1500	>500	
B 级	200～500	500～1500	100～500	
C 级	<200	<500	<100	

2. 目标医生管理系统

目标医生管理系统是医药销售专员根据销售产品的特点将医生按照不同专业类型和处方潜力分类，针对不同级别（A、B、C）的医生特点，制定工作方案。潜力划分的依据包括：处方的机会和支持度。某公司目标医生等级划分如表 4-4 所示。

表 4-4　目标医生等级划分

级别	病人数	处方权限	支持度	拜访频率
A 级	>50 人次/天	>100 元/处方	良好	4 次/月
B 级	30～50 人次/天	>50 元/处方	一般	2 次/月
C 级	<30 人次/天	<50 元/处方	无兴趣	1 次/(1～2 月)

在客户管理系统中进行目标客户定位时应注意考虑以下几个因素。

（1）患者数量多少　对于常见疾病的患者，门诊医生相对住院部医生接触机会大，处方机会自然较多。

（2）患者类型　在某些高收费等级医院中患者多为高收入群体，他们对新型、价格昂贵的药品容易接受。

（3）学术影响力　在学术界影响力大的医生，如 VIP 医生、学术带头人，其对普通医生的用药习惯有指导作用，间接对产品的推广影响作用很大。

（4）未来用药潜力　有的医生，如某项科研工作的负责者，可能目前不在临床工作，但回到临床后他的研究结果会对其他医生产生影响。

（5）合作历史　对医药销售专员的公司和产品熟悉并通过合作产生信任的医生，他们是支持者同时也是使用者。

建立完善的客户管理系统还应掌握详细的客户资料。例如医生所在科室，最佳拜访时间，目前用药习惯（医药代表的公司产品及竞争产品），个性和特点以及个人喜恶，有无特殊爱好如集邮、音乐等。

通过对目标医院和目标客户的管理，根据患者数量多少、患者类型、学术影响力、未来用药潜力、合作历史等情况综合考虑拜访频率，实现客户管理的预期目标。

知识拓展

客户管理成功的要点

了解客户的业务；认识高层客户；知道客户的目标；认识客户对其市场的观点；知道客户对你提供的服务或产品的观点；比竞争对手做得更好；建立良好的内部沟通系统；制定目标；计划每次拜访；保持准确的客户记录；专业化产品介绍；提供卓越的客户服务。

三、产品管理

产品管理分为两部分,首先要了解产品定位,然后设定产品拜访目标。在药品销售的不同阶段,产品管理的重点不同。

1. 初始阶段

此时医药销售专员的工作应首先选择正确的目标医生,并找出拜访目标医生的最好时间。根据公司总体市场策略,选择重要产品开始向医生介绍,以后再逐步地介绍次要的,避免同时介绍所有的产品。同时通过护士或直接探询医生,找出医生目前正在使用的竞争产品,针对医生正在使用的竞争产品,巧妙地选择"卖点"以突出自身产品的优势。初始阶段的拜访目标应设定为说服目标医生开始尝试使用新产品。

2. 扩展阶段

此阶段首先确保产品的推广使用;其次要分析医生对自己产品的使用态度是首选、二线还是保守使用,以便区别对待;第三就是调整工作方法,改进服务态度。

四、竞争产品管理

客户为什么要用竞争产品?原因不外乎两个:一是我们自己做得不好;另一个是竞争对手比我们做得好。医药销售专员分析竞争对手就是重新审视自己得失的过程。医生不选择我们的产品,首先要问医生对我们的产品是缺乏信心还是缺乏了解?然后要分析医生原来固有的用药习惯尚难以改变的原因,是太多的同类产品,医生根本难以取舍,还是从竞争者方面可得到额外利益?或者处于特别的人际关系,竞争对手与医院有长年合作协议?要想对这些竞争因素进行细致分析,医药代表必须从三个方面寻找答案:竞争产品、竞争公司、竞争产品的医药销售专员。

(一)竞争产品分析

1. 作用机制上的区别

医药销售专员对公司产品的同类药物的优缺点应该熟知。尽管从临床使用的角度看不同产品在短期内效果的显著性差异并不大,但是医生在为具体患者制定治疗方案时,总会根据患者的病理生理状况寻找治疗的依据,不同药物的药理机制就提供了这种依据。医药销售专员熟悉自己产品和同类产品在机制上的区别,并依据科学、客观的资料向医生说明这些区别会帮助医生更好地选择治疗药物。

2. 注意细节特点区别

绝大多数医生在长期的医学训练中养成的思维习惯就是注重细节。比如在西安杨森推出"胃动力"概念之前,医生也在治疗胃肠功能紊乱时发现消化道蠕动异常的现象,一旦杨森的医药销售专员向医生详细介绍消化道蠕动对其功能的影响,医生便很快接受了吗丁啉的作用机理,开始形成新的治疗习惯。

3. 医生的评价

在分析竞争产品时另一个要点就是要了解医生的评价如何。事实上医生对竞争产品的评价就是竞争公司留给医生的产品印象,了解医生对竞争产品的态度,也就是在发现竞争对手的工作表现。

4. 价格比较

在疗效、安全性方面差别不大的时候,价格比较会是医生考虑的一个主要因素。熟悉竞争产品的价格分析，对医药销售专员说服医生接受自己的产品有直接的作用。有经验的医药销售专员会仔细分析竞争产品的包装规格、适应证剂量、剂量调整范围，了解常规使用时的每日费用、全疗程治疗费用以及特殊患者需要大剂量使用时的综合费用。例如：一种抗生素单盒价格为 20 元，每盒 6 片，为一日常规治疗剂量，那么此药的价格为 3.3 元/片，日治疗费用为 20 元。

另外，竞争产品的使用方法引起的相关费用也常被医生忽略。例如，需要冷藏贮存的药物会造成患者长时间外出时需要设法保温，使用不便会造成额外负担。再如注射剂型可能药品本身不贵，但加上治疗费用可能就会使患者承担更多的负担。

（二）竞争公司

医生处方药品的习惯与公司给他留下的整体印象也有直接关系，了解竞争公司的信息，并加以分析非常必要。在分析竞争公司时应该关注以下几个方面：

（1）竞争公司的组织结构重点及优缺点、是否为合资或独资企业，有无行业著名的资深人士直接管理等。

（2）竞争公司的资源如何、是否为上市公司，有无跨国经营的经验，发展的历史，产品系列，研发的力量如何等等。

（3）竞争公司的培训和发展体系怎样设置，据此可以了解竞争对手的行业水平，竞争公司的文化对竞争对手的影响。

（4）竞争公司的市场策略是什么，据此可以分析到其对产品的基本策略，这是竞争公司改变医生处方习惯的思路反映。

（5）竞争公司的销售及市场支持力度。例如常规的促销活动如何进行，这些活动组织过程中的优缺点如何。竞争公司在市场活动中的得失，对自己公司的活动组织也会有借鉴意义。

（三）竞争产品的医药销售专员

医药销售专员的直接对手还是竞争公司的医药销售专员，可能是完全相同的产品，相同的目标医生，受过同样的训练，成功与否就看你和你的竞争对手在处理药品推广工作中遇到的问题上各自的表现如何。医药销售专员应该特别关注竞争对手的销售活动。应该熟悉竞争对手的性格、工作态度、与客户的合作关系、拜访的方式、竞争对手对目标医生的覆盖率和拜访频率、工作的优缺点等。知己知彼，百战不殆。

五、数据管理

大数据时代，数据管理尤为重要。数据管理是医药销售专员区域市场管理的重点。

（一）数据种类与报表种类

1. 医院基本信息

（1）医院背景　医院名称、地址、专长、类别、电话、门诊量、医生数、主任数、主治医生梳理、药品购进总额等。

（2）医院科室　药剂科、临床科室情况及人员信息。

2. 目标医生信息

医生的姓名、性别、年龄、职位、话语权、专业知识熟练程度、电话号码、著述、家庭情况、社会经历、兴趣爱好、性格特点等。

3. 产品销售数据

产品名称、规格、目标医院、使用科室、计划用量、实际用量、处方医生等。

4. 同类产品市场数据

产品名称、规格、目标医院、本月进货量、本月库存量、下月进货计划量等。

5. 工作报表

（1）周报　以文字说明为主，主要是回顾上周工作重点、收获与困惑，下周工作计划、重点环节、希望上级给予何种帮助。

（2）月报　以数字说明为主，主要是上月完成业绩状况、收获与困惑、改进措施，下月重点工作计划。

（3）销售计划　销售计划主要包括市场销售趋势分析、可控资源与竞争优势态势及市场细分与增长潜力等。

（二）数据分析

通过一些数据分析方法，对采集的数据进行分析，从而更好地进行决策。数据分析的方法主要有对比分析、SWOT 分析等。

【本章小结】

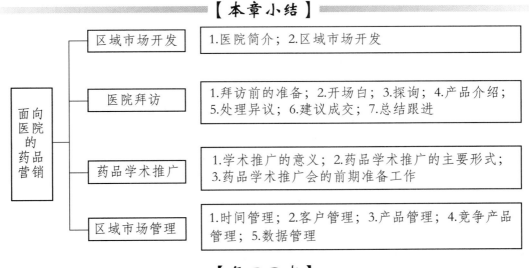

【复习思考】

1. 小张是刚毕业的大学生，他是一家医药公司的医药销售专员。今天，他要和他的师傅一起去××大学附属医院拜访客户。请你分析一下：①医院的哪些人员可以成为小张的客户？②原因是什么？

2. 有时在访问客户之前，先打电话约见是一种礼貌，特别是对于那些社会地位较高的客户，更需电话预约，假如你想拜访某位医生，请设计电话预约的内容，注意措辞和语气。

3. 小张是××医药公司的医药销售专员，今天要拜访市医院消化科的主治医生王××，他要向王医生介绍一种治疗乙肝的新药。请你设计一个开场白，开场白的要求是：①开门见山式开场白；②体现开场白设计的相关技巧。

4. 小张是××医药公司的医药销售专员，今天要拜访市医院皮肤科的主治医生王××，他要向王医生介绍一种消肿、止痒的喷剂——万金香。请你设计一个开场白，开场白的要求是：①赞美式开场白；②体现开场白设计的相关技巧。

5. "×主任,对胃动力药治疗不理想的消化不良病人,您觉得使用一下消化酶类药物会如何?"请分析:①该探询属于什么类型的探询?②此类型探询的优点是什么?③此类型探询的缺点是什么?

6. "代表:罗医生,您的病人服用×××感冒片,是不是起效快,又没有胃肠道方面的不良反应?"请分析:①该探询属于什么类型的探询?②此类型探询的优点是什么?③此类型探询的缺点是什么?

7. 根据下面的对话:①判断医生的异议的类型;②分析该医生产生异议的原因;③总结处理此类异议的方法。

医生:这药丸这么大,患者是不喜欢用的

医药销售专员:张医生,您可真为患者着想,如果没有病,谁也不喜欢吃药。病人之所以吃药,是为了尽快康复。事实上,只要药效足够好,他们是可以接受一时的不方便的。

8. 根据下面的对话:①判断医生的异议的类型;②分析该医生产生异议的原因;③总结处理此类异议的方法。

医生:我现在使用的镇痛药挺好的,我觉得没必要换。

医药销售专员:王医生,您的确很谨慎,正因为如此,病人才对您如此放心。不知道有没有一些病人抱怨说这种药物的作用时间为5~6小时,需要多次服用,很不方便啊?

医生:当然有,病人麻烦,我们也麻烦。

医药销售专员:那有一种镇痛效果好、一天只需要服用2次就可以达到24小时无痛的新药,您有兴趣了解吗?

9. 硝苯地平缓释片为一种降血压药物,请利用FAB句式进行产品介绍。

10. 小张是××医药公司的医药销售专员,他正在向儿童医院呼吸科的主治医生王医生介绍一种抗病毒的新型注射剂。王医生对他的介绍很感兴趣,他对小张说:"你们的抗病毒注射剂真的不错。"小张一听,介绍的就更详细了,他又进一步地将这种注射剂的临床效果、副作用、价格、使用方法等内容与其同类竞品进行比较,足足又介绍了有10分钟。这时,有个医生来找王医生,王医生就对小张说了抱歉,就离开了。小张很失落,明明王医生对这个药很感兴趣啊,为什么没有要求试用呢?请你分析:①没有成交的主要原因;②此案例小张应该在什么时机建议成交?③总结一下,一般在哪些情况下我们可以建议成交?

11. 阅读以下对话,归纳产品的特性与利益。

医药销售专员:头孢安定的半衰期长达24小时,每天只需要给患者注射一次就行了,使用起来十分方便。既可减轻护士的负担,也可减轻病人多次针刺的痛苦。

医生:恩,有道理。

医药销售专员:这样病人可以不住院,只需到门诊注射即可。

医生:的确如此。

医药销售专员:如果病人省去住院,至少可以节约一半的治疗费用。

医生:听起来不错。

12. 案例分析,根据下面的对话:①判断医药销售专员拜访医生进入到哪个阶段了?②医药销售专员陈述药品局限性的方法是否正确?③陈述药品局限性的方法是什么?④如果你是该医药销售专员,你如何陈述该药品的局限性?

医生:"你们的药品有什么缺点啊?"

医药销售专员:"我们的药品疗效是非常好的,只不过使用比较不方便而已。"

医生:"哦,是吗?那我考虑考虑再说吧。"

13. 小明负责某公司新推出的抗炎药品的推广活动,小明想借助学术推广完成抗炎药物的推销工作,请对该学术推广进行设计。

【实训项目】

实训 1 拜访药剂科主任

一、实训任务

假设你是某医药公司的医药销售专员,你公司打算销售一种新药——杜玛(注射用磷酸肌酸钠)。你打算去拜访医大一院的药剂科主任王主任,王主任是你的老客户,但王主任并不了解这款药品,你打算通过此次拜访,使他能对这款药有初步的了解。

二、实训目的

1. 掌握拜访医生的步骤。
2. 能够针对具体品种对医生进行拜访。

三、实训准备

1. 将全班分为若干组,每组两人,其中一人饰演医生,另外一人饰演医药销售专员。
2. 杜玛(注射用磷酸肌酸钠)产品宣传彩页、样品、小礼品等小道具。
3. 模拟医生办公室。

四、实训内容

1. 通过各种调查方式了解该产品的基本信息,其中主要包括药品的商品名、化学名、含量、强度、作用机理、适应证及治疗剂量等。
2. 思考,如何设计合适的开场白。
3. 与其他同类药品比较,找出本药品的优势所在,同时,思考应该如何在医生面前介绍该药品,以及如何回答医生提出的相对于其他同类药品本药品的优势和劣势方面的问题,进行初步的产品介绍演练。
4. 对医生进行探询,寻找到客户的真正需求。
5. 尝试将药品的特性转化为医生的利益需求。
6. 根据医生的利益需求,把握适当的机会,再次进行该药品的介绍。
7. 模拟拜访全过程。

五、实训评价标准

1. 开场白的设计是否合理。
2. 探询技巧是否娴熟。
3. 产品介绍是否将产品的特点、优点转化为客户需求的利益点。
4. 仪表是否端庄,产品介绍是否熟练。

六、实训提示

1. 材料准备工作要充分。
2. 产品分析中产品的独特之处:酶促。
3. 通过探询了解客户需求。
4. 介绍产品时采用FAB句式,满足客户的需求。
5. 注意处理异议的步骤,要有缓冲。
6. 不要忘记总结跟进,约定下次拜访的时间。

实训 2 召开新产品推广会

一、实训任务

假设你是某制药企业的医药代表,你公司生产了一种新药——莱博通(注射用磷酸肌酸钠），现打算面向市场销售。因为是新产品，公司拟召开新产品推广会以宣传产品，让更多的医生了解产品，进而放心使用该产品。拟由你去进行新产品的 PPT 宣讲，你将如何去做？

二、实训目的

1. 掌握制作 PPT 的基本方法和要求。
2. 能够完成新产品宣讲 PPT 的制作并进行讲解。

三、实训准备

1. 莱博通（注射用磷酸肌酸钠）产品宣传彩页。
2. 模拟会场。

四、实训内容

1. 制作产品宣讲 PPT。
2. 按照 PPT 对产品进行宣讲。

五、实训评价标准

1. PPT 设计美观。
2. PPT 内容全面、科学、图文并茂。
3. 讲解员仪表整洁，态度大方、自然。
4. 讲解流畅、内容清晰、无基本错误。

六、实训提示

1. PPT 设计注意字体、字号统一、对比度鲜明。
2. PPT 设计忌大段文字、要图文并茂。
3. PPT 内容可以包括：公司简介、药品介绍（名称、成分、功能主治、作用机理、用法用量、禁忌证、不良反应等）、产品优势（与竞品的比较）。
4. 产品介绍时注意使用 FAB 句式。

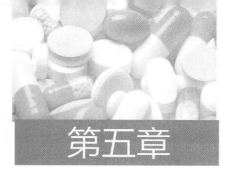

第五章

面向消费者的药品营销

教学导航

学习目标

知识目标：
1. 了解药学服务的意义
2. 熟悉药品采购、验收、养护的程序
3. 掌握药品验收、养护的基本流程及规范
4. 熟悉售后服务的内容
5. 掌握药品分类陈列、处方调配以及销售的基本流程、方法及技巧

能力目标：
1. 能够依据GSP要求对药品进行分类陈列
2. 能够按照一定的步骤对药品进行销售
3. 能够用FAB句式进行利益呈现
4. 能够简单提供售后服务

素质目标：
1. 具备踏实的工作作风及勤劳的工作精神
2. 具备较强的业务能力
3. 具有较强的自我学习能力
4. 具有较强的职业素养

学习重点
1. 药品养护
2. 药品分类陈列
3. 药品柜台销售
4. 药学服务

学习难点
1. 处方调配
2. 用FAB句式进行利益呈现
3. 处理顾客异议

教学方法 案例分析法、角色扮演法、小组讨论法

建议学时 28学时

第一节 药品采购

> **情景引入**
>
> 小赵从某医药高专毕业后,到某零售连锁企业负责采购工作。他觉得药品采购是一个非常简单的工作,就是拿着钱去买药呗。可是,真正采购时他发现,采购哪些品种、去哪家企业购买、买多少、如何签订合同、买完后如何验收药品、如何结算货款等都是需要仔细考虑的问题。

药品采购,是实体药店药品销售的前提。供应商是直接影响实体药店药品营销的重要因素之一。我国药品经营企业管理规范中规定,企业的采购活动应当符合以下要求:

① 确定供货单位的合法资格;
② 确定所购入药品的合法性;
③ 核实供货单位销售人员的合法资格;
④ 与供货单位签订质量保证协议。

采购中涉及的首营企业、首营品种,采购部门应当填写相关申请表格,经过质量管理部门和企业质量负责人的审核批准。必要时应当组织实地考察,对供货单位质量管理体系进行评价。

通常,药品采购的流程如图 5-1 所示。

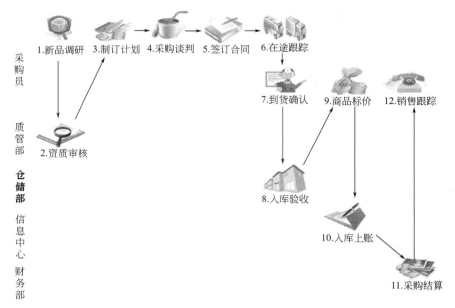

图 5-1 药品采购流程

一、新品调研

药店对于药品的采购,首先是采购品种的确定。一般来说,对于老品种,常规采购就可以了。关键是对于一些新产品的采购，需要进行充分的调研。在新品调研中，所调研的品种主要包括销售人员反馈的缺货新品种、供应商业务员上门推销的新品种、根据市场调研主动购进的新品种等。对于这些品种，由于以前和相关企业没有合作过，对产品的市场需求、利润都不是很清楚，如果贸然采购，很容易造成产品销售不良，影响企业发展。因此，要充分调研。调研的内容主要从销售量需求、销售利润、合作前景等方面展开，主要包括：

① 同类药品历史销售情况、兄弟公司销售情况、客户需求情况；
② 向兄弟公司、同行业、客户了解价格，分析利润；
③ 调研厂家销售模式、销售政策，特别是终端投入程度等。

通过调研，综合考虑企业经营状况，确定所需要采购的新品品种。

二、资质审核

对于要采购的老品种，由于对其生产或经营的企业经常发生业务往来，比较熟悉其基本情况，除了一些大的变动需要重新审核外，不需要再进行资质审核。因此，资质审核主要是对新品种而言，需要进行首营企业和首营品种的审核。

首营企业是指采购药品时，与本企业首次发生供需关系的药品生产或者经营企业。对首营企业的审核，应当查验加盖其公章原印章的资料，确认其真实、有效。这些资料包括：

① 《药品生产许可证》或者《药品经营许可证》复印件；
② 营业执照、税务登记、组织机构代码的证件复印件，及上一年度企业年度报告公示情况；
③ 《药品生产质量管理规范》认证证书或者《药品经营质量管理规范》认证证书复印件；
④ 相关印章、随货同行单（票）样式；
⑤ 开户户名、开户银行及账号。

要重点审核供货单位的《药品生产许可证》或《药品经营许可证》、GSP/GMP 认证证书和《营业执照》及其年检证明复印件。

要查验"证照"复印件是否加盖了供货单位的公章原印章；审核"证照"是否在其注明的有效期之内；审核"证"与"照"的相关内容是否一致；审核"证照"上的注册地址是否与供货单位实际的生产或经营地址相同；审核供货单位经营方式、经营范围与证照规定的内容是否一致。必要时可组织实地考察。

首营品种是指本企业首次采购的药品，包括新产品、新规格、新剂型、新包装。采购首营品种应当审核药品的合法性，索取加盖供货单位公章原印章的药品生产或者进口批准证明文件复印件并予以审核，审核无误的方可采购。主要审核的内容有：

① 药品采购要对所采购药品进行合法性和质量可靠性的审核。药品购进人员应向供货单位索取所采购药品的生产批件和法定质量标准的复印件；审核上述文件或资料的复印件是否加盖了供货单位质量管理部门的原印章；本企业已收集并属于国家药品标准的品种，则不需要索取上述资料。

② 审核所采购的药品是否在供货单位的生产或经营范围之内；审核所采购的药品是否在本企业的经营范围之内；索取供货单位药品包装、标签和说明书样张，审核是否符合相关法律法规规定。审核所采购的药品是否是国家食品药品监督管理部门要求停止或暂停生产、销售和使用的药品。

③ 对采购药品质量可靠性的审核。采购的药品是否是药品监督管理部门抽验不合格的药品；购进的药品是否是曾有发生严重不良反应报道的药品。了解药品的性能、用途、检验

方法、储存条件以及质量信誉等内容。

同时，还要对供货单位药品销售人员的合法资格进行验证。企业应当核实、留存供货单位销售人员以下资料：①加盖供货单位公章原印章的销售人员身份证复印件；②加盖供货单位公章原印章和法定代表人印章或者签名的授权书，授权书应当载明被授权人姓名、身份证号码，以及授权销售的品种、地域、期限；③供货单位及供货品种相关资料。

三、制订采购计划

资质审核通过后，药店采购人员需要确定采购药品的品种、规格、数量、供应商等内容，制订相应的采购计划。采购计划的关键是确定采购的品种及数量。

1. 确定采购品种

通过核查库存，根据销量、库存、采购状况确定是否采购该品种。通常遇到以下几种情况表示该品种需要进行采购。

（1）库存为0时　要注意分清该品种是否为目前还在经营的品种，或是已经下线的品种，以及该品种是否在途。

（2）低于库存下限时。

（3）特殊情况　如遇到产品涨价、采购周期长、采购渠道不稳定等情况时，要考虑是否提前采购该品种。

2. 确定采购数量

充分考虑商品近期销量、现有库存可销售天数、商品采购周期、价格变动、付款要求等因素来确定采购数量。具体如下：

（1）2×库存下限≤当前库存数量＋采购数量≤库存上限；

（2）涨价品种根据资金情况和可获利润情况适当增量采购；

（3）新品种坚持少量试销的原则；

（4）甩货期间适当控制库存数量，少量多频次进货，在财务允许的情况下对有明显价格优势的品种要较大量地购进。

四、采购谈判

采购谈判是指企业为采购商品作为买方，与卖方厂商对购销业务有关事项，如商品的品种、规格、技术标准、质量保证、订购数量、包装要求、售后服务、价格、交货日期与地点、运输方式、付款条件等进行反复磋商，谋求达成协议，建立双方都满意的购销关系。

（一）采购谈判的作用

① 降低采购成本；
② 保证产品质量；
③ 争取采购物资及时送货；
④ 获得比较优惠的服务项目；
⑤ 可以降低采购风险；
⑥ 妥善处理纠纷，维护双方的效益及正常关系，为以后的继续合作创造条件。

（二）采购谈判的过程

谈判过程可以分为三个阶段：谈判前、谈判中和谈判后。

1. 谈判前

须制订计划，成功的谈判计划包括以下步骤：

（1）确立谈判的具体目标；

（2）分析各方的优势和劣势；

（3）收集相关信息；

（4）认识对方的需要；

（5）识别实际问题和情况；

（6）为每一个问题设定一个成交位置；

（7）开发谈判战备与策略；

（8）向其他人员简要介绍谈判内容；

（9）谈判预演。

2. 谈判中

采购谈判过程一般分为 5 个阶段：

（1）双方互做介绍，商议谈判议程和程序规则；

（2）探讨谈判所涉及的范围，即双方希望在谈判中解决的事宜；

（3）要谈判成功，双方需要达成一致意见的共同目标；

（4）在可能的情况下，双方需要确定并解决阻碍谈判达成共同目标的分歧；

（5）达成协议，谈判结束。

3. 谈判后

（1）起草一份声明，尽可能清楚地详述双方已经达成一致的内容，并将其呈送到谈判各方以便提出自己的意见并签名；

（2）将达成的协议提交给双方各自的委托人，也就是双方就哪些事项达成协议，从该协议中可以获益什么；

（3）执行协议；

（4）设定专门程序监察协议履行情况，并处理可能会出现的任何问题；

（5）在经过与对方的激烈交锋后，可举办一场宴会，这种方式可以消除谈判过程中的紧张气氛，有利于维持双方的关系。

（三）采购谈判注意事项

（1）要与对方沟通确认品种、数量、价格、批号等主要信息；

（2）有协议的按协议价格进行，对价格敏感、渠道不稳定的要及时了解行情，与供应商进行价格协商；

（3）当商品涨价或跌价时，要向供货单位争取更多价格政策；

（4）了解到有更优的采购渠道时，要及时与供货单位联系，争取降价、冲价、弥补公司损失；

（5）商品销售业绩不佳的，要主动与供货单位联系，要求采取有效的促销手段，促进商品销售。

五、签订采购合同

采购合同是企业（供方）与分供方，经过双方谈判协商一致同意而签订的"供需关系"的法律性文件，合同双方都应遵守和履行，并且是双方联系的共同语言基础。签订合同的双方都有各自的经济目的,采购合同是经济合同,双方受"经济合同法"保护和承担责任。

(一)采购合同的内容

采购合同是商务性的契约文件,其内容条款一般应包括:供方与分供方的全名、法人代表,以及双方的通信联系的电话、电报、电传等;采购货品的名称、型号和规格,以及采购的数量;价格和交货期;交付方式和交货地点;质量要求和验收方法,以及不合格品的处理,当另订有质量协议时,则在采购合同中写明见"质量协议";违约的责任。

(二)注意事项

在签订采购合同时应注意以下几点。

1. 审查采、供货双方的基本情况

在采购谈判正式开始之前,要审查对方的营业执照,了解其经营范围,以及对方的资金、信用、经营情况,其项目是否合法等。如果有担保人,也要调查担保人的真实身份。若出面签约的是某业务人员时要注意查看对方提交的法人开具的正式书面授权委托证明,以确保合同的合法性和有效性。

2. 严格审核采购合同主要条文

当谈判双方就交易的主要条款达成一致后,就进入合同签约阶段。谈判所涉及的数量、质量、货款支付以及履行期限、地点、方式等,都必须严密、清楚,否则会造成不可估量的经济损失。特别应注意:

(1)签订的合同对商品的标准必须明确规定　签订合同时,双方对买卖商品的名称必须准确而规范。对所购产品的质量标准应当在合同中明确约定,以免所交货物因质量不符合所想要采购的标准而引起纠纷。

(2)交货地点应明确　签订合同时,要写明交货地点,保证货物能够及时签收,避免丢失货物,尤其是在跨国采购时应注意。

(3)接受货物时间应明确　为了避免所采购的产品因过期等原因失去原有的使用价值,在采购合同中应明确约定货物到交货地点后采购人的收货时间。

(4)合同必须明确双方应承担的义务和违约的责任　采购合同双方应就违约事项约定解决方式以及法律责任,以此来维护自己的合法权益。例如约定在违反合同事项时支付违约金。

例如,某药店的药品采购合同如下。

某药店药品采购合同

甲方:＿＿＿＿＿＿＿＿＿＿＿＿＿＿＿

乙方:＿＿＿＿＿＿＿＿＿＿＿＿＿＿＿

根据《中华人民共和国合同法》,甲、乙双方经协商确定,甲方向乙方购买药品。为明确双方责任和权利,特签订本合同,共同遵守。具体条款如下:

1. 乙方必须依法领取《药品经营许可证》《企业法人营业执照》《药品经营质量管理规范认证证书》,及到甲方上级有关药品市场监督部门办理备案手续,并将上述有效证件的复印件和法人委托书原件加盖供方红印章,提供给甲方存档备查。

2. 乙方负责向甲方供应的药品:

品名、规格、厂家单位、单价。

3. 乙方向甲方供应药品的品种数量以甲方每月或每周提供的书面通知为准。乙方在与甲方合作期间,药品供应价格应为市场的最低售价,如遇药品价格政策性下调时,应给予相应下调。如乙方供应给甲方附件外药品，供应价格也应为市场的最低售价。乙方负责运输、装卸及退换货等费用。

4. 质量标准
① 因药品质量问题而造成的一切后果及发生的费用由乙方承担。
② 乙方必须及时保证甲方所需药品的供应，药品的批号、有效期不得低于 12 个月。

5. 交货时间及地点
① 乙方交货时间：接甲方书面计划通知 72 小时内。
② 乙方交货地点：运输及卸车至甲方指定地点_____。
③ 合同执行地：甲方所在地_____。

6. 验收
① 甲方根据药品专业法规及标准查验时，当药品外包装及药物外观不合格时，应拒收入库。
② 甲方根据购药计划查验时，发现药品的数量、品牌和规格不一致，无有效期或近有效期及过期的药品时，应当办理退货手续。
③ 甲方根据本店临床实际需要，对在乙方购进的药品可办理退货或换货。
④ 甲方应在收到乙方药品后 2 日内验收。

7. 付款方式
① 甲方以电汇方式支付乙方货款，乙方在收到甲方的货款 2 日内发货，同时出具合法税票并做到货票同行。
② 货款在 2 万元以内的以转账支票或电汇方式支付，货款在 2 万元以上（含 2 万元）的以三个月银行承兑汇票方式支付。

8. 违约责任
① 甲乙双方任何一方违约，由违约方承担违约责任并赔偿给对方造成的损失。
② 乙方未能按时交货，每拖延一天，须向甲方支付计划金额的 5‰ 的违约金。
③ 乙方交付的货物不符合合同规定的，甲方有权拒收。

9. 争议的解决
签约双方在履约中发生争执和分歧，双方应通过友好协商解决，若经协商不能达成协议时，可向人民法院起诉。

10. 其他
本合同共四份，具有同等法律效力，甲方执三份、乙方执一份，合同自签字之日起生效。有效期自_____年____月____日至_____年____月____日。本合同未尽事宜，由双方协商处理。

甲方：　　　　　　乙方：
签约代表：　　　　签约代表：
签约日期：　　　　签约日期：

六、在途跟踪

采购员根据采购约定的送货时间，及时查询商品库存，跟踪采购商品的到货情况，并及时通知仓储部做好收货准备。

七、到货确认

（1）采购员接到送货相关凭证（出库单、送货单或运单等）时，要标注单位编号，核实品种、规格、数量、批号、价格,无误后签名,通知仓库收货员验收收货。

(2) 对于冷藏药品,要在冷藏药品运输交接单上填写到货时间和到达时温度,并打印在途温度监测记录,特殊药品需双人签字。

(3) 对于首营品种与急销品种要在送货单据上特别注明便于收货。

(4) 交接药品时如有异议,应与发货方联系,查清事实,妥善处理。

八、入库验收

药品入库验收是为了把好入库药品质量关,保证购进药品数量准确、外观性状和包装质量符合规定要求,防止不合格药品和劣质药品进入药店。一般来说,由收货组、验收组根据公司制度进行数量验收、质量验收,采购商品验收入库。具体内容参见本章第二节。

九、药品标价

根据国家发展改革委会同国家卫生计生委、人力资源社会保障部等部门联合发出《关于印发推进药品价格改革意见的通知》(以下简称《通知》),从 2015 年 6 月 1 日起取消绝大部分药品政府定价,完善药品采购机制,发挥医保控费作用,药品实际交易价格主要由市场竞争形成。

《通知》规定,除麻醉药品和第一类精神药品仍暂时由国家发展改革委实行最高出厂价格和最高零售价格管理外,对其他药品政府定价均予以取消,不再实行最高零售限价管理,按照分类管理原则,通过不同的方式由市场形成价格。其中:①医保基金支付的药品,通过制定医保支付标准探索引导药品价格合理形成的机制;②专利药品、独家生产药品,通过建立公开透明、多方参与的谈判机制形成价格;③医保目录外的血液制品、国家统一采购的预防免疫药品、国家免费艾滋病抗病毒治疗药品和避孕药具,通过招标采购或谈判形成价格。其他原来实行市场调节价的药品,继续由生产经营者依据生产经营成本和市场供求情况,自主制定价格。

因此现在,药品的价格是由企业自主制定。影响药品标价的因素主要有:供货单位本身的价格政策如最低售价、最高售价等;竞争对手的销售价格;由于货源供应等因素造成供求关系;自身采购的成本。企业依据一定的定价方法,充分考虑上述因素,自行制定价格,并不断依据市场变化,合理调整药品价格,以达到价格最合理。

常见药品定价的方法主要有:

(1) 成本导向定价法 以产品单位成本为基本依据,再加上预期利润来确定价格的成本导向定价法,为企业最常用、最基本的定价方法。

(2) 需求导向定向法 现如今市场营销观念要求企业生产经营必须以消费者需求为中心,根据消费者有支付能力的需求而定价,自觉地根据供求变化调整售价,并且运用可行的方法得到市场供求信息,再根据分析、判断进行决策。

(3) 竞争导向定价法 市场竞争激烈,企业通过研究竞争对手的生产条件、服务状况、价格水平等因素,依据自身的竞争实力、参考成本和供求状况来确定商品价格。

十、入库上账

采购回来的药品要先办理入库手续,然后由人员再向库房管理员逐件交接。

(1) 库房管理员根据采购计划单的项目认真清点要入库药品的数量,同时检查药品的相关信息,包括规格、通用名称、剂型、批号、有效期、生产厂商、购货单位、购货数量、购销价格、质量，做到数量、规格、品种准确无误，质量完好，配套齐全，然后在接收单上签字（或在入库登记簿上共同签字确认）。

（2）库房管理员按照所购药品名称、供应商、数量、质量、规格、品种等做好入库登记。

（3）信息中心核对入库信息，在系统中录入价格，打印入库单。当日入库单必须当日录入完毕。

十一、采购结算

采购入库后，要及时和供应商结算货款。通常采购结算的过程如下：

首先采购员要进行相关审核，包括收款单位身份审核；相关单据审核如入库单、税票；往来账目审核，审核是否有退货、返利、代垫运费、退补价的情况等。根据合同中规定的付款方式、时间与金额，填写付款单（汇票、现金、抵货款）与明细。对于急需付款等特殊情况，要特别注明。

然后结算员对供应商身份进行复核，审核付款单、付款明细是否有错误，审核是否有退货、退补价、代垫运费、未支付返利等情况。

财务部结合入库记录、退补价等记录对付款的相关单据（入库单、税票、《银行付款单》、《领款单》、现金收据、《易货结算单》等）进行再次审核。总经理审批后，结算员下账，财务部按要求付款。

十二、销售跟踪

采购结束后，采购部还要及时对药品的销售情况进行销售跟踪，可以通过每周业务会议，通过信息反馈，及时调整品种结构与产品价格。对于新品种，责任采购员应每周关注其销量，并在引进3个月后通过评估决定是否继续经营。对于滞销品种，采购员要及时采取促销或退货等处理方式，避免库存积压。

在整个采购过程中，还要及时填写采购记录，留存采购的过程材料以备核查。采购人员根据市场销售和需求预测，结合库存情况，以药品质量为重要依据，在合格供应商中选择供货单位。并在系统中录入计划，采购订单经确认后，系统自动生成采购记录。

采购记录应当有药品的通用名称、剂型、规格、生产厂商、供货单位、数量、价格、购货日期等内容，采购中药材、中药饮片的应当标明产地。采购记录应保存五年。

第二节 药品验收

情景引入

刚从医药高专毕业的小赵应聘来到了一家医药零售连锁企业工作，人事部将他分配到了仓储中心，协助验收员进行药品验收工作。验收员的工作都有哪些、工作流程是什么，小赵对此充满了期待。

知识链接

验收员的任职要求

1. 从事验收工作的，应当具有药学或者医学、生物、化学等相关专业中专以上学历或者具有药学初级以上专业技术职称；从事中药材、中药饮片验收工作的，应当具有中药学专业中专以上学历或者具有中药学中级以上专业技术职称；直接收购地产中药材的，验收人员应当具有中药学中级以上专业技术职称。

2. 从事验收工作的人员应当在职在岗，不得兼职其他业务工作。

3. 从事验收工作的人员应通过与其职责和工作内容相关的岗前培训和继续培训，培训内容应当包括相关法律法规、药品专业知识及技能、质量管理制度、职责及岗位操作规程等。

4. 应当进行岗前及年度健康检查，并建立健康档案。患有传染病或者其他可能污染药品的疾病的，不得从事直接接触药品的工作。

一、药品验收的目的

药品经营企业购进药品，必须建立并执行进货检查验收制度，验明药品合格证明和其他标识；不符合规定要求的，不得购进。因此药品到货后，要由仓储部门安排专人按照规定程序对药品进行验收。药品验收的目的在于规范药品验收过程，保证入库药品数量准确、质量良好，防止不合格药品入库。

二、药品验收的依据

（1）国家药品标准　现行《中国药典》或国家食品药品监督管理总局颁布的《药品质量标准》。

（2）根据我国《中华人民共和国药品管理法》《中华人民共和国药品管理法实施条例》《药品经营质量管理规范》《进口药品管理办法》《药品流通监督管理办法》《药品包装、标签和说明书管理规定》等相关法律法规。

（3）与供货单位签订的购销合同上的质量条款。

（4）药品检验报告书等药品相关证明文件。

三、药品验收的对象和范围

对购进药品和销后退回药品逐批验收。

四、验收的地点

（1）待验区　购进药品的抽样、数量验收、外包装标识检查，应在相应储存库待验区进行。

（2）验收养护室　对药品外观性质的检查以及包装、标签、说明书检查，在验收养护室内进行。

五、验收时限

一般药品应在 2 个工作日内验收完毕，需阴凉储存的药品要求到货 6 小时内验收完毕，冷藏药品随到随验。

六、药品抽样的原则与比例

1. 一般药品抽样原则

企业应当按照验收规定，对每次到货的药品进行逐批抽样验收，抽取的样品应当具有代表性。我国《药品经营质量管理规范》规定：同一批号的药品应当至少检查一个最小包装，但生产企业有特殊质量控制要求或者打开最小包装可能影响药品质量的，可不打开最小包装；破损、污染、渗液、封条损坏等包装异常以及零货、拼箱的，应当开箱检查至最小包装；外包装及封签完整的原料药、实施批签发管理的生物制品，可不开箱检查。

验收人员应当对抽样药品的外观、包装、标签、说明书以及相关的证明文件等逐一进行检查、核对；验收结束后，应当将抽取的完好样品放回原包装箱，加封并标示。特殊管理的药品应当按照相关规定在专库或者专区内验收。

2. 抽样比例

（1）对到货的同一批号的整件药品按照堆码情况随机抽样检查。整件数量在 2 件及以下的，要全部抽样检查；整件数量在 2 件以上至 50 件以下的，至少抽样检查 3 件；整件数量在 50 件以上的，每增加 50 件，至少增加抽样检查 1 件，不足 50 件的，按 50 件计。

（2）对抽取的整件药品需开箱抽样检查，从每整件的上、中、下不同位置随机抽取 3 个最小包装进行检查，对存在封口不牢、标签污损、有明显重量差异或外观异常等情况的，至少再增加一倍抽样数量，进行再检查。

（3）对整件药品存在破损、污染、渗液、封条损坏等包装异常的，要开箱检查至最小包装。

（4）到货的非整件药品要逐箱验点到最小包装。

（5）对同一批号的药品，至少随机抽取一个最小包装进行外观性状检查。如果生产企业有特殊质量控制要求或打开最小包装可能影响药品质量的，可不打开最小包装；外包装及封签完整的原料药、实施批签发管理的生物制品，可不开箱检查。

（6）麻醉药品、精神药品、医疗用毒性药品、国家有专门管理要求的药品（蛋白同化制剂、肽类激素、含特殊药品复方制剂等）验收时必须由两人以上逐箱验点到最小包装。

> **课堂思考**
>
> 某药店新进了 3 箱阿莫西林胶囊，每箱 10 层，每层 15 盒。如果你是该药店的验收员，你将如何抽样？

七、药品验收的一般程序

药品验收的一般程序如图 5-2 所示。

通常，药品验收的流程为：

① 在待验区检查药品外包装，记录；

② 开箱检查药品内包装、标签和说明书，记录；

③ 抽样，到验收养护室检查外观性状，记录；

④ 复原，封箱；

⑤ 填写药品验收记录，归档；

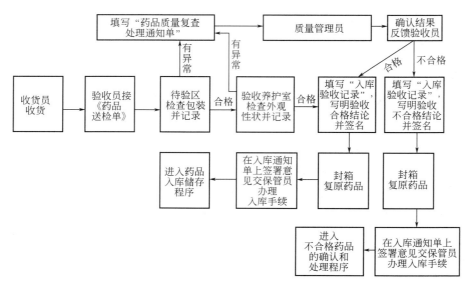

图 5-2 药品验收的一般程序

⑥ 通知收货员办理药品入库手续；

⑦ 有不符合规定情况时，填写《药品拒收报告单》，交质量管理人员复查处理。

八、药品验收的具体内容

（一）收货员收货

（1）药品到货时，收货人员应当核实运输方式是否符合要求，并对照随货同行单（票）和采购记录核对药品，做到票、账、货相符。随货同行单（票）应当包括供货单位、生产厂商、药品的通用名称、剂型、规格、批号、数量、收货单位、收货地址、发货日期等内容，并加盖供货单位药品出库专用章原印章。

冷冻药品到货时，应当对其运输方式及运输过程的温度记录、运输时间等质量控制状况进行重点检查并记录。不符合温度要求的应当拒收。

收货员依据药品购进人员所做的"药品购进记录"和供货单位"随货同行单"对照实物进行核对后收货，并在"药品购进记录"和供货单位收货单上签章。所收货的药品为进口药品时，应同时对照实物收取加盖有供货单位质量管理部门原印章的该批号药品的《进口药品检验报告书》《进口药品注册证》（或《生物制品进口批件》《进口药材批件》）的复印件和《进口药品通关单》复印件。

（2）收货员根据销售部门所开具的"药品退货通知单"对照实物对销后退回药品进行核对后收货，并在退货单位的退货单上签章。

（3）收货员应将符合收货要求的购进药品按品种特性要求放于相应待验区域，或者设置状态标志，通知验收。冷藏、冷冻药品应当在冷库内待验。将属销后退回药品放置于退货药品库（区）并做好退货记录，及时通知验收人员到场进行验收。

（二）药品验收

1. 验收的内容

药品验收主要包括数量及质量上的验收。数量上主要是验收到货药品的品类和数量与采购合同是否一致；而质量上的验收主要包括检验药品是否有产品合格证、药品内外包装的检查、药品标签及说明书的检查以及药品外观性状的检查等。

2. 验收方法

（1）数量验收 逐批检查来货凭证及验收通知单所列的供应企业名称、药品名称、剂型单位、数量、规格、生产企业、批号、有效期等是否相符，如有不符，与采购部门联系处理。

对于特殊管理药品，必须有两人以上同时在场，逐箱验点到最小包装，如发现原箱短少，由验收员及时写出详细验收报告，经有关负责人签名，加盖印章，附装箱单作为向供货单位索赔的依据。

（2）质量验收

① 药品出厂检验报告或产品合格证的检查 原料药每件内应附有出厂检验报告书，制剂每箱内应附有产品合格证（装箱单）。依据检验报告检查其质量标准、检验项目及检验结果是否符合规定，不得有漏检、漏项情况出现。

② 药品内外包装的检查

a. 外包装的检查 外包装也称运输包装，主要是指内包装外面的木箱、纸箱、木桶、铁桶等包皮以及衬垫物、防潮（寒）纸、麻袋、塑料袋等包装物。其检测的项目为药品外包装应坚固耐压、防潮、防震动。包装用的衬垫材料、缓冲材料应清洁卫生、干燥、无虫蛀。衬垫物应塞紧，瓶之间无空隙，纸箱要封牢，捆扎坚固，封签、封条不得严重破损。外包装必须印有品名、规格、数量、批号、有效期、批准文号、注册商标、厂名、体积、重量以及"易碎""小心轻放""向上""请勿倒置""防潮""防热""防冻"等储运图示标志以及危险药品的包装标志。麻醉药品、精神药品、毒性药品、放射性药品和外用药品必须在包装物的明显位置上，印刷规定的标志。箱内应附"合格证"或具有"合格"字样的装箱单。

b. 内包装的检查 内包装为直接接触药品的盛装容器，包括盛药品的瓶塞、纸盒、塑料袋、纸袋、金属等容器以及贴在这些容器外面的瓶签、盒签和瓶（盒）内的填充物等。

内包装检查项目主要有：ⅰ. 检查容器内外是否清洁、干燥、无裂痕或破损，容器内有附加填充物的，填充物应干净、干燥、充实；ⅱ. 容器应端正、统一；ⅲ. 容器选用应合理。举例如下。

碘片：因其具有较强氧化性，需使用磨口玻璃瓶。如用纸袋，则不耐磨且可被碘氧化变色。

油类药物：不宜采用塑料制品，因油脂可溶解塑料中的有害物质而污染药品。

需遮光的药品：要用棕色容器、黑纸包裹的无色容器或其他不透光的容器，以避开阳光照射。

c. 包装工作质量的检查 封口应严密、合格；包装印字应清晰，品名规格、批号等不得缺项；瓶签应粘贴牢固，端正，适中；包装外面不应留有药物痕迹、粘贴剂或油墨等污迹等。

③ 标签、说明书的检查 标签是药品包装上印有或者贴有的内容，分为内标签和外标签。药品内标签指直接接触药品的包装的标签，外标签指内标签以外的其他包装的标签。药品说明书是载明药品重要信息的法定文件，是选用药品的法定指南。我国《药品管理法》第54条规定：药品包装必须按照规定印有或者贴有标签并附有说明书。标签或者说明书必须注明药品的通用名称、成分、规格、生产企业、批准文号、产品批号、生产日期、有效期、适应证或者功能主治、用法用量、禁忌、不良反应和注意事项。麻醉药品、精神药品、医疗用毒性药品、放射性药品、外用药品和非处方药的标签必须印有规定的标志。

标签和说明书的检查应注意：标签或说明书的项目，内容是否齐全；药品的各级包装标签是否一致；标签所标示品名、规格与实物是否相符，标签与说明书内容是否一致；标签印字是否清晰，粘贴是否端正、牢固、整洁；属分装药品的应检查其包装及标签上是否注明药品的品名、规格、原厂牌、批号、分装单位、分装批号、有效期、使用期。

④ 批准文号　我国《药品管理法》第 31 条规定：生产新药或者已有国家标准的药品的，须经国务院药品监督管理部门批准，并发给批准文号。生产没有实施批准文号管理的中药材和中药饮片除外。《药品管理法》规定，未取得批准文号生产、销售的药品属假药。

药品在入库验收时，应严格检查核对批准文号，一是要查有无批准文号；二是要核对所用批准文号是否为国家药品监督管理总局统一规定的格式。

⑤ 生产批号　不仅要检查有无生产批号，而且要核对内外包装批号是否一致。

对库存药品或新进药品验收时，往往以生产批号为单位抽样检查，故验收时必须好好检查生产批号。

⑥ 注册商标　注册商标是药品生产企业将其产品质量、装潢包装以图案或文字形式向工商行政管理部门申请注册的标记，它拥有专用权，受到国家法律保护。除中药材、中药饮片外，药品必须使用注册商标。未经核准注册的，不得在市场销售。注册商标必须在药品包装和标签上注明，即"注"或"R"（"TM"）字样。无注册商标或注册商标未按规定标示的药品，不应作为商业性购进，即不予验收入库。

⑦ 药品质量保证期限　药品质量保证期限有以下四种情况：有效期、使用期或贮藏期、药品的负责期、质量保证合同或协议。

⑧ 药品外观性状的检查　是通过人的感官（眼、鼻、舌）来检查或识别药品的真、伪、优、劣，所以又称感官检查。但应注意有毒或有刺激性及未知成分的药品，切不可随意用口尝或用鼻子去嗅，以免造成事故。

一般常见剂型的外观检查如下。

片剂的形状应一致，色泽均匀，片面光滑，无毛糙起孔现象；无附着细粉、颗粒；无杂质，无污垢色斑；包衣颜色应均一，无色斑，且厚度均匀，表面光洁，破开包衣后，片芯的颗粒应均匀，颜色分布均一，无杂质，另外片剂的硬度应适中，无磨损、粉化、易碎现象，也无过硬现象，其气味、味感应正常，符合该药物的特异物理性状，如片剂上有字，字迹应清晰、均一、规范。

胶囊剂的外形，大小应一致，无瘪粒、变形、膨胀等现象，胶囊壳应无脆化，软胶囊无破裂漏油现象。胶囊结合状况良好。胶囊剂的颜色应均一，无色斑、变色现象，壳内无杂质，其内容物颗粒应大小均一，装量适中，与标示量一致。

颗粒剂主要应注意的是外形、大小、气味、口感、溶解性、装量是否符合标准。

液体注射剂的包装应严密，药液澄明度好，色泽均匀一致，无变色、沉淀、混浊、结晶、长霉等现象；注射剂的装量应与标示量相符，装量差异在药典允许的范围内。

口服液的外观应正常，外包装严密，无爆瓶、外凸、漏液现象，药液颜色正常，药液气味、黏度符合该药品的基本物理性状，且装量和标示量相符，装量差异在药典的允许范围内。

3. 验收记录

验收药品应当做好验收记录，药品验收记录的内容应至少包括药品的通用名称、剂型、规格、批准文号、批号、生产日期、有效期、生产厂商、供货单位、到货数量、到货日期、验收合格数量、验收结果等内容。验收人员应当在验收记录上签署姓名和验收日期。中药材验收记录应当包括品名、产地、供货单位、到货数量、验收合格数量等内容。中药饮片验收记录应当包括品名、规格、批号、产地、生产日期、生产厂商、供货单位、到货数量、验收合格数量等内容，实施批准文号管理的中药饮片还应当记录批准文号。药品验收记录表如表 5-1 所示。

表 5-1　药品验收记录表

验收日期	供货单位	生产厂家	药品通用名	剂型	规格	产品批号	批准文号	有效期至	单位	数量	外观包装质量情况	验收结论	验收人	备注

药品验收记录的保存：药品验收记录由专职验收人员按日或月顺序装订，保存至超过药品有效期一年，但不得少于三年。

4. 对于销后退回药品的验收

应按进货验收的规定验收，必要时应抽样送检验部门检验。开箱检查，核对品名、规格、数量、生产企业、生产批号或生产日期，对药品质量进行复验，做出明确的结论和处理意见。

5. 验收结束

应将抽取的样品放回原包装，并在包装上标明抽验标志；检查验收完成后要及时调整药品质量状态。

（三）药品入库

1. 对于购进药品

（1）验收完毕后，验收人员在验收记录上写明药品质量状况、签章并交收货员。

（2）收货员根据验收合格结论和验收人员的签章将药品放置于相应的合格药品库（区），并做好记录。

（3）收货员如发现药品有货与单不符，包装不牢或破损、标志模糊等质量异常情况时，有权拒收并报告质量管理人员处理。

2. 对于销后退回药品

（1）验收合格的，记录后转入合格品库（或区）。

（2）验收不合格的，记录后转入不合格品库（或区），并做好不合格药品台账。

（3）销后退回药品质量验收记录应至少保存 3 年。

九、验收中对发现问题的处理

1. 购进药品

对于购进药品，在验收过程中出现问题，按如下措施处理：对包装标示不全的应予以拒收；在验收时有虫蛀、霉变、泛油、变色等现象的应予以拒收；对干湿度不符合规定、杂质超标、片型不符合规定的应予以拒收；对不符合标准的应予以拒收；对假药劣药应就地封存，并上报当地的药品监督管理部门；对有疑问的品种，本企业不能确定其质量是否合格的，应报送当地药检所检验。

2. 销后退回药品的处理

销后退回药品的处理，有以下几种情况。

① 经复验，属质量问题的，应及时与生产企业或货源单位联系，做退货、换货等处理。
② 经复验，属其他原因造成损坏或无法整修时，应通知有关部门处理。
③ 经复验，产品确无质量问题，内外包装完好，应通知有关部门与退货方联系，妥善解决。

第三节 药品养护

情景引入

赵某是某零售连锁药店仓储中心的养护员，工作五年，主要负责各类药品的储存与养护工作。现有某医药高专实习生小张来协助赵某完成药品养护工作，赵某应该怎样指导小张呢？

知识链接

药品养护员的工作职责

药品养护人员应当根据库房条件、外部环境、药品质量特性等对药品进行养护，主要内容是：

1. 指导和督促储存人员对药品进行合理储存与作业。
2. 检查并改善储存条件、防护措施、卫生环境。
3. 对库房温湿度进行有效监测、调控。
4. 按照养护计划对库存药品的外观、包装等质量状况进行检查，并建立养护记录；对储存条件有特殊要求的或者有效期较短的品种应当进行重点养护。
5. 发现有问题的药品应当及时在计算机系统中锁定和记录，并通知质量管理部门处理。
6. 对中药材和中药饮片应当按其特性采取有效方法进行养护并记录，所采取的养护方法不得对药品造成污染。
7. 定期汇总、分析养护信息。

药品的养护即根据药品的储存特性要求，采取科学、合理、经济、有效的手段和方法，通过控制调节药品的储存条件，对药品储存质量进行定期检查，达到有效防止药品质量变异、确保储存药品质量的目的。

一、影响药品质量的因素

（一）影响药品质量的内在因素

1. 易水解的药品

当药品的化学结构中含有酯、酰胺、酰肼、醚、苷键时，易发生水解反应。如青霉素的

分子中含有 β-内酰胺环，在酸性、中性或碱性溶液中易发生分解反应和分子重排反应，其分解产物与分子重排物均无抗菌作用。故青霉素只能制成粉末，严封于容器中储藏。

2. 易被氧化的药品

当药品的化学结构中含有酚羟基、疏基、芳香胺、不饱和键、醇、醚、醛、吡唑酮、吩噻嗪等基团时，易发生氧化反应。如氯丙嗪属于吩噻嗪类化合物，在日光、空气、湿气的作用下易变质失效，故应遮光、密封保存。

（二）药品的物理性质与质量的关系

1. 挥发性

系指液态药品能变为气态扩散到空气中的性质。具有挥发性的药品如果包装不严或储存时的温度过高，可造成挥发减量，如乙醇、薄荷等在常温下即有强烈的挥发性，还可以引起燃烧和爆炸。

2. 吸湿性

系指药品自外界空气中不同程度地吸附水蒸气的性质。药品的吸湿性并不限于水溶性药品，某些高分子药品和水不溶性药品同样可以吸湿，但当含有少量的氯化镁等杂质时，则表现出显著的吸湿性。

3. 吸附性

药品能够吸收空气中的有害气体或特殊臭气的性质被称为药品的吸附性。例如淀粉、活性炭、滑石粉等因比表面积大而具有显著的吸附作用从而使其本身具有被吸附气体的气味，亦称"串味"。

4. 冻结性

以水或乙醇作溶剂的一些液体药品遇冷可凝结成固体，这种固体会导致药品的体积膨胀而引起容器破裂。

5. 风化性

有些含结晶水的药品在干燥空气中易失去全部或部分结晶水，变成白色不透明的晶体或粉末，称为"风化"。风化后的药品的药效虽然未变，但影响使用的准确性，尤其是一些毒性较大的药品可因此而超过剂量，造成医疗事故。

6. 色、嗅、味

药品的色、嗅、味是药品重要的外观性状，也是药品的物理性质之一，当色、嗅、味发生变化时，经常意味着药品性质发生了变化，所以它们是保管人员实施感官检查的重要根据。如维生素 C 片由白变黄，是由于发生了氧化反应；阿司匹林片出现针状结晶或浓厚的醋酸味，是由于因吸湿而发生水解反应，产生了水杨酸和乙酸；某些药品的异臭、异味可能是微生物所引起的发酵、腐败等。

（三）影响药品质量的外在因素

影响药品质量的外在因素很多，这些因素对药品的影响往往是几种因素同时进行或交叉进行，互相促进、互相作用而加速药品的变质和失效。因此，所采取的保管措施也应是综合性的。

1. 空气

空气是不同气体的混合物，主要成分是氮、氧、二氧化碳以及氩、氖、氪、氙等稀有元素。此外，空气中还含有水蒸气、二氧化碳和尘埃等。在被污染的空气中还混杂有二氧化硫、硫化氢、氨、氯化氢等有害气体。与药品质量有关的主要是氧、二氧化碳。

（1）氧　许多具有还原性的药品，可被空气中的氧所氧化，发生分解、变色、变质，甚至产生毒性。如异丙肾上腺素被氧化后，可由白色变为粉红色，此时即不可供药用。

（2）二氧化碳　空气中的二氧化碳可使某些药品因发生碳酸化而变质。如某些氢氧化物和氧化物易吸收二氧化碳而生成碳酸盐；磺胺类钠盐与二氧化碳作用后，可生成难溶于水的游离磺胺而结晶析出。

2. 温度

温度在药品的保管养护中是重要条件之一，它与湿度有密切的关系，干燥的固体药品受温度影响的程度远比吸潮或呈液体状态的药品小得多。

（1）温度升高　可加速药品的变质，如生物制品、血液制品在室温下保管容易失效，需要低温冷藏（2~10℃）；可加速药品的挥发与风化，如咖啡因可失去分子中的结晶水；可破坏药品的剂型，如可使栓剂、胶囊剂软化变形，使糖衣片粘连，使软膏剂熔化分层等。

（2）温度过低　可使一些生物制品、含蛋白制剂、乳剂及胶体制剂析出沉淀或变性分层，如甲醛溶液在9℃以下易聚合成为多聚甲醛而使溶液呈现混浊或析出白色沉淀；可使许多液体制剂析出结晶，其中一些药品因结晶而失效，如葡萄糖酸钙注射液等饱和溶液久置冷处易析出结晶不再溶解，而不能药用；可致容器因药液体积增加而破裂等。

3. 湿度

湿度是药品养护的重要条件之一，湿度过高或过低均可引起许多药品发生变性。

（1）潮解　如钠盐吸湿性较大，最易发生潮解；一些不溶于水的药品如活性炭及干燥氢氧化铝等也可因物理吸附作用而潮解；胃蛋白酶、胰酶等易于吸湿结成团块。

（2）稀释　一些具有吸水性的液体药品如甘油、乳酸等在潮湿环境下易吸收水分而被稀释，从而使浓度降低，影响药效。

（3）水解　有些药品因吸潮而分解变质，如阿司匹林易吸湿而水解生成乙酸和水杨酸，不但毒性增加，而且对胃肠道的刺激也增加。

4. 光线

紫外线是药品发生分解、氧化、还原、水解等化学反应的催化剂之一。如肾上腺素受到光照的影响可发生氧化反应逐渐变成红色至棕色，使疗效降低或失效；又如过氧化氢溶液分解为氧和水等。在很多情况下，光线并不是孤立地发生作用，而是经常伴随空气中的氧、水分、温度等因素同时进行。所以，对光敏感的药品，应密闭于凉暗处保存。

5. 微生物与昆虫

微生物（细菌、霉菌、酵母菌）和昆虫，很容易进入包装不严的药品内，它们的生长、繁殖是造成药品腐败、发酵、蛀蚀等变质现象的一个主要原因。尤其是一些含有营养物质（如淀粉、糖、蛋白质、脂肪等）的制剂，如糖浆剂、片剂及一些中草药制剂更易发生霉变和虫蛀。

6. 时间

药品储存一定时间后就会变质。尤其是一些具有有效期的药品，即使储存条件适宜，久存也易降低效价，如抗生素、生物制品等；一些暂时没有制定有效期的药品，如乳剂、水剂、栓剂等一些性质不稳定的药品，储存时间长了也会变质。有的药品储存一段时间后，外观上无变化，但含量或效价降低而不能作药用。

除了上述因素外，尚有药品的包装容器及材料等因素也可对药品的质量产生影响。

二、药品养护的基本要求

1. 药品养护工作内容

药品养护的各项工作内容都应围绕保证药品储存质量为目标，养护人员应当根据库房条件、外部环境、药品质量特性等对药品进行养护，主要内容是：

① 指导和督促储存人员对药品进行合理储存与作业。

② 检查并改善储存条件、防护措施、卫生环境。

③ 对库房温湿度进行有效监测、调控。

④ 按照养护计划对库存药品的外观、包装等质量状况进行检查，并建立养护记录；对储存条件有特殊要求的或者有效期较短的品种应当进行重点养护。

⑤ 发现有问题的药品应当及时在计算机系统中锁定和记录，并通知质量管理部门处理。

⑥ 对中药材和中药饮片应当按其特性采取有效方法进行养护并记录，所采取的养护方法不得对药品造成污染。

⑦ 定期汇总、分析养护信息。

2. 养护职责与分工

药品养护是一项涉及质量管理、仓储保管、业务经营等方面的综合性工作，按照工作性质及质量职责的不同，要求各相关岗位必须相互协调与配合，保证药品养护工作的有效开展。

（1）质量管理人员负责对药品养护人员进行业务指导，审定药品养护工作计划，确定重点养护品种，对药品养护人员上报的质量问题进行分析并确定处理措施，对养护工作的开展情况实施监督考核。

（2）仓储保管员负责对库存药品进行合理储存，对仓间温湿度等储存条件进行管理，按月填报"近效期药品催销表"，协助养护人员实施药品养护的具体操作。

（3）仓储保管员负责指导保管人员对药品进行合理储存，定期检查在库药品储存条件与库存药品质量，针对药品的储存特性采取科学有效的养护方法，定期汇总、分析和上报药品养护质量信息，负责验收养护储存仪器设备的管理工作，建立药品养护档案。

3. 重点养护品种

药品的储存质量受储存环境和药品性状的制约和影响，在实际工作中，应根据经营药品的品种结构、药品储存条件的要求、自然环境的变化、监督管理的要求，在确保日常养护工作有效开展的基础上，将部分药品确定为重点养护品种，采取有针对性的养护工作。

重点养护品种范围一般包括：主营品种、首营品种、质量性状不稳定的品种、有特殊要求的品种、储存时间较长的品种、近期内发生过质量问题的品种及药监部门重点监控的品种。重点养护的具体品种应由养护组按年度制定及调整，报质量管理机构审核后实施。

三、药品养护的步骤与内容

（一）检查养护储存的合理性

我国《药品经营质量管理规范》规定：

企业应当根据药品的质量特性对药品进行合理储存，并符合以下要求。

(1) 按包装标示的温度要求储存药品，包装上没有标示具体温度的，按照《中华人民共和国药典》规定的储藏要求进行储存。

(2) 储存药品相对湿度为35%～75%。

(3) 在人工作业的库房储存药品，按质量状态实行色标管理，合格药品为绿色，不合格药品为红色，待确定药品为黄色。

(4) 储存药品应当按照要求采取避光、遮光、通风、防潮、防虫、防鼠等措施。

(5) 搬运和堆码药品应当严格按照外包装标示要求规范操作，堆码高度符合包装图示要求，避免损坏药品包装。

(6) 药品按批号堆码，不同批号的药品不得混垛，垛间距不小于5厘米，与库房内墙、顶、温度调控设备及管道等设施间距不小于30厘米，与地面间距不小于10厘米。

(7) 药品与非药品、外用药与其他药品分开存放，中药材和中药饮片分库存放。

(8) 特殊管理的药品应当按照国家有关规定储存。

(9) 拆除外包装的零货药品应当集中存放。

(10) 储存药品的货架、托盘等设施设备应当保持清洁，无破损和杂物堆放。

(11) 未经批准的人员不得进入储存作业区，储存作业区内的人员不得有影响药品质量和安全的行为。

(12) 药品储存作业区内不得存放与储存管理无关的物品。

药品养护员在日常管理过程中，应对在库药品的分类储存、货垛码放、垛位间距、色标管理等工作内容进行巡查，及时纠正发现的问题，确保药品按规定的要求合理储存。

（二）对仓储条件进行监测与控制

药品仓储条件的监测与控制内容主要包括：库内温湿度、药品储存设备的适宜性，药品避光和防鼠等措施的有效性、安全措施的运行状态。

为保证各类库房的温、湿度符合规定的要求，仓库保管人员要在养护员的指导下，有效地对库房温、湿度条件进行动态监测和管理，发现库房温湿度超出规定范围或接近临界值时，应及时采取通风、降温、除湿、保温等措施进行有效调控，并予以记录。对库房的温、湿度条件应定时进行观察记录，一般每日上、下午各一次。

为确保仓库温湿度条件的全天候监控，药品控制企业在节假日也应安排值班人员，对仓库的储存条件进行监控。

发现库房温湿度超出规定范围或接近临界值时，应及时采取措施调控，并予以记录。

（三）定期对库存药品的质量进行循环检查

1. 检查方法

采用三三四药品养护检查法，即：每季度（3个月）巡查完1次在库、在店药品。根据库房区域位置及放置药品的数量，将库房分为A、B、C 3个区域，存放药品分别占总库存的30%、30%、40%左右。第1个月巡查A区域位置的药品，第2个月巡查B区域位置的药品，第3个月巡查完C区域位置的药品。周而复始，每年循查4次。

2. 主要检查内容

(1) 包装情况　主要检查药品包装破损或被污染情况。

(2) 外观性状　主要按剂型特点确定检查项目。

(3) 药品效期　主要检查药品标记的效期时间，发现效期已过或近效期药品及时采取措施。

各种药物剂型的质量检查项目汇总见表 5-2 所示。

表 5-2 各种药物剂型的质量检查项目

剂型	类型	外观质量检查项目
片剂	压制片(素片)	色泽、暗斑(中草药除外)、麻面、黑点、色点、碎片、松片、霉变、飞边、结晶析出、吸潮溶化、虫蛀、异臭等
	包衣片(糖衣片、薄膜衣片,肠溶衣片)	色泽、花片、黑点、斑点、粘连、裂片、爆烈、掉皮、脱壳、霉变、瘪片(异形片、凹凸不平)、片芯变色变软等
胶囊剂	硬胶囊剂	色泽、褪色、变色、破裂、漏粉、霉变、异臭等
	软胶囊剂	色泽、粘连、粘瓶(振摇即散不算)、破裂、漏油、异臭、畸形、霉变等
滴丸剂		色泽、粘连、粘瓶(振摇即散不算)、破裂、漏油、异臭、畸形丸、霉变等
注射剂	注射用灭菌粉末	色泽、吸潮、结块、玻璃屑、铝盖松动等
	注射液	色泽、纤维、玻璃屑、结晶析出、瓶盖松动等
滴眼剂	溶液型滴眼剂	色泽、混浊、沉淀、漏药、结晶析出等
	混悬型滴眼剂	色泽、漏药、结块等
散剂		色泽、潮解结块、异物、霉变、虫蛀等
颗粒剂		色泽、结块、潮解、破漏、霉变、虫蛀等
酊剂		色泽、澄清度、渗漏、霉变等
糖浆剂		色泽、渗漏、霉变、异臭等
流浸膏剂		色泽、澄清度、渗漏、霉变等
软膏剂		色泽、异物、酸败、霉变、漏药等
眼膏剂		色泽、异物、酸败、霉变、漏药等
气雾剂		破漏等
栓剂		色泽、霉变、酸败、干裂、软化、变形、走油等
膜剂		色泽均匀、完整光洁、厚度一致、受潮、霉变等
丸剂		色泽、圆整均匀等
橡胶膏剂		色泽、药物涂布均匀、透油(透背)、老化、失黏等

> **课堂思考**
>
> 药品陈列是药品从商品成为消费品的一个重要环节,药品在陈列期间还需要进行检查养护吗?

(四)养护中发现质量问题的处理

药品养护中发现的问题一般包括技术操作、设施设备、药品质量等方面的内容,养护员应对发现的问题进行认真的分析,及时上报质量管理部核实、处理,按照质量管理部的要求,采取措施对质量管理过程实施改进,从而有效地控制药品储存质量。养护员对养护过程中发现的药品质量问题,应悬挂醒目的黄色标牌,并暂停发货,上报质量管理机构进行处理。养护中发现质量问题的处理程序如图 5-3 所示。

对质量可疑的药品应当立即采取停售措施,并在计算机系统中锁定,同时报告质量管理部门确认。对存在质量问题的药品应当采取以下措施:

① 存放于标志明显的专用场所,并有效隔离,不得销售;
② 怀疑为假药的,及时报告食品药品监督管理部门;
③ 属于特殊管理的药品,按照国家有关规定处理;
④ 不合格药品的处理过程应当有完整的手续和记录;
⑤ 对不合格药品应当查明并分析原因,及时采取预防措施。

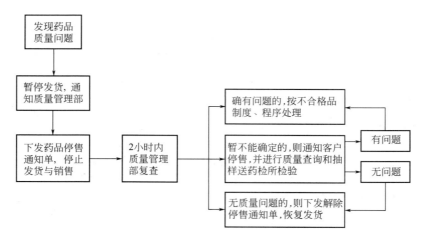

图 5-3　养护中发现质量问题的处理程序

四、药品养护档案与信息

为给药品养护工作提供系统、全面的管理依据，不断提高药品养护的技术水平，企业应针对重点养护品种建立药品养护档案，收集、分析、传递养护过程中的信息资料，从而保证药品养护质量系统的有效运行。

1. 药品养护档案

企业应结合仓储管理的实际，本着"以保证药品质量为前提，以服务业务经营需要为目标"的原则，针对重点养护品种建立药品养护档案。药品养护档案是在一定的经营周期内，对药品储存质量的稳定性进行连续观察与监控，总结养护经验，改进养护方法，积累技术资料的管理手段。其内容包括药品的基本质量信息、观察周期内对药品储存质量的追踪记录、有关问题的处理情况等。药品养护档案的品种应根据业务经营活动的变化，及时调整，一般应按年度调整确定。

2. 养护质量信息

按照 GSP 规定，药品养护人员应定期汇总、分析和上报养护检查、近效期或长时间储存的药品的质量信息，以便质量管理部门和业务部门及时、全面地掌握储存药品质量信息，合理调节库存药品的数量，保证经营药品符合质量要求。其报告内容应汇总该经营周期内经营品种的结构、数量、批次等项目，统计并分析储存养护工程中发现的质量问题的相关指标，如质量问题产生的原因、比率，进而提出养护工作改进的措施及目标。

五、常见药物的储存与养护

1. 中成药、化学药制剂

（1）注射剂　水针剂应注意防冻；生物制品、血液制品、疫苗，温度过高易失效、变质，适宜冷藏。

（2）片剂　注意防潮，相对湿度控制在 45%～75%；避光保存，片剂活性成分对光敏感，易受光照而变质。

（3）胶囊剂　应控制温度，胶囊受热易吸潮粘连、变色，应存放于阴凉库。

（4）水溶液剂、糖浆　水溶液剂应存放于常温库；糖浆剂宜阴暗保存。

（5）软膏、霜剂　冬季应防冻，秋季宜常温库保存。

（6）栓剂　温度过高（超过 36.5℃）会融化变形，宜阴凉存放。

2. 中药饮片

（1）影响中药饮片质量的主要因素

① 温度　温度在 20℃ 以上时，对含脂肪、树脂类、芳香气味的饮片有影响。适合阴凉库储存。

② 湿度　一般中药含水量为 7%～15%，当空气中相对湿度超过 70% 时，极易发霉。

③ 空气　某些中药的某些成分易挥发，如薄荷的变色和气味散失等。某些化学药制剂易被氧化，如维生素 C 等。

④ 日光　日光对某些中药的色素有破坏作用，如黄芪晒后变白、槟榔片晒后变红等。

（2）中药材、中药饮片的养护　中药材、中药饮片作为药品中的一个特殊分类，由于其形态、成分、性能的多样性及复杂性，在储存过程中发生质量变异的概率、程度相对较大。因此，中药材及中药饮片储存养护的方法、标准及技术要求等也相对较高，其应用的手段也具有多样性。

按照养护目的的不同，在养护过程中应采取有针对性的措施。如为防止霉变腐烂，可采取晾晒、通风、干燥、吸湿、熏蒸、盐渍及冷藏等方法；为防止虫害，可采取曝晒、加热、冷藏、药物、熏蒸等方法；为防止药性的挥发，可采取密封、降温等方法；为防止变色、泛油［泛油：中药泛油是指中药材所含的油分在一些自然因素的作用下溢出表面，呈油润状态或质地发生变化，或色泽加深，或有哈喇味等现象。中药含脂肪油（杏仁、桃仁、柏子仁、郁李仁）、含挥发油（当归、木香、独活、桂皮）、含糖分和黏液质多的（天冬、怀牛膝、党参），当温度过高时药物易走油］，可采取避光、降温等方法。

随着技术的不断进步，在药品养护中应用新技术、新方法日益广泛，主要有降氧、远红外干燥、微波灭虫、电离辐射等方法。

对抗储存养护药材及药材饮片是利用一些中药材所散发出的特殊气味和特有驱虫防霉化学成分与易生虫、易发霉中药材共同存放，达到防治中药材及中药饮片虫蛀、霉变的养护方法。

第四节　药品分类陈列

情景引入

高某是某药店的主管店长，有着丰富的药品陈列及销售工作经验，现有一名刚应聘上岗的某大专药学专业毕业生小陈，在药店负责药品陈列与销售工作。高某该如何指导小陈做好此项工作？

当顾客踏入药店时，他会首先注意到药店的环境和布局，然后体验到药店药品陈列带给他的视觉效果。如果东西摆放得杂乱无章，有一种凌乱、冷淡的感觉，那么这家药店可能将会影响这位顾客的购买欲望，也将因此无法提高销售业绩。因此，药店内良好的药品陈列与展示应该能够从第一视觉上吸引顾客的注意力，使其对这家药店产生信任感并刺激其购买欲望。

药品分类陈列是指药店为了最大限度地方便消费者购买药品，提高营业额和利润水平，利用门店的有限资源，合理规划店内总体布局、货架摆放顺序、药品摆放位置和堆码方式，创造便于顾客购物的环境。因此陈列是为了增加销售额和利润，而它的一个手段和方法就是展示。

一、药品陈列的目的

① 陈列可以塑造药店的形象。杂乱无章的陈列会使顾客对这家药店毫无兴趣；良好的陈列则会给顾客留下经营有方、认真待客的印象。

② 陈列有体现药店主旨的作用，能集中反映药店的经营范围和特点，如果主柜台第一排陈列的全是保健品，顾客就会认为这是一家以保健品的销售为重点的药店。

③ 陈列有信息功能。量多、巧妙的陈列，可以传递给顾客更多的药品信息；井井有条、一目了然的陈列，可以提高顾客选购药品的主动性。这样会减少顾客询问、药店营业员回答的时间，从而缩短交易过程。

④ 陈列有美化效果。富有艺术性和感染力的陈列将大大增加顾客的视觉美，提高药店的素质与档次。

⑤ 陈列有选择机能。可以诱导顾客下决心选择或多购买店内的药品。

⑥ 陈列可以提高药店的竞争能力。药品陈列具有丰富的表现力和强大的吸引力，哪家店药品陈列得好，那它就能获得在经营上的有利地位。

二、陈列的基本要求

药品的陈列应当符合以下要求。

① 按剂型、用途以及储存要求分类陈列，并设置醒目标志，类别标签字迹清晰、放置准确。

② 药品放置于货架（柜），摆放整齐有序，避免阳光直射。

③ 处方药、非处方药分区陈列，并有处方药、非处方药专用标识。

④ 处方药不得采用开架自选的方式陈列和销售。

⑤ 外用药与其他药品分开摆放。

⑥ 拆零销售的药品集中存放于拆零专柜或者专区。

⑦ 第二类精神药品、毒性中药品种和罂粟壳不得陈列。

⑧ 冷藏药品放置在冷藏设备中，按规定对温度进行监测和记录，并保证存放温度符合要求。

⑨ 中药饮片柜斗谱的书写应当正名正字；装斗前应当复核，防止错斗、串斗；应当定期清斗，防止饮片生虫、发霉、变质；不同批号的饮片装斗前应当清斗并记录。

⑩ 经营非药品应当设置专区，与药品区域明显隔离，并有醒目标志。

三、陈列的类型

药店里的药品陈列类型可分为三种：第一种是交易药品的陈列，如摆放药品的货架、货橱、柜台等；第二种是样品陈列，如样品橱、橱顶、平台等；第三种是储备药品的存放。

1. 交易药品的陈列

交易药品的陈列，不论是何种药品，都具有待售、陈列、流动大、更换快等特点。因此，药店经理在摆放药品时要做到：整洁、美观、丰满、定位。整洁：要按药品大类、分类、细类，及其规格、用途、价格等方面的特征，分门别类地陈列摆放，使之一目了然。在药品整齐的基础上药店经理还应勤加整理，保持药品的清洁。美观：摆放药品时应力求格调一致，色彩搭配。摆放的方法要尽可能归类摆放或适度穿插排列，在不影响美观的前提下，应将滞销的药品搭配在旺销的药品之中，以利于销售。丰满：要做到药品多而不挤，少而不空，及时加货，不留空位，丰富多彩，方便顾客的选购。定位：要固定药品的摆放货位，这样既便于销售又易于管理。当然，药品定位不是永久不变的，而是应随季节变化和需求量的变化，做适当的调整。

2. 样品陈列

样品陈列给人以醒目、明了的感觉。如样品柜、平台的特点是一种局部陈列，具有一定的向导与美化药店的功能。由于陈列空间的范围较小，它只能容纳少量药品的陈列，因此，在陈列内容上，应从新产品、流行药品的颜色款式中，选择适量的样品；在陈列表现形式上，要力求简洁、明快、醒目；在陈列手法上，要顾及四面展示的效果，除沿着样品橱柜要考虑背景设计外，大都以采用无景象衬托的陈列为主，再辅之支架道具的配合，构成一个陈列体的立体画面。

橱柜顶陈列是一种较传统的陈列手法，在大型药店里可以见到。它起着一种标志柜组经营范围的作用，使顾客进入药店后一目了然。橱柜顶陈列除了选择实物作为样品外，还可以通过广告牌或广告灯箱上的图画和文字来代替实物陈列，这样可以避免实物样品受潮、积灰、变色、变质。

3. 储备药品的存放

储备药品的存放是指已进入销售现场但未摆上货架和柜台的备售药品。此类药品虽无需进行陈列，但也要注意摆放整齐，以利于药店经理自身管理药品。另外，切忌在通道口和药店的安全出口处堆放储备药品。

四、药品陈列的方式

药品陈列有两种性质：一是供人浏览的陈列；二是让人产生购买欲望的陈列。这种划分方法是根据顾客心理过程而设置的，顾客购买药品的心理过程分为：注视—感兴趣—联想—产生欲望—比较权衡—信任—决定行动—满足八个阶段。在这一系列的心理过程中，有两个阶段是非常重要的，一个是"感兴趣"阶段，因为它直接关系到顾客是否进店，是否接触药品；另一个是"比较权衡"阶段，在这个阶段，顾客可以通过在同类药品的比较中，决定是否购买。正因为如此，药品陈列的方式也分为两种。

（1）展览陈列　展览陈列是专供顾客参观浏览的陈列，因此，担负此项工作的人员必须有某种程度的专业技巧，但这并不意味着药店经理不能胜任此事。展览陈列最主要的重点是必须引起顾客的注意，使其产生兴趣、联想，从而刺激顾客的购买欲望。

① 中心陈列法　即以整个展览空间的中心为重点的陈列品编组法。把大型的陈列品放置于醒目的中心位置，小件展品按类别组合在靠墙四周的展台展架上，使顾客一进入展览空间就能看到大型主体展品。这种方法对于展览主题的表达非常有利，具有突出、明快的效果。

② 线形陈列法　以货架、柜台各层的展览空间为基础，将药品排列成一条平行线。可采用垂直、竖立、平卧、倾斜或平行排列的形式，视药品形状和摆放货位空间的大小，有顺序地排成直线。这种方法能统一、直观、真实、整齐地表现出展品的丰富内容，使顾客一目了然，并具有强烈的感染力。如图5-4所示。

图 5-4 线形陈列

③ 梯形法　即以阶梯式陈列样品的方法。如：小型药品应摆在前方（距离眼睛最近），大型药品摆在后方；较便宜的药品应摆在前方（容易拿取），较昂贵的药品摆在后方；暗色系的药品摆在前方，明亮色系的药品摆在后方；季节、常用药品及新药品摆在前方，一般药品摆在后方。这种陈列方法的层次感非常强。

④ 悬挂法　即运用悬挂的方法陈列药品。销售现场陈列和橱窗陈列，大都借助此法展示药品。销售现场陈列，药品一般都悬挂在货架上层装置的木档上，或在货架前位空间装置一根棒状物，将具有代表性的药品悬挂起来，以吸引顾客的视线。在悬挂时，应注意上下左右的间隔位置，以不影响货架陈列药品的视线为宜；橱窗和样品橱的陈列，悬挂也是一种主要的方法。也可悬挂一张网，将陈列样品、POP以及一些硬性中、小件药品装置在网上。

⑤ 堆叠法　即将样品由下而上堆叠起来的陈列方法。堆叠是使药品个体相叠后的体积升高，从而突出该陈列品的形象。堆叠的具体方法有三种：一是直接堆叠；二是组合堆叠，盒装药品，可采取由底层向上逐层递减堆成山字形或其他形状；三是衬垫堆叠，在每层加放一块玻璃衬垫板，使陈列药品堆叠成所设想的形状。

⑥ 道具法　即利用各种材料制作的支架、托板、码台和模型来陈列药品的方法。

药品陈列的诸多形式，都需要借助道具。用于药品陈列的道具，由于其类型多种多样，因而具有很大的灵活性，能充分展示各种药品的特点。

⑦ 配套陈列法　是将关联药品组合成一体的系列化陈列。将相关药品组合于同一展览空间内，提高顾客的想象力。如图5-5所示。

图 5-5　配套陈列

知识链接

什么是 POP？

POP（point of purchase），意为卖点广告，简称 POP。POP 广告可分为以下几种。

（1）店头 POP 广告　置于店头的 POP 广告，如看板、站立广告牌、实物大样本等。
（2）天花板垂吊 POP　如广告旗帜、吊牌广告等。
（3）地面 POP 广告　从店头到店内的地面上放置的 POP 广告。
（4）柜台 POP 广告。
（5）壁面 POP　附在墙壁上的 POP 广告，如海报板、告示牌、装饰等。
（6）陈列架 POP　附在商品陈列架上的小型 POP，如展示卡等。

（2）推销陈列　推销陈列的目的主要是利于顾客的"比较权衡"，使其对药品产生信赖感。

① 依种类分类陈列　大多数药店在做推销陈列时，都是依照药品种类来分类的。因为依种类来分，无论是统计、还是进货都很方便。

② 依原料分类陈列　如将以人参为原料制成的各种药品放在一块。虽然药品按原料进行分类，但是顾客在购买时，却往往不受这种陈列方式的影响，这是因为大多数顾客在购买这类药品时，都是在计划范围内选购，原料只不过是一个参考因素，主要还是看价格和实用程度。

③ 依使用方式分类　如将药品按外用与内服进行分类。这种分类陈列的方式，对顾客来说非常方便。因为他们购买药品的目的是为了满足某一用途、某一需要，而药品中能满足此需要的有很多，这种方法有助于其在短时间内找到所需的药品。

④ 依对象分类　这是根据不同顾客的需要而进行的分类。即将药品按其主要使用对象的年龄进行分类。但大多数药品并没有比较明显地限定使用对象的年龄。

⑤ 依价格分类　虽然顾客购买药品一般都是把药品的质量放在首位，但有些时候，仍会考虑药品的价格。因此将某些药品按价格分类将会方便顾客的比较、选择。

五、陈列的原则

1. 分区定位原则

按 GSP 的要求，药品应按剂型或用途以储存要求分类陈列和储存。药品与非药品、内服药与外用药应分开存放；处方药与非处方药应分柜摆放；易串味的药品与一般药品应分开存放；特殊管理的药品应按照国家的有关规定存放。

2. 易见易取原则

商品正面面向顾客，不被其他商品挡住视线；货架最底层不易看到的商品要倾斜陈列或前进陈列；货架最上层不宜陈列过高、过重和易碎的商品；整箱商品不要上货架，中包装商品上架前必须全部打码。

3. 利于商品管理的原则

既要符合药品分类原则，还要使最上层货架的高度适宜，靠墙的货架较高，中间的货架较低，有利于防损（防盗）等管理。

4. 同一品牌垂直陈列原则

垂直陈列指将同一品牌的商品，沿上下垂直方向陈列在不同高度的货架层位上。

其优点为：顾客在挑选时移动方便；货架的不同层次对商品的销售影响很大，垂直陈列可使各商品平等享受到货架不同的层次，不至于某商品因占据好的层次销量很好，而其他商品在比较差的层次销量很差。

垂直陈列有两种方法：一是完全垂直陈列，对销量大或包装大的商品从最上一层到最下一层全部垂直陈列；二是部分垂直陈列，采用主辅结合陈列原则。

5. 先产先出、近效期先出的原则

即按时间顺序或按批号先后，先产的商品、近效期的商品摆在前面先销售，后产的或批号较新商品摆在后面。

6. 关联性原则

药品仓储式超市的陈列，尤其是自选区（OTC 区和非药品区）非常强调商品之间的关联性，如感冒药区常和清热解毒消炎药或止咳药相邻、皮肤科用药和皮肤科外用药相邻、妇科药品和儿科药品相邻、维生素类药和钙制剂在一起等。这样陈列可使顾客消费时产生连带性，方便了顾客购药。

7. 满陈列原则

满陈列就是把商品在货架上陈列得丰满些，要有量感，俗话说："货卖堆山。"据美国一项调查资料表明，满陈列的超市与做不到满陈列的超市相比较，其销售量平均可提高 24％。满陈列可以减少卖场缺货造成的销售额下降。

8. 主辅结合陈列原则

药品仓储式超市商品种类很多，根据周转率和毛利率的高低可以划分为 4 种商品：第一种为高周转率、高毛利率的商品，这是主力商品，需要在卖场中很显眼的位置进行量感陈列；第二种是高周转率、低毛利率的商品，如感康、白加黑等；第三种是低周转率、高毛利率的商品；第四种是低周转率、低毛利率的商品，这类商品将被淘汰。

主辅陈列主要是用高周转率的商品带动低周转率的商品销售。

例如，将感康和复方氨酚烷胺片陈列在一起，同属于感冒药，只是制造商不一样，感康品牌好，顾客购买频率高，属于高周转率商品，但由于药品零售价格竞争激烈，使这类商品毛利非常低，所以要引进一些同类商品增加卖场销售额。将同类商品与感康相邻陈列，陈列面要大于感康，使店员推销商品时有主力方向，又可以增加毛利。

9. 季节性陈列原则

在不同的季节将应季商品（药品）陈列在醒目的位置（端架或堆头陈列），其商品陈列面、陈列量较大，并悬挂 POP 广告，吸引顾客，促进销售。

10. 过期及包装破损商品不能出现于货架上。

11. 危险药品需要陈列时，只能陈列代用品或空包装。

六、门店空间布局

门店布局是一门综合学问，需要考虑的因素包括：药店定位、顾客需求、竞争需求、市场需求、安全需求、费用需求等，然后在此基础上进行顾客动线设计、关联设计等，达到布局规划合理、科学，至少能提升门店 5％的销售业绩。

门店的布局是最基础、最重要的工作，首先确定现在经营的品类，具有竞争力的品类有哪些，然后根据面积设定收银台的位置、顾客动线、磁石点设置、灯光走向及亮度、屋顶高度、办公室甚至是厕所的位置等。这样就可根据品类考虑陈列道具样式，比如药妆、中药饮片、大件器械等。

（一）药店的空间布局

通常，药店空间由三个基本空间构成：药品空间、店员空间和顾客空间。

（1）药品空间　药品陈列的场所。

（2）店员空间　店员接待顾客和从事相关工作所需要的场所。采用顾客空间相分离，设员工更衣室、员工培训区、服务台内和行政办公区等。

（3）顾客空间　供顾客参观、选择和购买药品的地方，以及顾客休闲的区域。设器械体验区、免费吸氧区。

（二）货位布局

消费者基本消费习惯

1. 大部分喜欢直行，不喜欢左转或右转，但有右望的倾向。
2. 避免嘈杂、不清洁或黑暗的地方，光线充足的地方更能吸引他们的视线。
3. 大部分喜欢左转，逆时针而行。
4. 视线的移动速度通常是每秒一米。
5. 视线关注的地方通常是与视线平行的货架和货柜的上方。

1. 货位布局的原则

（1）磁石点理论　磁石点理论是指在卖场中最能吸引顾客注意力的地方，配置合适的商品以促进销售，并能引导顾客逛完整个卖场，以提高顾客冲动性购买比重。商品配置中的磁石点理论运用的意义就在于，在卖场中最能吸引顾客注意力的地方配置合适的商品以促进销售，并且这种配置能引导顾客走遍整个卖场，最大限度地增加顾客购买率。在卖场中磁石点分布如图5-6所示。

第一磁石点，分布在门店主通道两侧，为顾客必经之地，也是销售最好的地方。主要配置：①主力产品；②购买力高的商品；③采购力强的商品，为顾客随时需要，经常购买的商品。

第二磁石点，主要配置：①流行商品；②色泽鲜艳，引人注目类商品；③季节性商品；④超常规，最显眼，每隔一段时间进行调整。

第三磁石点，主要配置：①特价商品；②高利润商品；③厂家促销品。

第四磁石点，主要配置：①热门商品；②有意大量陈列商品；③正进行广告宣传的商品。

第五磁石点也叫余货架，进行节日大型展销，特卖活动的一些相关的产品。

（2）货位布局原则　影响商品销售的重要因素之一就是商品货位布局，合理的货位布局可使消费者购买更多的商品，设计商品货位布局应遵守以下原则。

① 考虑消费者的购物习惯和购物顺序，如：感冒药→清热解毒药→五官科用药→止咳药→消炎药。

② 考虑商品（药品）的特性和商品（药品）分类的关联性。

③ 将妇科用药与儿童用药邻近摆放等。

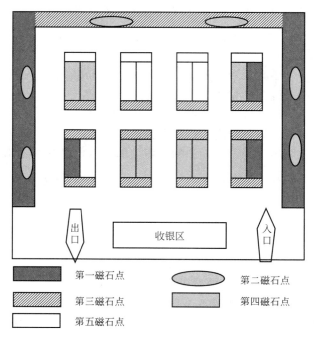

图 5-6 卖场中磁石点分布

④ 医疗器械与体育器材邻近摆放。

⑤ 处方区与门诊区相邻设计。

⑥ 洗涤日化、食品等异味商品不能与药品邻近摆放。

⑦ 将保健品等非药品类放在入口处，吸引消费者，而且保健品包装大、美观，可美化卖场。

⑧ 在收银台附近设立小型端架，陈列一些家庭常用药、应季商品、常用小食品或易丢商品，如感冒药、润喉片、风油精、皮肤科软膏、创可贴或口香糖等。

⑨ 从各类商品中精选出主力商品或新品通过端架陈列引导顾客消费。

知识链接

药店销售的模式

1. 闭柜模式　也称前柜后架式。处方药、中药饮片通常采用闭柜销售。
2. 开架模式　其他品类药物基本开架销售。

2. 货位布局的类型

（1）格子式布局　如图 5-7 所示。

优点：可以充分利用卖场空间；由于商品货架的规范化安置，顾客可轻易识别商品类别及其分布特点，便于顾客选购商品；有利于营业员与顾客的愉快合作，简化商品管理及安全保卫工作；易于采用标准化货架，可节省成本等。

缺点：当顾客比较多、较拥挤时，易使顾客产生被催促的不良感觉；室内装修方面创造力有限；卖场气氛比较冷淡、单调。

（2）岛屿式布局　如图 5-8 所示。

图 5-7 格子式布局

图 5-8 岛屿式布局

优点：顾客动线比较丰富；布局富有创意，采取不同形状的岛屿设计，可以装饰和美化营业场所；增加门店里气氛活跃度，使消费者增加购物的兴趣，并延长逗留时间，进而方便推介；容易引起顾客冲动性购买，满足消费者对某一品牌商品的全方位需求，对品牌供应商具有较强的吸引力。

缺点：容易造成营业员的局限性；有些铺张浪费空间；不方便关联销售。

（3）自由流动式布局 如图 5-9 所示。

优点：货位布局十分灵活，顾客可以随意穿行各个货架或柜台；卖场氛围融洽，可促成顾客的冲动性购买；便于顾客自由浏览，不会产生急切感，增加顾客的滞留时间和购物机会。

缺点：顾客拥挤在某一柜台时，不利于分散客流；不能充分利用卖场，要注意商品安全的问题。

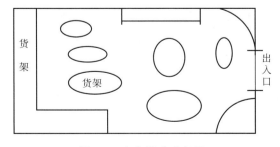

图 5-9 自由流动式布局

3. 货架布局

在开架式药品销售中，药品陈列高度不同，其销售效果也会不同。一般来说，与顾客视线相平、直视可见位置是最好的位置。货架上的药品陈列效果会因视线的高低不同而异,在视线水平而且伸手可及的范围内,药品的销售效果最好。货架布局如表 5-3 所示。

表 5-3 货架布局

货架位置	高度	陈列商品
最上层	120～160cm	推荐商品,有意培养商品;到一定时间可移到下一层
第二次(黄金陈列线)	85～120cm	高毛利商品、自有品牌商品、独家代理或经销的商品
中层	50～85cm	低利润商品、上层及黄金层进入衰退期的商品
下层	10～50cm	体积较大、重量较重、易碎、毛利较低但周转相对较快的商品

七、主要位置陈列方法与相关要求

1. 出入口陈列

门店主要出入口是顾客首先到访的位置,也是顾客决定是否进店选购的关键,因此必须重视此处的商品陈列。最畅销和最热卖的商品当陈列于此处,以吸引顾客进入店内选购。要保持畅通无阻,没有任何纸箱或杂物放在地板上,店铺从外而内都要清晰无碍,做到凡顾客从门口经过,均能清楚地看到店内当期的推广信息。

2. 货架陈列

大分类、小分类以垂直方式陈列,单品横向方式陈列,使小分类和单品更易找到。按价位区分陈列,一般按从上到下、价格由高到低的规则陈列,还要做到大不压小、重不压轻,最好首层能丰满呈梯形陈列。

3. 端架陈列

可以根据门店推广主题、主推商品,组合陈列当期促销货品。商品陈列保证商品正面朝向顾客的同时,还应做到三面陈列,即从任何方向均应看到商品的正面,最好在端架上每层只陈列一种或一系列商品。

4. 非货架的陈列

合理利用店内的灰色地带,有策略地安排非货架如堆头(促销车)的陈列,有助推动顾客走遍商场的每个角落,增加购物机会。把高毛利商品(独家销售)与畅销货品共同陈列,可有助于促销,把相同类型、色调、高度的商品摆在一起,以加强吸引力,陈列商品均应附上醒目且清晰的宣传牌。

5. 收银台陈列

收银台是顾客最后停留的地方,同样也是顾客决定是否再次到访的关键,热情的服务及有效的商品推广,最能满足顾客,令他们有宾至如归的感觉。在收银台范围内陈列一些轻便货品,如袋装小商品、安全套、口香糖、止血贴、咽喉糖、咽炎含片等可刺激顾客的即兴购买兴趣。

知识拓展

药品陈列的优化

1. 陈列布局合理 即在恰当的位置陈列适宜的商品,如将能代表商店特色和形象、销售业绩较好的商品陈列在占据最高立方空间、最高客流量且显而易见的地方,将一般性的商品陈列在立方空间一般、客流量一般的地方，将季节性商品陈列在空间较大、客流量较大的地方。

2. 陈列方式合理　考虑货架的视觉效果，将高贡献度的商品陈列在与顾客视线相平、直视可见的位置，其销售效果较好。

3. 陈列空间合理　主要是指每个商品占有多少货架空间，对于销售较好的畅销商品、主力商品应当给予足够大的陈列空间，对于销量一般的商品应当适当减少其空间。

第五节　处方调剂

情景引入

张某因咳嗽到某中医院就诊，医生给他开具了处方。但张某并没有在医院的药房抓药，而是来到了某某大药房。某某大药房销售的中药饮片质量好，而且还提供煎药的服务。张某将处方交给中药柜的营业员小王，小王该如何为他提供服务呢？

一、处方基本知识

（一）处方定义

根据我国《处方管理办法》规定：处方是指由注册的执业医师和执业助理医师（以下简称医师）在诊疗活动中为患者开具的、由取得药学专业技术职务任职资格的药学专业技术人员（以下简称药师）审核、调配、核对，并作为患者用药凭证的医疗文书。

① 法定处方主要指《中国药典》等国家药品标准收载的处方，具有法律约束力。

② 医师处方指医师为患者诊断、治疗和预防用药所开具的处方。

（二）处方内容

处方内容包括前记、正文、后记三部分。

① 前记包括医疗机构名称、费别，患者姓名、性别、年龄、门诊或住院病历号、科别或病区和床位号、临床诊断、开具日期等。

麻醉药品和第一类精神药品处方还应当包括患者身份证号，代办人姓名、身份证号。

② 正文以 Rp 或 R（拉丁文 Recipe "请取"的缩写）标示，分列药品名称、剂型、规格、数量、用法用量。

③ 后记：医师签名或者加盖专用签章，药品金额以及审核、调配、核对、发药药师签名或者加盖专用签章。

某医院的处方如图 5-10 所示。

目前很多医疗单位已经使用电子处方，卫生部颁布的《处方管理办法》（2007 年版）规定医师利用计算机开具、传递普通处方时，应当同时打印出纸质处方，其格式与手写处方一致；打印的纸质处方经签名或者加盖签章后有效。药师核发药品时，应当核对打印的纸质处方，无误后发给药品，并将打印的纸质处方与计算机传递处方同时收存备查。

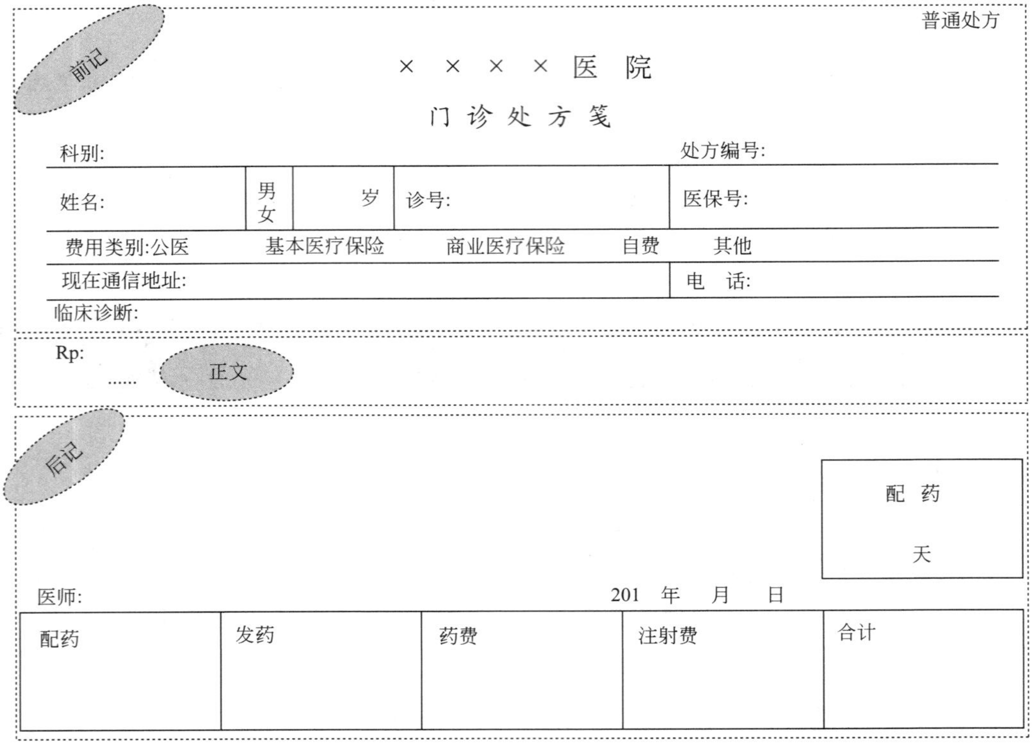

图 5-10　某医院的门诊处方

（三）处方的书写

处方书写应当符合下列规则。

① 患者一般情况、临床诊断填写清晰、完整，并与病历记载相一致。

② 每张处方限于一名患者的用药。

③ 字迹清楚，不得涂改；如需修改，应当在修改处签名并注明修改日期。

④ 药品名称应当使用规范的中文名称书写，没有中文名称的可以使用规范的英文名称书写；医疗机构或者医师、药师不得自行编制药品缩写名称或者使用代号；书写药品名称、剂量、规格、用法、用量要准确规范，药品用法可用规范的中文、英文、拉丁文或者缩写体书写，但不得使用"遵医嘱""自用"等含糊不清字句。

⑤ 患者年龄应当填写实足年龄，新生儿、婴幼儿写日、月龄，必要时要注明体重。

⑥ 西药和中成药可以分别开具处方，也可以开具于一张处方中，中药饮片应当单独开具处方。

⑦ 开具西药、中成药处方，每一种药品应当另起一行，每张处方不得超过5种药品。

⑧ 中药饮片处方的书写，一般应当按照"君、臣、佐、使"的顺序排列；调剂、煎煮的特殊要求注明在药品右上方，并加括号，如布包、先煎、后下等；对饮片的产地、炮制有特殊要求的，应当在药品名称之前写明。

⑨ 药品用法用量应当按照药品说明书规定的常规用法用量使用，特殊情况需要超剂量使用时，应当注明原因并再次签名。

⑩ 除特殊情况外，应当注明临床诊断。

⑪ 开具处方后的空白处画一斜线以示处方完毕。

⑫ 处方医师的签名式样和专用签章应当与院内药学部门留样备查的式样相一致，不得任意改动，否则应当重新登记留样备案。

⑬ 药品剂量与数量用阿拉伯数字书写。剂量应当使用法定剂量单位：重量以克（g）、毫克（mg）、微克（μg）、纳克（ng）为单位；容量以升（L）、毫升（ml）为单位；国际单位（IU）、单位（U）；中药饮片以克（g）为单位。

片剂、丸剂、胶囊剂、颗粒剂分别以片、丸、粒、袋为单位；溶液剂以支、瓶为单位；软膏及乳膏剂以支、盒为单位；注射剂以支、瓶为单位，应当注明含量；中药饮片以剂为单位。

（四）处方的颜色

普通处方的印刷用纸为白色；急诊处方印刷用纸为淡黄色，右上角标注"急诊"；儿科处方印刷用纸为淡绿色，右上角标注"儿科"；麻醉药品和第一类精神药品处方印刷用纸为淡红色，右上角标注"麻、精一"；第二类精神病药品处方印刷用纸为白色，右上角标注"精二"。

二、处方调剂

药学专业技术人员应按操作规程调剂处方药品：①认真审核处方；②准确调配药品；③正确书写药袋或粘贴标签，应注明患者姓名和药品名称、用法、用量、包装；④向患者交付处方药品时，按照说明书或处方用法，进行用药交代与指导，包括每种药品的用法、用量、注意事项等；⑤药学专业技术人员在完成处方调剂后，应当在处方上签名。

药师调剂处方时必须做到"四查十对"，即：查处方，对科别、姓名、年龄；查药品，对药名、剂型、规格、数量；查配伍禁忌，对药品性状、用法用量；查用药合理性，对临床诊断。

（一）处方审核

当药师从患者手中接过处方时，药师应依据《处方管理办法》的具体要求，加强对处方的审核，尤其应注意检查用药的安全性、合理性、适宜性，并严谨规范地调配处方，以纠正正在发生或可能将要发生的不合理用药。

1. 处方审核的内容

对于处方的审核，主要包括处方形式规范性的审核和用药适宜性的审核两个方面。

（1）处方形式规范性审核　药师应当认真逐项检查处方前记、正文和后记书写是否清晰、完整，并确认处方的合法性。

（2）用药适宜性的审核　主要审核：规定必须做皮试的药品，处方医师是否注明过敏试验及结果的判定；处方用药与临床诊断是否相符；剂量、用法是否正确；选用剂型与给药途径是否合理；是否有重复给药现象；是否有潜在临床意义的药物相互作用和配伍禁忌；是否有其他用药不适的情况等。

2. 处方审核规程

（1）人员要求　处方审核人员要由具有药师或药师以上专业技术职称人员担任。

（2）收取处方　营业员在接待顾客时，遇到需要审核的处方，要及时将需要审核的处方交予处方审核人员。

（3）审核内容　处方审核人员接到处方后对处方进行审核，主要审核处方形式规范性和用药适宜性。

（4）处方拒收　处方审核人员对项目不齐或字迹辨认不清的处方拒收，并告知顾客找开方医生补齐或书写清楚；对用量、用法不准确或有配伍禁忌的处方拒收，并告知顾客找开方医生更正或重新签名；对处方所列药品本店没有的处方拒收，并告知顾客找开方医生更换其他药品。

计算机软件审核处方

近年来，随着电子处方医嘱系统的实施，计算机辅助在线实时审核处方系统也随处可见。例如合理用药监测系统、用药安全防火墙等软件系统。一般包括药品说明书分类查询、药物相互作用审查、药物过敏史审查、药物超剂量审查、重复用药审查、中药用药禁忌审核及查询等多种功能。

（二）处方调配

1. 人员要求

要求由药士从事处方调配工作。

2. 处方调配的注意事项

（1）调配处方前应仔细阅读处方所写的药品名称、剂型、规格和数量，按照药品的顺序逐一调配。有疑问时绝对不可猜测，可咨询上级药师或通过电话与处方医师联系。

（2）调配药品时应检查药品的批准文号，并注意药品的有效期，以确保使用安全。

（3）药品调配齐全后，与处方逐一核对药品名称、剂型、规格、数量和用法，准确、规范地书写标签。

（4）尽量在每种药品上分别贴上用法、用量、储存条件等标签，并正确书写药袋或粘贴标签。特别注意标识以下几点：①药品通用名或商品名、剂型、剂量和数量；②用法用量；③患者姓名；④调剂日期；⑤处方号或其他识别号；⑥药品储存方法和有效期；⑦有关服用注意事项（如餐前、餐后、冷处保存、驾车司机不宜服用、需振荡混合后服用等）；⑧调剂药房的名称、地址和电话。

（5）对需特殊保存条件的药品应加贴醒目标签，以提示患者注意，如 2～10℃ 冷处保存。

（6）调配好一张处方的所有药品后再调配下一张处方，以免发生差错。

（7）核对后签名或盖专用签章。

中药饮片调配

处方调配前应检查调剂台面、戥称等用具清洁无污染，并对戥称平衡度做核定。对处方所列药味逐一浏览，确认中药名称、炮制规格、医嘱的相关注脚、剂量、药味数等内容，如有疑问立即咨询审方人员。

调配时应按处方书写的顺序从上到下或从左到右调配，并将称取好的药味间隔平摆，不能相互覆盖混放一堆，避免发生漏配、错配、影响核对。

处方中要求先煎、后下、包煎、烊化、另煎、冲服等特殊用法的药味，应单独包装并注明用法。需要临时捣碎的药味,应使用铜缸捣碎,铜缸用后应立即擦拭干净,不得残留粉末。

须临时要求特殊炮制的饮片,应有专人负责处理,并做好临方炮制记录。

调配时必须按等量递减法每味药每剂分戥称,以保证计量准确。调配完毕,调剂人员自查无误后在处方上签字或盖章,交核对人员核对。

(三) 核查与发药

1. 核查

(1) 再次全面认真地审核一遍处方内容。
(2) 逐个核对处方与调配的药品名称、规格、剂量、用法、用量是否一致。
(3) 逐个检查药品的外观质量是否合格(包括形状、色、嗅、味和澄明度),有效期等均应确认无误。
(4) 检查人员签字。

2. 发药

发药是处方调剂工作的最后环节,要使差错不出门,必须把好这一关。要逐一核对药品与处方的相符性,检查药品剂型、规格、剂量、数量、包装。发药时向顾客进行用药指导,告知每种药品的服用方法和特殊注意事项。

第六节　药品柜台销售

情景引入

小赵刚刚从某医药高专毕业应聘到某药店从事营业员工作。在上岗前药店要对她进行为期15天的岗前培训,她觉得很不理解。药店营业员就是销售药品呗,还需要培训什么呢?其实,药品的柜台销售,除了要具备药品的相关知识外,还有一定的步骤和技巧。

药品柜台销售可以分为售前准备、药品销售、售后服务三个部分。

一、售前准备

充分的售前准备是营业员调整好营业工作状态的关键,也是顾客接纳营业员提供进一步销售服务的基础。

(一) 个人准备

1. 要保持整洁的仪表

一个优秀的店员会保持整洁美观的容貌,穿着新颖大方的着装,表现出稳重高雅的言谈举止,她的仪表能够感染顾客,使顾客产生购买欲望。良好的仪表表现为以下三个方面。

(1) 仪容整洁　具体来说就是要勤梳头洗手,要及时修面,要保持脸部干净。
(2) 穿着素雅　店员的着装是顾客首先注意到的,由于药店店员的工作性质,不宜打扮得花枝招展,以免引起顾客的反感。所以店员的着装应以素雅洁净为好,统一着装,并佩带工作牌。

(3) 化妆清新　女店员可适当化些淡妆，以形成良好的自我感觉，增强自信心，同时也给顾客留下一个清新的印象，而浓妆艳抹只会招致顾客的反感。男店员要每天刮胡须，头发不宜过长，不宜留中分头。

2. 要保持良好的工作情绪

店员在上班的时间里要有饱满的热情、充沛的精力，要求店员在上岗前必须调整自己的情绪，始终保持一个乐观、向上、积极、愉快的心理状态。在工作中，决不允许店员把不好的情绪带到工作中，更不能借机向顾客发火，顾客不是店员的出气筒，伤害了顾客反过来只会损害药店的利益。

3. 要养成大方的举止

在药店里，如果店员言谈清晰明确、举止大方得体、态度热情持重、动作干净利落，那么顾客会感到亲切、愉快、轻松、舒适；反之，如果店员举止轻浮、言谈粗俗、动作拖沓、心不在焉，顾客会感到厌烦，只希望尽快离开。

（二）工作准备

1. 柜台人员

（1）清洁各柜台相关责任区域的货架、灯箱广告位、装饰玻璃、商品摆放位、计量仪器、冷藏柜、咨询台、寄存柜、店内通道、天花板、柱墙、购物篮、推车以及顾客休息区域的卫生。营业场地清理干净，做到通道、货架、橱窗无杂物、无灰尘。

（2）备货　复点过夜药品，所有商品补位、物料充填，检查各项商品是否归位、陈列妥当，保证商品正面朝外，件件明码标价，价签与之对应。药品陈列时要做到"清洁整齐、陈列有序、美观大方、便于选购"。药品标签，要做到有货有价、货签到位、标签齐全、货价相符。

（3）检修　销售工具有电视、录像机、录像带、信号源和接线设备、产品手册、样品、计算机、计量仪器、复写纸、销货卡、笔、包装纸、剪子、裁纸刀、绳子以及其他必备的辅助工具。助销用品有灯箱、POP、宣传品、促销品等。所有用品摆放整齐，如有破损和污损，需及时更换。

（4）辅助设备、设施　准备开放空调系统、自动饮水机等服务设施的电源开关。

2. 收银员

（1）清洁收银区域内收银机、打印机、显示器、扫描仪等的洁净度。

（2）检修保证收银机、打印机、显示器、扫描仪等服务机器正常运转。

（3）检查备用金、找零金是否足够，检查前日保险柜或钱箱等财物保管处有无异常；检查前日各项报表是否填写无误，今日应传回或寄回公司的报表、资料准备情况；检查备用票据是否够用；检查当天营业购物袋、活动赠品等小件物品准备情况。

3. 早会

开店前3~5分钟，由门店店长主持。早会的内容通常为服装礼仪检查、交代上一班遗留事宜、新人介绍、促销活动相关内容安排、今日工作事项说明及交办、服务用语练习等。

二、药品销售

一名普通的顾客在一个完整的购买过程中其心理活动一般经历如下八个阶段：注视阶

段、兴趣阶段、联想阶段、欲望阶段、比较阶段、信心阶段、行动阶段、满足阶段。根据顾客购买药品时的心理变化,药店营业员必须辅之以适当的销售服务(如图5-11所示),才能很好地完成药品的销售。

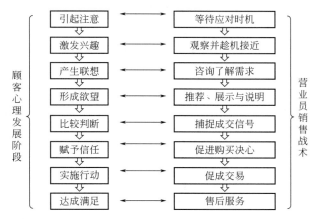

图 5-11　顾客心理发展阶段与营业员销售战术

一般来说,药品销售的基本步骤可分为八个阶段,分为待机→初步接触→药品展示和介绍→劝说→处理顾客异议→建议成交→收款与包装→送客。

(一) 待机

所谓待机,就是药店已经营业,顾客还没有上门或暂时没有顾客光临之前,药店营业员边做销售准备、边等待接触顾客的机会。待机,是相对顾客"注视"这一心理阶段而产生的,在待机的过程中,不仅要想方设法地吸引顾客的视觉,用整理药品、布置药店环境等方法引起顾客的注意,还要随时做好迎接顾客的准备。

1. 正确的待机姿势

将双手自然下垂轻松交叉于身前,或双手重叠轻放在柜台上,两脚微分平踩在地面上,身体挺直、朝前、站立的姿势不但要使自己不容易感觉疲劳,而且还要令顾客满意。另外,在保持微笑的同时还要以极其自然的态度观察顾客的一举一动,等待与顾客做初步接触的良机。

2. 正确的待机位置

正确的待机位置,以站在能够照顾到自己负责的药品区域,并容易与顾客做初步接触的位置为宜。通常,当只有一名药店营业员时应站于柜台中央、两名药店营业员应分立柜台的两侧、三名药店营业员应均匀分开站立。

3. 待机的注意事项

(1) 暂时没有顾客时,不能无所事事,可以检查展区和药品、整理与补充药品或者其他准备工作。

(2) 要时时以顾客为重　当药店营业员在整理药品时,应随时注意是否有顾客光临或走近,如果有,应立即停止手中的工作,微笑着主动上前打招呼,切忌对顾客视而不理,更不能在整理票据或药品时,有顾客向自己打招呼,自己却不耐烦地说:"喊什么喊,没看我这儿正忙着吗!"或是"等会儿,您先看看别的。"因为药店营业员的首要职责是接待顾客,其他的准备工作都是为了更好地服务顾客和销售药品,如果由于怠慢使顾客愤然离去,那么准备工作做得再好又有什么用呢?所以,绝不可本末倒置。

（3）禁止出现不正确的待机行为　以下这些不正确、对顾客极不礼貌的待机行为要禁止出现：躲在药品后面偷看杂志、剪指甲、化妆；几个人聚在一起七嘴八舌地聊天，或是隔着货架与同事大声喧哗嬉笑；胳膊挂在药品上、货架上，或是双手插在口袋里，身体呈三道弯状；背靠着墙或依靠着货架，无精打采地胡思乱想、发呆、打呵欠；要么百般无聊地站在货架一旁，要么隔一会从衣兜掏出点零食放进嘴里；远离自己的工作岗位到别处闲逛；非常凝神的或是不怀好意地观察顾客的服装或行动；专注地整理药品，无暇注意顾客。

（二）初步接触

顾客进店之后，营业员可以一边和顾客寒暄，一边和顾客接近，这一行动称之为"初步接触"。找准与顾客做初步接触的适当时机，是最重要也是最困难的事情。从顾客的心理来讲，与其初步接触的最佳时机应是在"兴趣"和"联想"之间，在这之前和之后，都不合适。在注视阶段接触会使顾客产生戒备心理，在欲望阶段接触又会使顾客感到受到了冷落。

1. 初步接触的时机

（1）当顾客与你的眼神相碰撞时　当顾客光临药店或是在浏览药品的过程中与你的目光相对时，应主动地向顾客轻轻点一下头，用明朗的语气说"您好"，以表示重视顾客。

（2）当顾客四处张望，像是在寻找什么时　如果顾客一走进药店或是在浏览过程中突然停下脚步，左顾右盼好像在寻找什么的时候，要赶快走过去向顾客打招呼："您好，有什么需要帮助的吗？"

（3）当顾客突然停下脚步时　在店内边走边浏览货架上和橱窗内药品的顾客，突然停下脚步注视某一药品的时候，是与其打招呼的最好时机。如果顾客已经找到某种想要的药品，但没有销售人员过来招呼他，那么这位顾客可能会走开，继续浏览别的药品。

（4）当顾客长时间凝视某一药品时　这个时候正是打招呼的良机。在与顾客打招呼时，要注意接近顾客时的角度，最好能与顾客面对面，并能兼顾到药品。然后轻轻地说："请问，有什么需要我帮忙的吗？"

（5）当顾客抬起头时　当顾客注视药品有一段时间后，突然把头抬起来，此时营业员应当立即迎上前去，亲切而热诚地对顾客说："您需要感冒药吗？这些药的药效稍微差了一些，旁边那几种比较有效，您看……"

（6）当顾客主动提问时　顾客主动提问、询问有关药品的情况，说明已经有了比较明确的对象，在回答时，应详细地展开介绍。

例如，"这种药有瓶装的吗？"药店营业员回答："有，您看一下。"就这样，在问与答之间药店营业员不仅拉近了主客关系，而且还可以了解顾客的购买需求。

2. 初步接触的方法

（1）个人接近法　这是对经常光顾或曾经见过面的顾客较自然的接近方法。如果知道顾客的姓名，在接近顾客时，最好直呼其姓，那样会显得十分亲切，例如，"尉姐，早上好，买药吗？"或"尉姐，您好，您上次问的那种药已经到了？"对于曾经接待过但未达成交易的顾客，可以说："您好，张先生，我见您已经是第二次来看那件药品了，如果您需要的话，我可以再为您介绍一些情况。"

（2）药品接近法　当顾客正在凝神看某一种药品时，这种方法被认为是销售中最有效的接近方法，因为通过向顾客介绍药品，可以把顾客的注意力和兴趣与药品联系起来。

例如，可用手指向那种药品和顾客搭话："您好，您正在看的那种药是西安杨森的新药，如果需要的话，我可以详细地介绍一下。"或"上午好，先生，您现在看的这些药品的价格因为促销，比以前降了不少，其实它们都是很不错的名牌保健品，您要拿出来看一下吗？"

这种扼要地介绍药品的方法使药店营业员获得了进一步与顾客交流的机会。当药品的某种特性与顾客的需求相吻合时,用这种介绍方法接近顾客十分有效,顾客也会觉得这位药店营业员的经验非常丰富,从而乐意接受帮助。

(3) 服务接近法　如果顾客没有在看药品,或者不知道顾客的情况时,那么最有效的方法就是用友好和职业性的服务接近法向顾客提供帮助。一般情况下,可以单刀直入地向顾客询问,例如:"您好,请问需要帮忙吗?"

(三) 药品展示和介绍

1. 药品的展示

药品的展示目的为了让顾客产生联想,刺激顾客的购物欲望。药品展示的方法主要如下。

(1) 示范法　这种方法就是商品的演示。例如:医疗器械的功能演示,这是消除顾客偏见的最好方法。

(2) 感知法　这种方法就是尽可能地让顾客触摸商品,让顾客实际感知商品的优点,以消除顾客的疑虑。对于OTC药和保健品可以开架式来展示,以吸引顾客的感官,通过刺激顾客的视觉、听觉、嗅觉来激发购买欲望。

(3) 多种类出示法　这种方法适用于顾客对具体购买某种商品无一定主见时,营业员可出示几种性能相近或价格相近的商品供其选择。但要注意,有时出示商品过多,会将顾客思想搞乱,无所适从,最终只好放弃购物。还要注意,这时顾客非常需要营业员的帮助和指导,不能消极地等待顾客的选择,而应将其不再感兴趣的商品迅速拿开,以使顾客的注意力集中到某一种商品上。

(4) 逐级出示法　这是在顾客可能接受的价格段位上,先出示价格低的商品,再出示高档商品的方法,这种方法不仅适合那些想购廉价商品的顾客心理,也会使想购高档商品的顾客产生优越感。反之,从高档到低档出示,易使欲购廉价品的顾客感到难堪,从而放弃购物。当然,对有求名动机的顾客,若从较低价位开始出示,也会令其反感,最终失去销售机会。

2. 药品介绍

(1) 介绍药品本身情况　据调查,消费者在购买药品时希望获得的消息集中在以下几个方面:药效或疗效信息(50%)、药品的副作用或安全信息(19%)、价格信息(17%)、药物品种信息(13%)、药品的服用方法(13%)。因此,在介绍药品本身情况时,主要应从这几个方面进行介绍。

(2) 针对顾客的需要来介绍　在介绍药品时,必须有针对性地进行,这个针对性就是顾客的需求,必须要围绕顾客的需求来进行介绍。把握顾客需求要点的方法为:观察＋试探＋咨询＋倾听＝充分了解顾客需求。

① 观察顾客的动作和表情　采用观察法,切忌以貌取人。衣着简朴的人可能会花大价钱购买名贵药品,衣着考究的人也可能去买最便宜的感冒药。因此,不能凭主观感觉去对待顾客,要尊重顾客的愿望。

② 试探推荐药品　通过向顾客推荐一两件药品,观察顾客的反应,就可以了解顾客的愿望。

③ 谨慎询问　可以提出几个经过精心选择的问题有礼貌地询问顾客,再加上有技巧地介绍药品和对顾客进行赞美,以引导顾客充分表达他们自身的真实想法。

④ 耐心倾听　让顾客畅所欲言,不论顾客的称赞、说明、抱怨、驳斥,还是警告、责

难、辱骂，都仔细倾听，并适当有所反应，以表示关心和重视。从倾听中，了解顾客的意见与需求。

（四）劝说

经过一番详细说明之后，顾客对药品的特性、使用方法、价格等已经有了全面的认识，甚至会产生强烈的购买欲望。但是，大多数的顾客在这个阶段是不会很冲动地立即掏出钱包的，在他们的脑海中还会浮现出很多曾经看过或了解过的同类药品，彼此间做个更详细、综合的比较分析；有的顾客也可能只是有一些犹豫，不知道这个药品该不该买？买得值不值？在比较之后，也许有些顾客就不喜欢该药品了；也许有些顾客会立即做出购买决定；还有些顾客在这个阶段还是会犹豫不决，左思右想拿不定主意。因为顾客的"比较权衡"是购买过程中买卖双方将要达到顶点的阶段，所以在此时，应把握机会，提供一些有价值的建议给顾客，供其做参考，帮助顾客下购买决心。

1. 劝说的原则

（1）帮顾客比较药品　药店营业员要帮助顾客做药品比较，利用各种例证充分说明所推荐的药品与其他药品的不同之处，并对顾客特别强调此药品的优点在哪里。

（2）要实事求是　药店营业员介绍药品时，千万不要信口开河，把不好的说成好的，没有的说成有的，一旦顾客发觉后，便会愤然离去，甚至永不上门。所以，接待顾客一定要本着诚实的原则，因为药店营业员是在为顾客服务，而不是在向顾客强行推销。

（3）设身处地为顾客着想　药店营业员必须处处站在顾客的角度，为其利益着想，只有这样才能比较容易地说服顾客购买药品。

（4）让药品自我推荐　把药品自身的特点展示给顾客看，效果会更好。

2. 劝说的方法

如何按一定的逻辑顺序组织语言，使多个重点的介绍既不啰唆，又有效？针对顾客需求，把最符合顾客要求的药品利益向顾客推介十分重要。最有效的办法是利用特性（F）、优点（A）和利益（B），即"因为……，所以……对您而言"标准句式的方法。这种方法也叫 FAB 句式（利益推销法），是将所推销药品的特征转化为即将带给顾客的某种利益，充分展示药品最能满足和吸引顾客的那一方面。

FAB 的定义如下。

① F—特性（feature）　"因为……"。

特性是描述药品的一些特征，是有形的，可以被看到、尝到、摸到和闻到。特性回答了"它是什么"。

② A—优点（advantage）　"所以……"。

优点解释了特性如何能被利用，是无形的，不能被看到、尝到、摸到和闻到。优点回答了"它能做到什么"。

③ B—利益（benefit）　"对您而言……"。

利益的陈述是将优点翻译成一个或者更多的购买动机，即告诉顾客将如何满足他们的需求。利益也是无形的，利益回答了"它能为顾客带来什么好处"。

（五）处理顾客异议

顾客异议，是指药店营业员在药品销售过程中遇到的各种阻力，即顾客对药店营业员、所推荐的商品、销售活动等所做出的怀疑、否定或反面意见等反应。

1. 异议的种类

（1）真实异议　是指顾客从维护自身利益出发，提出的对产品功能、质量、价格、售后服务等方面的质疑,是顾客不愿意购买产品的真正原因,又称有效异议。

例如:"这个药一盒 7 片,却要 60 多元,真是太贵了"或者"这个药一天要服用 4 次,真是太不方便了"。

(2) 虚假异议　是指顾客为了拒绝购买而故意编造的各种借口,是顾客对销售活动的一种虚假反应,又称无效异议。

例如:"我再考虑考虑","这种还行,就是服用太不方便"(同种类的药品没有服用方便的),"您说的和我们的情况不一样"。顾客的这种反对意见并不是决定药品好坏的重要方面,它只是顾客不想购买药品而找的种种借口。

2. 处理异议的方法

(1) 先发制人法　在销售过程中,如果感到顾客可能要提出某些反对意见时,最好的办法就是自己先把它指出来,然后采取自问自答的方式,主动消除顾客的疑义。这样不仅会避免顾客反对意见的产生,同时坦率地提出药品存在的某些不足还能给顾客一种诚实、可靠的印象,从而赢得顾客的信任。例如:"您可能认为它的价格贵了一点,但这种药是同类型里最便宜的了","您现在可能在考虑是否有副作用,不必担心,副作用的影响微乎其微"。

(2) 自食其果法　对压价的顾客,可以采用这种方法。例如,某顾客:"你们的制度为什么那么死,不如别的商家灵活,你们能卖出去吗?"此时,要用肯定的语气回答:"因为××药品是通过质量创建品牌,而不是通过销量创建品牌,药店一直认为没有一个严谨的、稳定的制度是不能制造出好的产品来的,也不能对顾客负责。您说呢?"顾客对药品提出的缺点成为他购买药品的理由,这就是自食其果法。

(3) 摊牌法　在互相不能说服对方的情况下(如顾客始终处于两难境地),要掌握主动,可以采用反问的方式以表明自己的诚意,借此来答复顾客的反对意见,这样不仅可以获得顾客的好感,削弱反对程度,还可以使顾客不会再纠缠这个问题了。例如,顾客一再询问:"我用这种药品真的会那么有效吗?"可以笑着回答:"您说吧,我要怎样才能说服您呢?"或:"那您觉得呢?"

(4) 归纳合并反对意见　把顾客的几种反对意见归纳起来成为一个,并作出圆满的答复,不仅会使顾客敬佩药店营业员的专业知识和能力,还会削弱意见产生的影响,从而使销售活动顺利进行。

3. 处理异议的要点

① 弄清异议的原因;
② 理解顾客;
③ 尽量说服顾客;
④ 尽量不要争辩;
⑤ 不要讲对手坏话;
⑥ 顾客不买时不要冷落顾客。

例 1 (循循善诱)　顾客看完一种药后说:"谢谢你刚才的介绍,我再看看其他的吧!"对于这种以推迟时间为借口的反对意见,必须要找出它背后的真正理由,可以适当询问:"请问,您还要考虑什么问题呢?是不是我还有什么地方没有解答清楚?"或者:"请问,是不是您对这种药还有其他更关心的地方?"就这样,用询问的方式可以帮助药店营业员揭开借口的烟幕,再次打开话题,推进销售活动。

顾客看到营业员这么诚恳,会说:"我觉得这种药好是好,就是贵了点儿。"对此,营业员可以继续询问:"您说它贵,那么请问您拿它和哪种药品相比呢?"顾客说:"这组药和那种差不多,但是差着××钱呐。"

例2（论证说明） 在得到顾客的确切回答之后,要先肯定顾客的看法,随后提出问题,诱导其思考,让顾客自己排除疑虑,再摆出此种药与其他药之间的实际区别等事实,随后可以使用高价药品所拥有的更符合顾客需要的附加特性、优点和好处来说明此药品价格的合理性。采用论证说明的方法,实际上是把顾客眼里的缺点转化成优点,并作为他购买的理由。这种方法能把销售的阻力变为购买的动力。在说明事实时语气一定要坚决,因为这能让顾客感到信服,当然,先决条件是要对各种药品都熟悉。

（六）建议成交

1. 建议成交的信号

（1）语言上的购买信号

① 话题集中在某个药品上时　顾客舍弃了很多同类药品,只对其中的一件详加询问、反复挑选。

② 反复关心药品的某一优点或缺点时　顾客再三重复询问早已经弄清楚的问题,这实际上是顾客自问自答的一种心理活动表现。例如,一个女孩到一家药店买排毒养颜胶囊,她看了一会问:"这种药真的能治色斑吗?"药店营业员回答:"能。"但她不放心,又问了一次:"真的能吗?"药店营业员说:"保证能。"过了一会儿,她又追问到:"你不会骗我吧?"

③ 询问有无附件或其他赠送品时　"这种药品有赠品吗?"能多捡点儿便宜就捡点儿便宜,这是很普遍的顾客心理。

④ 再三询问同伴对药品的意见时　顾客扭头问同伴:"你觉得怎么样?""真的很不错吗?"

⑤ 讨价还价,要求降价时　顾客开始挑剔药品的小毛病,进一步压低价格:"这个药包装都坏了,能不能商量商量,打个折?"

⑥ 开始关心买后的详情时　顾客要求药店营业员做出某些保证:"这种药要是没有你说的效果,怎么办?"

（2）行为上的购买信号

① 顾客的瞳孔放大,眼睛发亮时　顾客一进店门（或接近某货架时）,突然眼睛睁大,直盯着某一处,脸上露出兴奋的神情。顾客的这种举动说明发现了与其事先想象中相差无几的某种药品。

② 顾客突然沉默,不再发问,若有所思时　顾客从一进门开始,就对着药品东摸西看,并不断地发问或陈述自己的意见,但从某个时刻起,突然停止对话,似乎若有所思。此时,顾客并不是不高兴,而是内心在权衡买还是不买?

③ 同时索取几个相同药品时　顾客可能让药店营业员左一次、右一次地拿同一类的药品,然后非常仔细地比较药品的用途、价格等方面。

④ 不停地把玩药品时　顾客对药品表现出一副爱不释手的模样。

⑤ 非常注意药店营业员的动作与谈话　顾客的一双眼睛非常锐利、仔细地注意药店营业员的每一个细微动作、眼神和谈话的语气、内容,一副担心上当的样子。

⑥ 不断点头时　当顾客一边看药品,一边微笑地点头时,表示他对此药品很有好感。

⑦ 热心翻阅资料时　顾客非常仔细地翻阅药品说明书或有关药品的宣传资料。

⑧ 离开卖场后再度转回,并察看同一药品时　顾客在购买药品时心里一定会有"货比三家"的想法,当顾客咨询完药品离开卖场有一段时间后（也可能是几天后）,又再度光临察看同一药品时,这是非常明显的购买信号。

⑨ 东摸西看，关心药品有无瑕疵时　顾客开始精心挑选、比较某种药品，仔细观察药品的每一细微之处，生怕把假冒伪劣药品买回去。

⑩ 当顾客观察和盘算不断交替出现时　顾客时而仔细精心挑选、比较药品，时而凝视药品若有所思，时而向同伴或药店营业员询问一些较深入的问题。

2. 建议成交的方法

（1）二选一法　这是促进成交最好和最常使用的一种方法。可以用含蓄的方式请顾客做一下选择，以促使其早做购买决定。但是一定要注意，选择是要让顾客选择购买哪种药品，而不是选择买还是不买。应该问："请问您是要哪种呢？还是这边这种呢？""这两种的药效都差不多，我建议您不妨选这种便宜的，还是这个更实惠。"像这样稍加一点提示，就会帮助顾客很快地决定购买哪种药品了。

（2）请求购买法　以直接提问的方式来完成销售，这种方法只能在顾客有明确购买意向时才可以使用。

例如："我现在给您开票，您看好吗？""把这个这样包起来好吗？"

（3）利用惜时心理法　人类对愈是得不到、买不到的东西，愈想得到它、买到它。这是人性的弱点。可以利用这种"怕买不到"的心理，来促使销售成交。这种方法可以用在当药品的剩余数目不多，错过机会很难再买到的时候；也可以用在药品有销售时间限制的时候；还可以用在处于两难境地的顾客身上，因为这类顾客本身就有一种舍不得买、放弃又可惜的心理，所以要强化放弃后的损失，增加其购买的信心。

例如，顾客想买一种药，又觉得有点贵，正在犹豫不决时，营业员可以说："这种药不多了，下次您再来恐怕买不到了。"顾客因此下定决心购买。采用这种方法一定要诚实，假如不是药品快要售完就不要这样讲，绝不能欺骗顾客。

（4）价格优惠法　当顾客对药品基本满意，可还是犹豫不决时，还可以在商店政策允许的情况下，采用价格优惠的办法鼓励顾客迅速做出购买决定。

（七）收款与包装

1. 收款

必须做到唱收唱付，清楚准确，并让顾客知道药品价格，避免在货款结算方面与顾客发生不愉快。

（1）让顾客知道药品价格　开票之前，应将价格标签指给顾客看，并说出来："这种药是150元。"这样做能避免由于顾客看错金额而导致的纠纷。

（2）收到货款后，要将金额说出来　从顾客手中接过货款时，一定要说："谢谢您，您给我的是150元。"假如顾客所付的钱刚好和票据上的价格相符，则应说："谢谢您，您给我的刚好是150元。"

（3）最后点清　将钱放进收款箱前，应再次向顾客说："这件药品是150元，您给我的正好。"

（4）将找钱交给顾客时，要再次确认　当将余额和票据交还给顾客时，要递到顾客手上，若递给顾客不方便，也可以将余额和票据轻轻地放在台子上，绝不能随便"啪"的一声扔在柜台上或收款台上。在找还的同时，应向顾客说："对不起，让您久等了，应收您150元，您给我的金额正好，请您收好票据。"这才算结束收款工作。

2. 包装

目前市场上出售的药品大部分都带有包装，这省去了许多劳动。但对于那些未有包装或需要进一步包装的药品，药店一定要热心地为顾客包装好。药品的包装要牢固、安全。如果一位顾客花了钱买的中草药因为包装袋坏了而摔得粉碎,那他一定会非常不痛快。

一个优秀的营业员在进行药品包装时会注意到以下几点:

① 包装速度要快,包装质量要好,包出来的东西要安全、美观方便;

② 在包装药品前,要当着顾客的面,检查药品的质量和数量,看清有没有残损和缺少,以免包错,让顾客放心;

③ 在包装时注意要保护药品,要防止碰坏和串染;

④ 包装操作要规范。

(八) 送客

1. 对已购买药品的顾客

在顾客交回票据时不要急着把药品递到他手上,应该等顾客把余额和留底票据收进钱包之后,再以双手将药品恭敬地递给顾客。在送客的时候,要注意以下事宜。

首先,要怀着感激的心情诚心诚意地向顾客道谢:"谢谢您,请慢走。"同时也可以有礼貌地请顾客向他人推荐此家药店和此种药品。

其次,要留心顾客是否忘记了他随身携带的物件,如皮包、雨伞、外套、帽子、手套、眼镜等。

最后,在送客过程中,要避免没等顾客离开就匆匆忙忙地收拾货架上的东西,仿佛要赶顾客走似的。

2. 对没有购买药品的顾客

对没有达成成交的或是无意购买药品的顾客,应避免恼羞成怒、藐视对方,或是自暴自弃说自己真没用。正确的做法是要真诚地对顾客说:"请慢走。"一个好的送客态度能为下一次接触顾客奠定良好的基础和创造条件,这些没有购买药品的顾客,也会因此再度光临。

三、售后服务

药品也是商品,同样存在着售后服务。一般药店的售后服务包括以下内容。

1. 送货服务

很多药店承诺对一些有特殊困难的顾客(老、弱、病、残客人),或是一次购物数量较大的顾客,可提供送货服务。有的药店还提供24小时免费送药活动。这极大地方便了广大消费者,但在运行过程中需要注意:

① 要遵守承诺,无论明文还是口头,都应言而有信,认真兑现自己的承诺。

② 要专人负责,要组织专门的送货人员和车辆。

③ 最好免收费用。

④ 一定要在规定的时间按时送达。

⑤ 要确保安全,在送货期间货物出现问题由销售单位负责,顾客须验收签收。

2. 代客加工

对于一些中药饮片,药店常提供代客加工服务,如一些中药饮片免费打粉、阿胶的免费加工等。代客加工需要注意:

① 要登记售后服务台账;

② 加工前药品的数量和质量要经顾客确认;

③ 认真细致加工,保证成品的质量;

④ 通知顾客或送货上门。

3. 退换货服务

我国《药品经营质量管理规范》中对药品的退换货做了明确规定：除药品质量原因外，药品一经售出，不得退换。

因为药品为特殊商品，由于药品退换回来后质量无法保障，假如有人将药品取出后换掉，再用高科技手段将瓶盖和包装恢复原貌，药店则难以识别和防范。即使消费者将药品买回去后没有拆封，但如果保管不当引起药品变质，也并非是单看外表就可以发现的。要接受药品退换，必须有专业的人员和设备进行检测，相关成本较高，而且药店也难以承担全部销毁的成本损耗。

但有的药店，在药品没有拆封也不影响二次销售的情况下，在一定条件下可以退换货。如买完药品刚出店门，发现买错了，这时，有些药店允许消费者退换货。如果提供退换货服务，在退换货中要注意：

① 要坚持先换后退原则；
② 应该仔细检查是否为本店售出和是否影响二次销售；
③ 若不能退换，应详细说明原因，请求谅解；
④ 无论情况如何，态度要始终保持热情。

4. 用药指导服务

药店应为消费者提供售后药品使用跟踪服务，适时提示消费者在药品使用过程中应注意的相关事项。同时，可设置专用咨询电话提供专业化的用药咨询，为消费者解决售后使用中出现的问题。

药师将在顾客购药后提供进一步用药指导，包括以下方面。

① 指导用法用量（给药途径、给药时间、药量调整、近期及远期用药注意事项等）。
② 该药品被使用的依据。
③ 药品与患者生理状态的相关性（如性别、年龄、体质等）。
④ 药物相互作用：确定患者正在服用或将要服用的几种药物间的相互作用关系，以避免服药禁忌。
⑤ 禁忌证，包括：存在规定的禁忌证（禁用、忌用、慎用）；存在潜在的（延伸的）禁忌证；对注意事项的执行遵从情况（患者应遵从的方面、医生应执行的方面）。
⑥ 不良反应，包括：预期的（规定的）不良反应（根据药品临床试验或循证药学得出的不良反应）及需要报告的不良反应（新的、严重的、罕见的）等。

第七节　药学服务

情景引入

小张是某某药店的营业员，她在药店已经工作 3 个年头了。今天来了一位患者，她抱怨说前几天在另一家药店购买的鼻喷剂没有效果。在仔细询问后小张发现原来患者使用鼻喷剂的方法不当，没有在按压喷雾器的同时吸气，因此药物没有到达有效作用部位，而贻误了病情。如果药师在发药的同时能提供有效的用药指导等药学服务，就不会造成患者身体上和经济上的双重损失。

零售药店药学服务就是指零售药店的从业人员运用专业知识，向顾客提供合格的药品及以药物治疗为目的的相关服务，包括与药品销售相关的安全用药与有效用药指导、疗效和不良反应的监护，以及药品销售之外的疾病治疗指导、健康教育等。随着零售药店在药品流通渠道中作用的提高，开展良好药学服务也是社会对药店的必然要求。同时，由于药品零售市场竞争的加剧，零售药店也越来越关注服务水平的提高，越来越多的企业已经意识到优良的药学服务将是顾客首选的产品，并将成为药店生存发展的关键因素和核心竞争力。

一、药学服务的目的

1. 提供安全的治疗药物

药学人员能够提供合格的、优质的药品，无论是在内在质量还是在外在包装上。

2. 提供有效的治疗药物

药学人员对药品的适应证、作用机理、作用途径、配伍禁忌等都有全面的了解，能够通过对患者病症的了解来提供有效的治疗药物，并善于发现医生处方中的不合理用药，提出改进建议。

3. 提供经济的治疗药物

药学人员能够向患者提供既经济又能提高生存质量的疾病治疗方案，从而大大降低疾病的治疗费用。

4. 提供合法的治疗药物

药学人员能够在国家有关法律法规的基础上，建立一套贯穿药品采购、储存、调配全过程的高效、合理、合法的管理制度和操作规范，大大提高药学服务水准。

二、药学服务的对象

药学服务的核心是患者，注重关心或关怀，要求药学人员在药物治疗过程中，关心患者的心理、行为、环境、经济、生活方式、职业等影响药物治疗的各种社会因素，利用自己的专业知识和技术来尽量保证对患者的药物治疗能获得满意的结果。

三、药学服务的内容与要求

（一）药学服务的内容

主要包括：用药咨询、处方审核、调配、核对、用药指导、药品拆零、药品不良反应信息收集、跟踪随访等药学服务，向顾客提供安全、有效、经济、合理的药品。

（二）药学服务的要求

1. 人员要求

企业应当按照国家有关规定，配备执业药师或药学技术人员，从事药学服务活动。药学服务人员的数量应当与企业经营范围、经营规模、药学服务需求相适应。

非本企业在职人员不得在营业场所内从事药学服务活动。

2. 设施设备

企业应当设置专门的药学服务台或服务室，并有明显标识。药学服务环境应当明亮、整洁、卫生，并有利于保护患者隐私。企业应当配置必要的药学服务设施设备，为顾客提供身高、体重、体温、血压测量等便民服务。通过专用电话、互联网等方式为顾客提供用药咨询、售后投诉等药学服务。

3. 用药咨询

药学服务人员应当为顾客提供用药咨询服务，告知顾客以下事项：仔细阅读药品说明书；处方药必须严格按照医嘱服用；服药期间饮食注意事项；出现药品不良反应或者身体不适时应当立即停止用药，保留剩余药品及相关票据资料，向企业或食品药品监督管理部门反映，并及时就医就诊；按照药品说明书载明的有效期和贮藏要求保存药品；其他需要告知顾客的事项。

4. 处方审核、调配、核对

销售处方药时，执业药师应当负责处方审核，对处方所列药品不得擅自更改或代用，对有配伍禁忌或超剂量的处方，应当拒绝调配，但经处方医师更正或重新签字确认的，可以调配。

调配处方后，药学服务人员应当对照处方，核对药品名称、规格、剂型、数量、标签以及顾客姓名、性别、年龄等信息，正确无误后方可销售。

5. 用药指导

药学服务人员应当按以下要求为顾客提供个性化用药指导服务，充分告知顾客药品性能、适应证、用法用量、不良反应、禁忌、注意事项、有效期、贮藏要求等信息，帮助顾客正确选择、使用药品。但不得夸大药品疗效；不得将非药品以药品名义向顾客介绍和推荐；根据药品说明书，结合顾客表述的疾病症状、用药过敏史等情况，可向顾客合理推荐非处方药；销售乙类非处方药时，应当根据顾客咨询需求，提供科学合理的用药指导；销售甲类非处方药和处方药时，应当主动指导顾客合理用药；对近效期药品，应当提醒顾客使用期限；对光、温度敏感的药品，应当提醒顾客注意贮藏要求；其他应当提供的用药指导服务。

6. 药品拆零

企业提供药品拆零销售服务的，应当符合如下要求：
（1）负责拆零销售的人员经过专门培训；
（2）拆零的工作台及工具保持清洁、卫生，防止交叉污染；
（3）做好拆零销售记录，内容包括拆零起始日期、药品的通用名称、规格、批号、生产厂商、有效期、销售数量、销售日期、分拆及复核人员等；
（4）拆零销售应当使用洁净、卫生的包装，包装上注明药品名称、规格、数量、用法、用量、批号、有效期以及药店名称等内容；
（5）提供药品说明书原件或者复印件；
（6）拆零销售期间，保留原包装和说明书。

7. 药品不良反应收集

企业应当关注食品药品监督管理部门发布的药品不良反应警示公告，按照国家有关药品不良反应报告制度的规定，收集、上报顾客提供的药品不良反应信息，及时处理和反馈顾客对药品质量的投诉。

8. 跟踪随访

用药对象为儿童、老人、孕妇、哺乳期妇女、过敏体质、肝肾功能不全和慢性疾病患者等人群的，药学服务人员应当进行重点关注，防止发生用药意外。必要时，对顾客用药情况进行跟踪随访，提供后续药学服务，指导顾客健康生活。

企业应当至少对上述人群建立用药档案和药学服务记录。药学服务记录应当至少包括日期、对象、服务内容等事项，记录至少保存5年。

（三）药学服务的拓展

药学服务还包括其他拓展服务，能够拓宽药学服务的内涵，展现企业的特色，提升企业的知名度和竞争力。

1. 建立药历制度

对有高血压、糖尿病及哮喘等慢性病的患者要建立药历档案。药历是指为消费者建立的用药档案，内容包括消费者的一般资料、家庭史、嗜好、过敏史、历次用药的药品名称、剂量、疗程、不良反应记录等。药历制度的建立有利于患者的以后治疗，提高患者的依从性，能够保障用药者的安全、有效、经济，还可增进与患者的关系，提高药学服务水平。

2. 建立回访制度

建立消费者回访制度是药学服务的又一重要环节。通过电话或上门服务，对老顾客进行问候，既加深联系和友情，又对消费者用药后的情况进行反馈，及时了解用药效果，监测药品潜在的不良反应等。

3. 提供健康护理服务

零售药店（连锁）是服务导向的经营行业，消费者对药学服务的期望也会越来越高，而高质量的药学服务应体现在促进消费者健康意识和生活质量的全面提高上。因此，零售药店（连锁）的传统功能可以扩展到为社区提供健康护理服务的领域中，如举办健康教育讲座、合理用药宣传、整理家庭小药箱等活动，向顾客提供疾病科普宣传、健康常识、用药常识、疾病预防和保健知识，引导顾客科学、合理地使用药品。

【本章小结】

面向消费者的药品营销

- **药品采购**：1.新品调研；2.资质审核；3.制订采购计划；4.采购谈判；5.签订采购合同；6.在途跟踪；7.到货确认；8.入库验收；9.药品标价；10.入库上账；11.采购结算；12.销售跟踪
- **药品验收**：1.目的；2.依据；3.对象和范围；4.地点；5.时限；6.抽样的原则与比例；7.一般程序；8.具体内容；9.验收中对发现问题的处理
- **药品养护**：1.影响药品质量的因素；2.药品养护的基本要求；3.药品养护的步骤与内容；4.药品养护档案与信息；5.常见药物的储存与养护
- **药品分类陈列**：1.陈列的目的；2.陈列的基本要求；3.陈列的类型；4.药品陈列的方式；5.陈列的原则；6.门店空间布局；7.主要位置陈列方法与相关要求
- **处方调剂**：1.处方基本知识；2.处方调剂
- **药品柜台销售**：1.售前准备；2.药品销售；3.售后服务
- **药学服务**：1.药学服务的目的；2.药学服务的对象；3.药学服务的内容与要求

【复习思考】

1. 张某打算在一处大型居民社区开办一家药店，他现在已经办完了全部手续，并选好了地址。在开始装修药店的同时，他想购进一批药品为开业做准备。他将购进哪些药品？又将如何采购这些药品呢？

2. ××大药房新购进了药品阿奇霉素分散片292箱，在进行药品验收时，需要在待验区对购进的药品进行抽样以进一步检查。如果你是库房的验收员，你将如何进行抽样？进一步检查的内容又是什么？

3. ××大药房又新开了一家连锁药店，这次这个药店开设在××职业技术学院超市旁边，如果你是这家药店的店长，你如何设计你药店的布局，并陈列哪些药品为主打药品？请画出你的布局图，并说明原因。

4. 张大爷是药店的老顾客了，今天他拿着一张中药处方来到我们药店购买中药饮片。如果你是药店的营业员，你如何为张大爷提供服务？

5. 药店里阳光明媚，一位顾客也没有，小李趁着这个时间给妈妈打电话，今天是妈妈的生日。正在通话期间，一位妇女走进药店，对小李说："请问，有阿司匹林吗？"小李对她笑了笑，说："请稍等，我打完电话就给你拿。"妇女等了一会，看小李还没有打完电话，就转身离开了药店。小李很困惑：嗯？她怎么走了呢？我态度很好啊？

请你分析一下，顾客为什么离开了药店？小李的接待是否合适？

6. 案例描述：一位顾客走进药店，刚一进门，营业员就热情地说："您好！请问你买什么药？"顾客说："我随意看看。"于是顾客就随意看起来。营业员热情地跟在顾客的后面，一边走还一边问："你到底要买什么药啊？"顾客没有回答她的问话，转身离开了药店。

请你分析一下，顾客为什么离开了药店？营业员的接待是否合适？如果是你，你认为什么时候与顾客进行初步接触比较合适？

7. 案例描述：一位顾客走进药店，问营业员："有消炎药吗？"营业员热情地说："您好！有消炎药。"一边说一边从柜台中拿出一盒消炎药来。顾客问道："多少钱？""68.5元。""有便宜一点的吗？"顾客又问道，"有，45.8元。"营业员又拿出另外一种消炎药给顾客看。她看顾客仍然没有继续询问的意思，知道顾客对这种消炎药还是不太满意，于是又拿出一种消炎药说："这种效果也很好，才26元。"顾客看看说："谢谢，我再看看。"转身离开了药店。

请你分析一下，营业员进行药品展示的时候使用了什么展示方法？她使用方法的是否合适？如果是你，你应该怎样进行药品的展示？

8. 案例描述：一位顾客到药店来买降压药，营业员给他推荐了硝苯地平缓释片。顾客问她："为什么这种药物要比普通的降压药贵很多呢？"营业员支支吾吾说不清楚，只是强调这种药物价格贵是因为质量好的缘故。顾客最终没有购买任何药物，转身离去。

请你分析顾客没有购买的原因，如果你是营业员，你会如何劝说顾客购买硝苯地平缓释片？

9. 案例描述：一个顾客惴惴不安地走进店里，进门就说："对不起……。"

营业员殷勤地跟她打招呼："欢迎您光临！"

顾客忐忑不安地说："非常抱歉，昨天在你们这里买的这个正露丸，回去以后才知道，我女儿过敏，不适合用这种药，我不知道能不能退换……。"

营业员的脸一下就沉了下来："哦，要退货呀……好吧，让我先看一下。"

他拿起药品，仔细地检查有没有使用过，有没有沾上污点，直到挑不出毛病了，才说："好吧，药品我收回来，但是您至少要找其他什么药品作为替换……。"

顾客为难地说："上次就是因为对药品知识不懂才买错的，还是先让她到医院看看吧。您能不能退现钱？下次我会再上这儿……。"

营业员老大的不情愿："好了好了，就退给你吧，下不为例！"

那位营业员接待的是否合适？如果你遇到这样的顾客，你将如何接待？

10. 某女，24岁，怀孕3个月，今日因扁桃体发炎，来药店买药。如果你是药店营业员，你会如何对该患者进行用药指导？

【实训项目】

实训1　药品采购

一、实训任务

某药店拟采购一批药品，均为以前常规采购药品。请按照某药店的药品采购流程（见实训提示），模拟完成药品的采购工作。

二、实训目的

1. 熟悉药品采购的流程，能够按照流程要求完成药品采购过程。
2. 了解采购计划、采购合同的形式及内容。

三、实训准备

采购计划、采购合同、进仓单等相关单据。

四、实训内容

1. 分组与分工：全班分为四组，分别为采购部、质量管理部、储运部、财务部，并让小组同学扮演其中相关角色。
2. 按照某药店的药品采购流程（见实训提示），模拟完成药品的采购工作。

五、实训评价标准

1. 分组分工合理，各组配合得当。
2. 采购过程顺畅，没有落下的环节。

六、实训提示

某药店药品采购流程如下图所示：

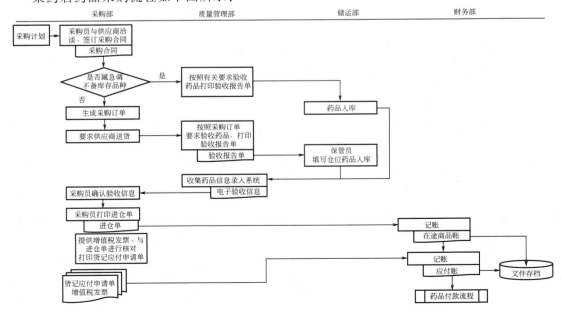

实训2　药品验收

一、实训任务

某药店已经采购到一批药品，请按照药品验收的基本操作程序（见实训提示），模拟完成药品的验收工作。

二、实训目的
1. 熟悉药品验收的基本操作程序和要求。
2. 能够按照药品验收的基本操作程序完成药品验收过程。

三、实训准备
模拟药库、各种类型药品及主要验收工具和设备。

四、实训内容
1. 抽签决定操作对象,通过抽签得到自己验收操作的药品类型。
2. 根据操作对象,选择相应的验收工具。
3. 根据操作对象,依据相关验收要求,按照某药店的药品验收程序(见实训提示),进行相应的验收操作。
4. 根据验收操作结果和相应的判断依据,对所验收的药品合格与否下结论。
5. 根据验收操作过程和 GSP 要求,做好验收记录工作。

五、实训评价标准
1. 根据操作对象类型,能正确选择验收工具。
2. 根据操作对象类型,依据相关验收要求,能够按照验收程序完成验收操作过程。
3. 能在规定的时间内完成验收操作。

六、实训提示
某药店药品验收程序如下图所示:

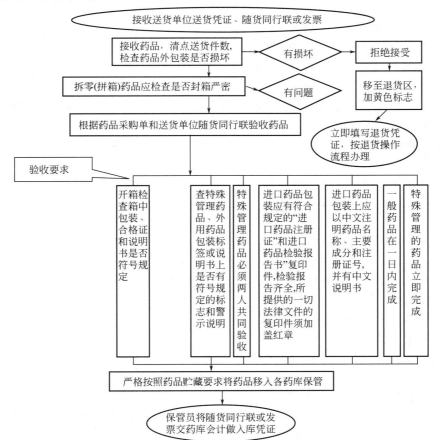

实训 3　药品分类陈列

一、实训任务

依据模拟药店现有情况设计药店布局图，并按照 GSP 的要求对所提供药品进行分类陈列。

二、实训目的

1. 熟悉门店空间布局方式，能设计药店的布局图。
2. 能按照 GSP 的要求进行药店常见药品的陈列。

三、实训准备

模拟药店、多种药品、货柜、货架、隔离板、价签等道具。

四、实训内容

1. 学生通过相关信息收集，制定门店室内总体布局设计图。
2. 学生对药品按照药品品种类型的用途和剂型特点进行分类。
3. 按照药店现场现有的条件、药品用途和剂型特点、预测的销售规律和消费者可能的购买习惯及 GSP 的要求，确定药品大类的陈列位置和陈列方式。
4. 对药品进行陈列。

五、实训评价标准

1. 门店室内总体布局设计符合药店布局基本原则。
2. 最大限度地延长顾客流动线。
3. 设计有创意、有主题。
4. 药品分类正确。
5. 药品陈列区位合理、商品说明及标牌设置合理。
6. 药品陈列符合 GSP 要求，陈列美观。

六、实训提示

（1）顾客流动线即顾客进入药店后移动的线路，店堂布局的核心就是设计顾客流动线，最大限度地延长顾客在店内停留的时间。

（2）顾客走动多的地方有利于药品的促销，走动少的地方则为滞销区。

（3）陈列要符合 GSP 要求，并满足陈列的基本原则。

（4）陈列要保持量感、突出特点。

实训 4　处方调配

一、实训任务

学生 4 人一组，分别担任审方人员、调配人员、复核与发药人员、患者角色，实训过程中 4 人轮换角色。请依据现有处方，完成处方调配操作。

二、实训目的

1. 能审核中药饮片处方的各项内容，判断其合理性。
2. 能正确使用戥秤。
3. 能按照调配操作规程合理调配中药饮片处方。
4. 能按照复核、发药的要求对调配后的中药饮片进行复核、包装与发药。

三、实训准备

处方、调剂台、药橱、中草药、戥秤、包药纸（袋）或装药盘、捣筒、压方板、研钵、铁研船、拌缸、药筛、钢锉、镊子。

四、实训内容

1. 审方 学生审查中药饮片处方,审查内容包括配伍禁忌、超剂量、处方应付、别名和并开药名、特殊处理的药物等。

2. 中药饮片处方的调配 学生根据审方结果,使用正确中药饮片处方进行调配操作。

3. 按照处方复核内容要求对中药处方调配结果进行复核,复核后包装,并按照发药要求向患者发药。

五、实训评价标准

1. 戥秤使用准确、熟练、速度快。

2. 药品调配准确、快速。

3. 药品包装美观。

4. 用药指导准确。

5. 药品调配环节齐全、步骤准确、质量好。

六、实训提示

1. 注意处方药名与实际应付品种的正确性。

2. 注意药物的别名与并开。

3. 注意称量准确无误。

4. 注意称量顺序和摆放要求。

5. 注意特殊处理要求。

6. 用戥子称量中药前要对戥,称量误差要符合要求。

7. 中药分剂量调配要按照减重称量法逐一称量,不可以估计分剂量。

实训 5 药品柜台销售

一、实训任务

学生 2 人一组,分别扮演营业员和顾客。根据顾客类型的不同,营业员能恰当接待顾客并体现药品柜台销售的 8 个步骤。

二、实训目的

1. 能够进行药品柜台销售。

2. 能合理运用药品柜台销售 8 个步骤的相关技巧。

三、实训准备

模拟药店、药品若干、店服等道具。

四、实训内容

1. 角色分配

(1) 营业员。

(2) 顾客 探价的顾客、退换货的顾客、闲逛的顾客、犹豫不决型顾客、爽快型顾客、老年顾客、带小孩的顾客等。

2. 情景设计

(1) 顾客拿不定主意;(2) 顾客自有主张;(3) 顾客结伴而来;(4) 交易繁忙;(5) 柜台缺货;(6) 顾客退换货;(7) 顾客探价;(8) 老年顾客来买治疗心脑血管疾病的药物;(9) 顾客带 3 岁小男孩买药等。

3. 营业员接待顾客,销售药物。

五、实训评价标准

1. 药品销售步骤准确。

2. 能做到"三声"服务。
3. 对各类顾客的接待合理，符合要求。
4. 服务礼仪符合规范。

六、实训提示
1. 待机：正确的位置、站姿、可以做什么。
2. 初步接触：适当的方法及时机。
3. 药品展示和介绍：在展示之前，要探询顾客需求；展示采用何种方法、介绍什么内容。
4. 劝说：FAB 句式。
5. 处理异议：注意缓冲。
6. 建议成交：采用的方法。
7. 收银：唱收唱付。
8. 送客：慢走。

实训 6　常用药品用药咨询与指导

一、实训任务
学生 2 人一组，分别扮演营业员和顾客。根据顾客主述病症和问望后售给对症的非处方药物，并指导患者合理用药。

二、实训目的
1. 掌握用药咨询与指导的基本程序和注意事项。
2. 能够根据本药店现有非处方药物进行合理推荐。

三、实训准备
模拟药店、药品若干、店服等道具。

四、实训内容
1. 角色分配
（1）营业员。
（2）顾客。
2. 情景设计
（1）患者为学生，最近学习紧张，过度疲劳，昨天又淋雨，现头痛、嗓子干、全身不舒服，怀疑是感冒，想买抗感冒药。
（2）患者是男性，30 岁，前几天患感冒，现感冒症状已消失，但出现频繁咳嗽，有痰。拟购一种止咳祛痰药。
（3）患者女性，32 岁，一年前下岗在家，经常为家庭生活与前途发愁，晚间入睡困难，多梦，白天精神疲乏，感觉昏昏沉沉，怀疑神经衰弱。
（4）患者小儿，4 岁，厌食，希望买一种助消化药。
（5）患者女性，45 岁，经常出现胃部不适，上腹疼痛，还有些恶心，吐酸水，不想吃东西，想买胃药。
（6）患者女性，16 岁，自觉双眼奇痒、畏光、流泪、有异物感，想买对症的眼药水。
（7）患者男性，55 岁，粪便干结、排出困难、伴有下腹部膨胀感，寻求相关药物。
（8）患者男性，28 岁，脚趾间糜烂、流黄水、刺痒难忍，怀疑是脚癣。
（9）患者男性，32 岁，经常感到咽部干、疼、有异物感，多痰，热饮时咽疼，怀疑是咽炎，拟选消炎药。

(10) 患者男性，24 岁，全身风疹块，瘙痒难耐，自觉过敏，要求买一种抗过敏药。

3. 营业员接待顾客，根据顾客主述病症和问望后售给对症的非处方药物，并进行用药指导。

五、实训评价标准
1. 态度和蔼亲切，语言通俗，气氛融洽。
2. 问病要点清楚、全面。
3. 疾病判断准确。
4. 能准确说出所推荐药物的依据、应用注意事项。

六、实训提示
1. 问病内容：问病症、问病前、问病后。
2. 问病态度要和蔼亲切、语言通俗。

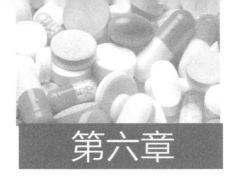

第六章

网上药店药品营销

教学导航

学习目标	知识目标： 1. 了解网上药店的开办意义 2. 了解国内外网上药店开办的概况 3. 熟悉网上药店的开办条件和开办流程 4. 熟悉网上药店开办的常见模式 5. 熟悉网上药店售后服务的主要内容 6. 掌握网上药店开办的基本流程、方法及技巧 能力目标： 1. 能够准备申请网上药店的材料 2. 能够正确认识网上药店与实体药店的差异
学习重点	1. 网上药店开设的意义 2. 网上药店申请流程 3. 网上药店的售后服务
学习难点	网上药店开办的基本流程、方法及技巧
教学方法	案例分析法、实际操作法、小组讨论法
建议学时	8学时

我国医药市场目前已成为世界上发展最快的医药市场之一，医药经济正进入高速增长阶段，医药行业呈现出更大的发展空间。随着计算机网络和通信技术的迅速发展和不断成熟，特别是互联网的普及，中国互联网药品交易也迅速发展起来，成为一种新的商务运作方式。

在我国，网上售药必须要具有食品药品监管部门核发的《互联网药品交易服务资格证》。互联网药品交易服务资格证书是由国家食品药品监督管理总局给从事互联网药品交易服务的企业颁发的互联网药品交易服务机构资格证书，分为A、B、C三种。A证由国家总局审批，属第三方交易服务平台，只能作为药品生产企业、药品经营企业和医疗机构之间的平台服务商，不得向个人提供药品销售服务；B证由地方局审批，是药品生产企业、药品批发企业通过自身网站与本企业成员之外的其他企业进行的互联网药品交易，属于自有生产或经营企业向其他企业的批发交易证书；C证由地方局审批，是向个人消费者提供药品，只能销售自营非处方药品。互联网药品交易服务机构的验收标准由国家食品药品监督管理总局统一制定，证书由国家食品药品监督管理总局统一印制，有效期五年（见图 6-1 和图 6-2）。

图 6-1　互联网药品交易服务资格证书

图 6-2　互联网药品信息服务资格证书

第一节　网上药店开设

情景引入

据 2014 年 8 月 15 日南方都市报关于 2014 中国药品零售产业信息发布的报道称，2013 年中国药品零售市场规模 2571 亿元，较上一年增长 11%。但受多种因素的压制，预计 2014 年市场增速将放缓至 9%。不过，网上药店销售规模的发展速度惊人。《中国医药行业为六大终端用药市场分析蓝皮书（2013～2014）》数据显示，2014 年网上药店交易规模将从 2013 年的 42 亿元快速攀升到 68 亿元。另据了解，2014 年上半年新增 B2C 网上药店 43 家，截至当年 6 月 30 日，总数已达 193 家。

另据波士顿咨询公司最新发布的研究报告显示，我国医药电商在过去五年经历了从无到有的快速增长，销售规模到 2014 年超过 70 亿元，占国内药品零售规模的近 3%，未来增长空间广阔。

波士顿咨询合伙人夏小燕说，医药电商近年来突飞猛进，网上药店数量达到近 300 家，最基本的驱动因素是"医药分家"的进程不断加快，且在 2015 年有所突破。

知识链接

电子商务

电子商务是以信息网络技术为手段，以商品交换为中心的商务活动；也可理解为在互联网（Internet）、企业内部网（Intranet）和增值网（Value Added Network，VAN）上以电子交易方式进行交易活动和相关服务的活动，是传统商业活动各环节的电子化、网络化、信息化。

电子商务通常是指在全球各地广泛的商业贸易活动中，在因特网开放的网络环境下，基于浏览器/服务器应用方式，买卖双方不谋面地进行各种商贸活动，实现消费者的网上购物、商户之间的网上交易和在线电子支付以及各种商务活动、交易活动、金融活动和相关的综合服务活动的一种新型的商业运营模式。各国政府、学者、企业界人士根据自己所处的地位和对电子商务参与的角度和程度的不同,给出了许多不同的定义。

医药电子商务可以分成平台B2B和企业B2B、B2C三种,对应的是药监总局认证的A、B、C三个证件。人们通常所说的网上药店属于B2C这种模式,最早出现在美国。网上药店也称虚拟药店或电子药店,是指企业依法建立的,能够实现与个人消费者在互联网上进行医药商品交易的电子虚拟销售市场,是医药电子商务的一个分支,其主要功能是网上药品零售和在线药学服务,消费者可以24小时全天候享受购药的方便。同其他网店一样,网上药店也是借助互联网平台,让人们在浏览网页的同时,足不出户地买到自己需要的药品。但是,与其他网店不同的是,凡是向个人消费者提供零售药品的网上药店,首先应当是实体药品零售连锁企业,符合自建网站审批管理规定。所有取得在网上售药资质的企业,都应该在自己网站的醒目位置上标注资格证书编号,供消费者查询核实(见图6-3)。网上药店是在电子商务高度发达的时代应运而生,是医药电子商务发展的产物,在为商家盈利的同时,也为消费者提供了便利。在中国,如果想开办网络药店必须同时取得《互联网药品信息服务资格证书》和《互联网药品交易服务资格证书》,而且目前网上药店经营内容暂时限制在为普通消费者销售处方药以外的药品或服务。

图6-3 网上药店的网页首页

一、网上药店开设的意义

在互联网发展迅速的今天,网上药店的出现为人们提供了实体店无法相比的便利,具有重要的意义。

1. 网上药店方便快捷

网上药店的出现使药品交易不再受困于时间、地域的限制,网上药店随时为消费者提供服务,使其无时间和地域差异地享受所需要的方便。一天24小时,一周七天,一年365天可以不停地运作;同时,销售地点也不受限制,互联网可以在世界范围内销售商品,无国界、无区域界线限制,不受现实经济的地方保护、贸易壁垒和企业实力的制约。互联网世界里无远近之分，整个互联网用户都是网上药店潜在的消费群体，消费者只需拥有电脑和网络，便可以随时随地到任何虚拟的网上药店中浏览，在遇到自己需要的药品时可以随心所欲进行了解和咨询。

当消费者确定自己要购买的药品后，只需在网络上输入药店地址、购药品种和数量以及支付方式等信息，药品就会送到消费者手里。这种方式大大方便了那些不便出门或者位置远离药店的人，特别是一些老人和残疾人，使其可以买到更多的药物，方便快捷地满足了消费者对药品的需求（见图6-4）。

图 6-4　网上购药

2. 网上药店具有价格优势

消费者在购买商品时，无论是服装鞋帽、电子产品，还是医药产品，都希望物美价廉、物超所值。药品的零售价格是药品的成本与药店利润之和。药品的成本高，在利润不变的情况下，其售价必然会高。药品成本的高低不仅仅是药品本身的制造成本，还要受到很多因素的影响，比如，药店的房屋租金、门店装修、员工工资、工商税务费用、库存投资等。这些因素与药品本身的制造成本一起构成了药品的总成本。在一定时期内，药品自身的制造成本是相对固定的，那么降低附加于其上的其他成本，就可以使药品的总成本下降，从而达到降低药品价格的目的。

同其他网店一样，网上药店的成本比实体门店要低很多。开办一家网上药店比开办一家实体药店其运营成本可以大大降低。首先，可以降低门店租金成本。在一个药店的成本中，房租占药店成本的一大部分，特别是如果选择相对位置较好的地方开设实体门店，其租金将会更高。而网上药店则不需要租门店，尽管开办网上药店也需要为其网络使用租用相应的空间，但是与实体店租用的门店相比较，租金要相差很多。第二，可以节省库存成本。由于网上药店的开办首先要是实体零售连锁企业，本身已经有了储存药品的库房，或者与一些药品厂家签署了直销协议，因而不需要再为网上药店建新的库房，实现了网上药店的零库存销售，不仅加快了资金周转，同时省去了药品仓储、保养等诸多费用。第三，可以降低人员成本。作为一个实体药店，一个店员一次只能面对一位顾客，没有顾客上门，店员便无事可做,如果同时开办了网上药店,店员可以在实体店工作闲暇之时做好网店的工作,而且一个店员可以面对几个网络顾客,这样就可以提高工作效率,减少人员开支。尽管开办一家网上药店在前期建设网站时,需要较大的人力投资,但是这样的前期准备在资金投入上相比门店和库房这两项成本要低很多,这就可以给药品价格的降低提供更大的可操作空间,有的药品价格优惠率可以达到30%(见图6-5)。

图6-5　网上药店的价格优势

3. 网上药店可以有效地保护消费者的隐私权

对于隐私性较强的产品,一些消费者不愿在实体药店向店员讲述自己的隐私性疾病或需求,在网上则无此顾忌。网上购药采用的是一种基于客户服务软件系统的人机互动的模式,没有第三方的参与,顾客可以在家中更加隐蔽地购买药品和与医师进行咨询,其个人身份以及交易的内容都得到了很好的保密(见图6-6)。

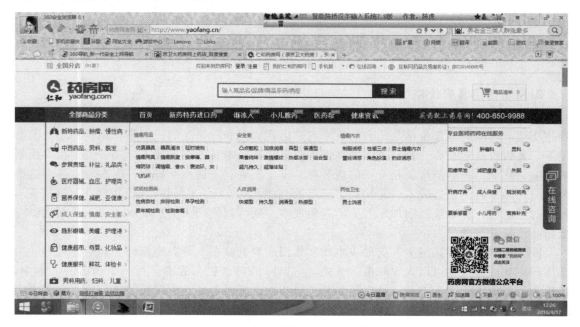

图6-6　网上药店的隐私性产品

4. 药店药品品种多

实体药店由于经营场地的限制,药品一般不是很齐全,只能买到日常所需的一些常用药品,而网上药店则没有这一顾虑。所以比起实体药店来说,网上药店的品种要更为齐全。一些实体零售药店较难见到的 OTC 药品以及一些医疗器械，消费者可以在网上药店购买到。即使这家网上药店没有消费者要购买的产品，只要消费者在互联网上进行搜索，便能足不出户地在其他网店找到所需要的此种产品，从而满足自己的需要，比起在实体药店一家家地寻找所需要的产品将会节省消费者极大的精力。

5. 消费者容易获得性价比最合理的产品

互联网为消费者提供了强大的药品搜索引擎，它可以用最快捷的方式满足消费者的药品搜索和购买需求。消费者可以通过不同药品、不同病症、不同科室分类进行导航，十分方便、快捷地找到自己需要的药品。再通过对多家药店进行同类产品的比较，从中筛选出性价比最合理的产品。特别是第三方交易平台下，同一种药品在多家药店的对比，不仅对比了价格，同时还有各家药店的销售量对比，以及购买者的评价（见图 6-7）。消费者将这些信息汇总整理，就可以确定哪一家的产品是自己最终要购买的。如果把这些网上药店改为实体药店，短时间内获取如此大量详细的信息几乎是不可能的。而且由于网上药店的成本比实体药店成本低，因此，店家有能力在交易时为消费者提供适当的赠品，这样就会使消费者在交易过程中获得更大的实惠。

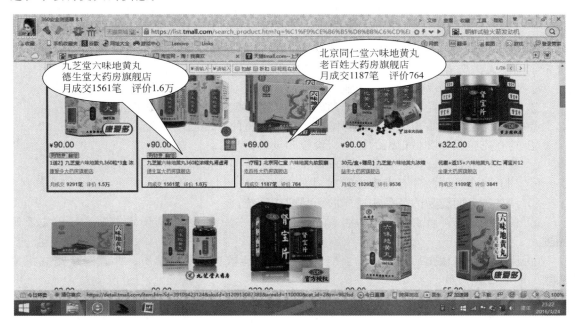

图 6-7　不同网店出售的不同品牌六味地黄丸

6. 更容易获得产品书面说明信息和参考资料

网上药店里的产品都有很详细的说明书，一般情况下，消费者可以自行从中获得所需要的信息。同时网上药店一般都聘请了专业的医生、药师，有的还直接在线连接了专业医院，实现 24 小时的在线服务，消费者在购买药品时既可以咨询医生，也可以在网上搜索该药品的使用方法、治疗效果以及可能出现的不良反应等信息，保证用最安全正确的方式用药。

7. 网上药店潜在的消费者数量庞大

网络交易由于不受时间、地域的限制，因而其潜在的消费者群体庞大，可以说所有的网络参与者都是网上药店的潜在客户。两个处于不同时间和地域的消费者均可以在同一家网上药店购买到相同的产品，而不需要任何附加条件。

二、网上药店的开办条件

药品是指用于预防、治疗、诊断人的疾病，有目的地调节人的生理机能并规定有适应证或者功能主治、用法和用量的物质，包括中药材、中药饮片、中成药、化学原料药及其制剂、抗生素、生化药品、放射性药品、血清、疫苗、血液制品和诊断药品等。作为一种特殊的商品，药品在针对个人零售时主要在医院的药房、实体药店和网上药店进行。

随着生活水平的日益提升，人们对于健康的要求越来越高，因此，为了使人们能够方便地购买到所需要的日常药品，实体药店如雨后春笋般地出现了，购买一些常用的药品已经不用必须去医院了。这不仅增加了从业者的收入，同时也极大地方便了消费者。随着互联网的飞速发展，网络平台带给人们更多的机会和竞争力，同时也改变了传统的购物模式和竞争模式。近年来，实体药店面对的竞争日益激烈，很多药店经营者都想到了开辟网络药店的经营途径，这样不仅可以省去了店面及库房租金，降低了人工成本，同时，由于其方便、快捷和低价，吸引着越来越多的消费者通过网络平台购买常用药品，使得网上药店的业绩比实体店要好。但是，如何申请开办网上药店呢？因其所售商品的特殊性，国家食品药品监督管理总局对药品经营者的要求特别严格，以达到从源头堵截假药泛滥的现象发生，因此网上药店的准入门槛要比一般网店高。很多人往往在真正申请开办网上药店的时候才知道自己并没有开网上药店的资格。2005年12月1日起实行的《互联网药品交易服务审批暂行规定》第九条规定了向个人消费者提供互联网药品交易服务的企业，即网上药店应当具备以下条件：

① 依法设立的药品连锁零售企业；
② 提供互联网药品交易服务的网站已获得从事互联网药品信息服务的资格；
③ 具有健全的网络与交易安全保障措施以及完整的管理制度；
④ 具有完整保存交易记录的能力、设施和设备；
⑤ 具备网上咨询、网上查询、生成订单、电子合同等基本交易服务功能；
⑥ 对上网交易的品种有完整的管理制度与措施；
⑦ 具有与上网交易的品种相适应的药品配送系统；
⑧ 具有执业药师负责网上实时咨询，并有保存完整咨询内容的设施、设备及相关管理制度；
⑨ 从事医疗器械交易服务，应当配备拥有医疗器械相关专业学历、熟悉医疗器械相关法规的专职专业人员。

此后，国家食品药品监督管理总局又对《互联网药品交易服务审批暂行规定》进行了补充说明。

① 申请从事互联网药品交易服务的网站，必须是取得《互联网药品信息服务资格证书》至少期满三个月，系统运行稳定并且连续三个月内没有任何违法提供互联网药品信息服务记录的网站。
② 各级食品药品监督管理部门所管理的单位以及医疗单位开办的网站不得从事任何形式的互联网药品交易服务活动。
③ 从事互联网药品交易服务的网站，其申请的网站中文名称可以出现"电子商务""药品招标"的内容；申请的网站中文名称不得以中国、中华、全国等冠名，但申请的网站中文名称与申请单位名称相同的除外。
④ 已取得《互联网药品交易服务资格证书》的网站，如果互联网药品交易服务提供的单位地址、单位名称、企业法定代表、网站中文名称、网站域名、IP地址以及涉及互联网药品交易服务范围的栏目设置发生重大变化时，应当向原受理机关提交《互联网药品交易服

务项目变更表》(一式三份)。食品药品监督管理部门对变更事项进行审核时,不需进行现场检查。审核通过后,应将变更事项记录在《互联网药品交易服务资格证书》副本上。

⑤ 已取得《互联网药品交易服务资格证书》的企业,其所属的子公司或分公司在该企业已获批准的互联网药品交易服务网站上开展互联网药品交易服务活动的,无需向食品药品监督管理部门提出申请。已取得《互联网药品交易服务资格证书》的企业必须将允许使用其网站从事互联网药品交易服务的子公司或分公司的名单报原审批部门备案。

⑥《互联网药品交易服务资格证书》有效期届满需要申请换发新证的,申请单位应在国家食品药品监督管理总局政府网站上在线申请,同时提交与在线申请内容一致的纸质《换发互联网药品交易服务资格证书申请表》一式三份,其中一份由负责审批的食品药品监督管理部门保存,一份由食品药品监督管理部门报同级信息产业部门备案,一份由申请单位留存。

⑦ 应加强对互联网药品交易服务活动的监管。对在监督检查中发现的违反法律法规规定的情况,应在《互联网药品交易服务资格证书》副本上予以记录。

如果具备了《互联网药品交易服务审批暂行规定》第九条规定的开办网上药店的条件,得到了食药监局的认证标识,网上药店便可以开门营业了。从消费者的角度讲,如果不出门便可以咨询到专业的医生,买到质量合格、价格低廉的药品何乐而不为呢。

三、网上药店的开设流程

国家食品药品监督管理总局颁布的《互联网药品交易服务审批暂行规定》中规定了网上药店的开办流程(见图6-8)。

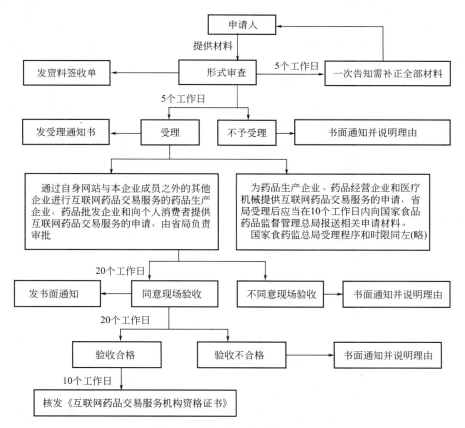

图6-8 网上药店的开办流程

申请从事互联网药品交易服务的企业，应当填写国家食品药品监督管理总局统一制发的《从事互联网药品交易服务申请表》，向所在地省、自治区、直辖市食品药品监督管理部门提出申请，并提交以下材料：

① 拟提供互联网药品交易服务的网站获准从事互联网药品信息服务的许可证复印件；
② 业务发展计划及相关技术方案；
③ 保证交易用户与交易药品合法、真实、安全的管理措施；
④ 营业执照复印件；
⑤ 保障网络和交易安全的管理制度及措施；
⑥ 规定的专业技术人员的身份证明、学历证明复印件及简历；
⑦ 仪器设备汇总表；
⑧ 拟开展的基本业务流程说明及相关材料；
⑨ 企业法定代表人证明文件和企业各部门组织机构职能表。

在食品药品监督管理部门收到申请人提供的申请材料后，将会按以下流程进行审查，并最终决定是否核发互联网药品交易服务资格证书。

① 省、自治区、直辖市食品药品监督管理部门收到申请材料后，在5日内对申请材料进行形式审查。决定予以受理的，发给受理通知书；决定不予受理的，应当书面通知申请人并说明理由，同时告知申请人享有依法申请行政复议或者提起行政诉讼的权利。

② 对于申请材料不规范、不完整的，省、自治区、直辖市食品药品监督管理部门应当在收到申请材料之日起5日内一次告知申请人需要补正的全部内容；逾期不告知的，自收到申请材料之日起即为受理。

③ 省、自治区、直辖市食品药品监督管理部门受理为药品生产企业、药品经营企业和医疗机构提供互联网药品交易服务的申请后，应当在10个工作日内向国家食品药品监督管理总局报送相关申请材料。

④ 国家食品药品监督管理总局按照有关规定对申请材料进行审核，并在20个工作日内作出同意或者不同意进行现场验收的决定，并书面通知申请人，同时抄送受理申请的省、自治区、直辖市食品药品监督管理部门。

⑤ 国家食品药品监督管理总局同意进行现场验收的，应当在20个工作日内对申请人按验收标准组织进行现场验收。验收不合格的，书面通知申请人并说明理由，同时告知申请人享有依法申请行政复议或者提起行政诉讼的权利；验收合格的，国家食品药品监督管理总局应当在10个工作日内向申请人核发并送达同意其从事互联网药品交易服务的互联网药品交易服务机构资格证书。

⑥ 省、自治区、直辖市食品药品监督管理部门按照有关规定对通过自身网站与本企业成员之外的其他企业进行互联网药品交易服务的药品生产企业、药品批发企业和向个人消费者提供互联网药品交易服务的申请人提交的材料进行审批，并在20个工作日内作出同意或者不同意进行现场验收的决定，并书面通知申请人。

⑦ 省、自治区、直辖市食品药品监督管理部门同意进行现场验收的，应当在20个工作日内组织对申请人进行现场验收。验收不合格的，书面通知申请人并说明理由，同时告知申请人享有依法申请行政复议或者提起行政诉讼的权利；经验收合格的，省、自治区、直辖市食品药品监督管理部门应当在10个工作日内向申请人核发并送达同意其从事互联网药品交易服务的互联网药品交易服务机构资格证书。

国家食品药品监督管理总局和省、自治区、直辖市食品药品监督管理部门对申请人的申请进行审查时，发现行政许可事项直接关系到他人重大利益的，应当告知该利害关系人，并听取申请人、利害关系人的陈述和申辩。依法应当听证的,按照法律规定举行听证。

在申请开办网上药店时,除了按照流程进行以外,申请人还应当自觉提交真实材料。如果不能提供真实材料或者提供的为虚假材料,不但不能正常获得开办网上药店的资格,还会受到相应的处罚,即使获得了开办资格,也会在发现之后被依法撤销。对于提供虚假申请材料的,国家食品药品监督管理总局将会进行如下的处理。

① 提供虚假材料申请互联网药品交易服务的,食品药品监督管理部门不予受理,给予警告,一年内不受理该企业提出的从事互联网药品交易服务的申请。

② 提供虚假材料申请从事互联网药品交易服务取得互联网药品交易服务机构资格证书的,食品药品监督管理部门应当撤销其互联网药品交易服务机构资格证书,三年内不受理其从事互联网药品交易服务的申请。

在依法获得食品药品监督管理部门颁发的互联网药品交易服务机构资格证书后,申请人还应当按照《互联网信息服务管理办法》的规定,依法取得相应的电信业务经营许可证,或者履行相应的备案手续。

在依法取得相应的许可证后,网上药店还要遵照以下的规定。

① 网上药店必须在其网站首页显著位置标明互联网药品交易服务机构资格证书号码。

② 网上药店必须严格审核其交易药品的合法性。

③ 对首次上网交易的网上药店提供互联网药品交易服务的企业必须索取、审核交易各方的资格证明文件和药品批准证明文件并进行备案。

④ 网上药店只能在网上销售本企业经营的非处方药,不得向其他企业或者医疗机构销售药品。

⑤ 网上药店变更网站网址、企业名称、企业法定代表人、企业地址等事项的,应填写《互联网药品交易服务变更申请表》,并提前30个工作日向原审批部门申请办理变更手续,变更程序与原申请程序相同。变更服务范围的原有的资格证书收回,按本规定重新申请,重新审批。

⑥ 网上药店需要歇业、停业半年以上的,应在其停止服务前一个月向所在地省、自治区、直辖市食品药品监督管理部门提出书面备案申请。省、自治区、直辖市食品药品监督管理部门收到备案申请后,应当在10个工作日内通知电信管理部门。

⑦ 网上药店在互联网药品交易服务机构资格证书有效期内歇业、停业,需要恢复营业的,应当向其备案的省、自治区、直辖市食品药品监督管理部门申请重新验收,经验收合格,方可恢复营业。

⑧ 互联网药品交易服务机构资格证书有效期届满,需要继续提供互联网药品交易服务的网上药店应当在有效期届满前6个月内,向原发证机关申请换发互联网药品交易服务机构资格证书。原发证机关按照原申请程序对换证申请进行审核,认为符合条件的,予以换发新证;认为不符合条件的,发给不予换证通知书并说明理由,原互联网药品交易服务机构资格证书由原发证机关收回并公告注销。原发证机关应当在互联网药品交易服务机构资格证书有效期届满前作出是否准予换证的决定。逾期未作出决定的,视为准予换证,原发证机关应当在30个工作日内予以补办手续。

⑨ 当网上药店不再继续开办时,需向所在省、自治区、直辖市食品药品监督管理部门提出书面申请,然后由其收回互联网药品交易服务机构资格证书,报国家食品药品监督管理总局备案并公告注销。互联网药品交易服务机构资格证书被收回的网上药店,不得继续从事药品及医疗器械的销售工作。

⑩ 未取得互联网药品交易服务机构资格证书,擅自从事药品的网络销售服务,或者资

格证书超出有效期的,食品药品监督管理部门责令限期改正,给予警告;情节严重的,移交信息产业主管部门等有关部门依照有关法律、法规规定予以处罚。

从事互联网药品交易服务申请表见图6-9。

从事互联网药品交易服务申请表

申请单位(盖章):＿＿＿＿＿＿＿＿＿＿
申请网站名称:＿＿＿＿＿＿＿＿＿＿
申请交易服务范围:＿＿＿＿＿＿＿＿＿＿
受　理　机　关:＿＿＿＿＿＿＿＿＿＿
审　查　机　关:＿＿＿＿＿＿＿＿＿＿

国家食品药品监督管理总局制

申请互联网药品交易服务单位名称							
申请互联网药品交易服务网站名称							
已取得的互联网药品信息服务资格证书编号							
拟申请互联网药品交易服务的范围							
申请互联网药品交易服务单位地址（详细填写）							
申请互联网药品交易服务企业法定代表人							
邮编		电话（区号）		传真		E-mail	
网站主服务器所在地地址/域名/IP地址（详细填写）							
网站其他服务器所在地地址/域名/IP地址（详细填写）							
	姓名		联系电话	传真		E-mail	
网站负责人							
网站联系人							
熟悉药品管理法律、法规和药品知识的人员情况							
姓名	毕业学校/专业		对药品管理法律、法规和药品知识的熟悉程度		技术职称		
			熟悉□　一般□				
			熟悉□　一般□				
			熟悉□　一般□				
申请互联网药品交易服务企业的上级单位或投资者名称							
申请互联网药品交易服务企业的上级单位或投资单位的地址（详细填写）							
邮编		电话（区号）		传真		E-mail	
网站的栏目设置和主要内容							
食品药品监督管理部门意见		（受理意见） （加盖公章） 年　月　日					
食品药品监督管理部门意见		（审核意见） （加盖公章） 年　月　日					

填表人：　　　　　　　　　填报日期：　　　　　　　　　　　　　　　　　年　月　日

图 6-9　从事互联网药品交易服务申请表

> **课堂思考**
>
> **为何网上药店成为当今世界医药市场营销的一个必不可少的方式**
>
> 在医药商务领域中,与老百姓直接相关的就是药品,有些药品必须通过医生诊疗,并在医院的药房中才能买到。但是,在我们生活中,很多时候并不是所有的药品或医疗器械的购买都必须通过医生诊疗过程,因此,在我国人们除了在医院可以购买到相关的医疗用品外,在一些独立的实体药店中也可以购买到除了处方药以外的药品。当今网络发展迅速,再加上其他商品网络销售的模式不断成熟,这就给医药营销带来了巨大的商机。
>
> 问题1:在实际运营过程中网上药店与实体药店有哪些区别?
> 问题2:网上药店的优点体现在哪里?
> 问题3:网上药店与实体药店有哪些关系?

第二节 网上药店药品销售

情景引入

根据商务部市场秩序司发布的《2015年上半年药品流通行业运行分析及发展趋势预测》报告显示,2015年上半年药品流通行业增速趋缓,全国七大类医药商品销售总额为8410亿元,同比增长12.4%,增速回落1.7个百分点。而在医药电商市场,情况却不大相同。据不完全统计,2015年上半年,"拥有互联网资质的医药电子商务营业收入平均增幅超过了50%",增幅远高于传统药品销售方式。互联网+医药的模式正在给医药行业带来更大的增长点。互联网+医药目前形成了以珍诚在线、九州通医药网为代表的医药B2B电商模式,以药房网、金象网等为代表的医药B2C电商模式,以叮当快药、快方送药等为代表的医药O2O模式。

知识链接

电子商务模式

电子商务模式,就是指在网络环境中基于一定技术基础的商务运作方式和盈利模式。研究和分析电子商务模式的分类体系,有助于挖掘新的电子商务模式,为电子商务模式创新提供途径,也有助于企业制定特定的电子商务策略和实施步骤。电子商务模式可以从多个角度建立不同的分类框架。电子商务模式随着其应用领域的不断扩大和信息服务方式的不断创新,电子商务的类型也层出不穷,主要可以分为以下七种类型。

1. B2C 企业与消费者之间的电子商务(Business to Customer,即B2C)。就是企业通过网络销售产品或服务给个人消费者,这是目前最常见的类型,例如网络购物、证券公司网络下单作业、一般网站的资料查询作业等等,都属于企业直接接触顾客的作业方式。这是消费者利用因特网直接参与经济活动的形式,随着因特网的出现,网上销售迅速地发展起来。

2. B2B 企业与企业之间的电子商务(Business to Business,即B2B)。是指以企业为主体，在企业之间进行的电子商务活动。B2B 电子商务是电子商务的主流，也是企业面临激烈的市场竞争改善竞争条件、建立竞争优势的主要方法。B2B 电子商务将会为企业带来更低的价格、更高的生产率和更低的劳动成本以及更多的商业机会。B2B 方式是电子商务应用最多和最受企业重视的形式，企业可以使用 Internet 或其他网络对每笔交易寻找最佳合作伙伴，完成从定购到结算的全部交易行为。其代表是马云的阿里巴巴电子商务模式

通过 B2B 的商业模式，不仅可以简化企业内部资讯流通的成本，更可使企业与企业之间的交易流程更快速、更减少成本的耗损。

3. C2C 消费者与消费者之间的电子商务（Consumer to Consumer，即 C2C）。C2C 是指消费者与消费者之间的互动交易行为，这种交易方式是多变的。例如消费者可同在某一竞标网站或拍卖网站中，共同在线上出价而由价高者得标。或由消费者自行在网络新闻论坛或 BBS 上张贴布告以出售二手货品，甚至是新品，诸如此类因消费者间的互动而完成的交易，就是 C2C 的交易。C2C 商务平台就是通过为买卖双方提供一个在线交易平台，使卖方可以主动提供商品上网拍卖，而买方可以自行选择商品进行竞价。其代表是 eBay、taobao 电子商务模式。

4. C2B 消费者与企业之间的电子商务（Consumer to Business，即 C2B）。通常情况为消费者根据自身需求定制产品和价格，或主动参与产品设计、生产和定价，产品、价格等彰显消费者的个性化需求，生产企业进行定制化生产。

5. O2O 线上与线下相结合的电子商务（Online to Offline，即 O2O）。O2O 通过网购导购机，把互联网与地面店完美对接，实现互联网落地。让消费者在享受线上优惠价格的同时，又可享受线下贴心的服务。中国较早转型 O2O 并成熟运营的企业代表为家具网购市场领先的美乐乐，其 O2O 模式具体表现为线上家具网与线下体验馆的双平台运营。

6. BoB 供应方（Business）与采购方（Business）之间通过运营者（Operator）达成产品或服务交易的一种电子商务模式。核心目的是帮助那些有品牌意识的中小企业或者渠道商们能够有机会打造自己的品牌，实现自身的转型和升级。BOB 模式是由品众网络科技推行的一种全新的电商模式，它打破过往电子商务固有模式，提倡将电子商务平台化向电子商务运营化转型。

7. B2Q 企业网购引入质量控制，英文 enterprise online shopping introducequality control，交易双方网上先签意向交易合同，签单后根据买方需要可引进公正的第三方（验货、验厂、设备调试工程师）进行商品品质检验及售后服务。

引自 http：//baike.baidu.com

一、医药行业电子商务的发展状况

1. 国外网上药店开办的基本概况

国际上，医药领域的电子商务有着飞速的发展，例如，美国医疗行业电子商务交易总额自 1999 年到 2004 年的 5 年期间，从 64 亿美元上升到 3700 亿美元，其中 1000 多家网上药店的市场规模将近 1700 亿美元，占到总规模的 30%～40%；日本网上药店销售达到了 1000 亿美元，占 37.9%；2010 年欧洲药剂协会下属的药店，90% 以上都开展了网上药品预订服务。

2. 我国网上药店开办的基本概况

在我国，由于政策限制、消费习惯等原因，医药行业与电子商务的结合还是一个全新的

课题。从西方发达国家网上药店的发展结果不难看出,中国的医药电子商务也是蕴藏着巨大的商机的。

2005年12月1日起正式实施的《互联网药品交易服务审批暂行规定》,标志着我国网上药店业务的正式开始。2005年12月29日,京卫大药房网上药店通过了由国家食品药品监督管理总局、北京市食品药品监督管理局组织的现场验收,获得由北京市食品药品监督管理局颁发的《互联网药品交易服务资格证书》(京C20050001号)。这是目前国内首家获得网上药店经营许可证的企业,标志着我国药品营销尤其是B2C(网上药品零售)开始步入互联网时代。但截至2010年1月27日之前,国内网上药店的发展并不快,获得资格的网上药店只有20家。直到2011年1月,网上药店的监督制约资质下放至各省食药监局,网上药店新的发展高潮才正式到来。2012年3月1日,天猫医药馆的上线开通使这个新兴产业在我国开始踏上全面发展的新征程。2014年,我国零售药店市场总规模2817亿元,同比增长9.5%;而网上药店总体销售规模达到72亿元,同比增长71.4%。2015年网上药店全品类交易规模达到110亿元,药品单项增长至27亿元。截至2016年3月底,我国注册网上药店的数目已达449家,其中广东省82家,位列全国各省市之首(见图6-10)。

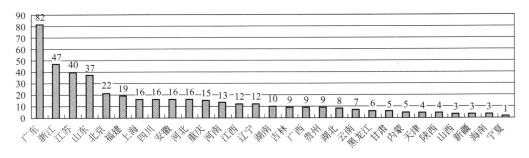

图6-10 截至2016年3月我国各省市网上药店数量分布图

3. 互联网的发展极大地促进了网上药店的发展

网上药店的开办依托的是网络平台,人们通过互联网从网上药店购买到自己所需要的产品。随着我国互联网的进一步发展,网上药店的数量、规模、产品品种以及消费者群体都在不断扩大。在2016年1月中国互联网信息中心CNNIC发布的第37次《中国互联网络发展状况统计报告》显示,截至2015年12月,中国网民规模达6.88亿,互联网普及率为50.3%;手机网民规模达6.2亿,占比提升至90.1%,无线网络覆盖明显提升,网民Wi-Fi使用率达到91.8%。其中北京、上海、广东三省无论从网民人数还是互联网普及率都位居前三名。互联网的飞速发展为网上药店的经营者提供了发展的条件,而网民数量的急剧增加使得网上药店的潜在客户群队伍又壮大了许多。表6-1为我国当前各省市网民基本情况。

表6-1 我国网民基本情况

省份	网民数/万人	普及率	网民规模增速	普及率排名
北京	1647	76.5%	3.4%	1
上海	1773	73.1%	3.3%	2
广东	7768	72.4%	6.6%	3
福建	2648	69.6%	7.1%	4
浙江	3596	65.3%	4.0%	5
天津	956	63.0%	5.8%	6

续表

省份	网民数/万人	普及率	网民规模增速	普及率排名
辽宁	2731	62.2%	5.9%	7
江苏	4416	55.5%	3.3%	8
新疆	1262	54.9%	10.8%	9
青海	318	54.5%	9.9%	10
山西	1975	54.2%	7.5%	11
海南	466	51.6%	10.8%	12
河北	3731	50.5%	3.6%	13
内蒙古	1259	50.3%	10.3%	14
陕西	1886	50.0%	8.1%	15
宁夏	326	49.3%	10.6%	16
山东	4789	48.9%	3.3%	17
重庆	1445	48.3%	6.5%	18
吉林	1313	47.7%	5.7%	19
湖北	2723	46.8%	3.7%	20
西藏	142	44.6%	15.3%	21
黑龙江	1707	44.5%	6.8%	22
广西	2033	42.8%	10.0%	23
四川	3260	40.0%	7.9%	24
湖南	2685	39.9%	4.1%	25
安徽	2395	39.4%	7.7%	26
河南	3703	39.2%	6.6%	27
甘肃	1005	38.8%	5.7%	28
江西	1759	38.7%	14.0%	29
贵州	1346	38.4%	10.1%	30
云南	1761	37.4%	7.2%	31
全国	68824	50.3%	6.1%	

4. 网民年龄结构的分布影响了网上药店的发展

在我国，尽管网民的数量非常大，但是其年龄结构却分布不均。一般经常上网，并且愿意在网络上购买商品的网民大多为年轻人，特别是年龄在 40 岁以下的年轻人；而 40 岁以上，特别是 60 岁以上的中老年人，无论从网民人数还是从网购人数与年轻人相比都有很大的差距。这种现象对于普通商品的网络交易量来说还有很大的推动作用，而对于网购药品来讲，则会明显影响交易量。因为年轻人虽说是一个很大的网购群体，但是对于药品这个特殊的商品来说却不是主要的消费群体，相比之下，中老年人则是药品的主要消费群体，但这个群体网民的数量却比较少。因此这就形成了网民数量与药品交易量成倒挂的现象，影响了网上药店的发展。如何推动中老年人更多地转向网络药店将是未来网上药店发展的重要课题。

5. 社保卡与处方药也制约了网上药店的发展

近几年,网上药店发展迅猛,但是由于我国网上药店还处于发展的早期阶段,社保卡还不能在网上药店中使用,而处方药也是国家明令禁止出售的,这成为了网上药店发展的痛点。也就是说,尽管网上药店的药品可能比实体药店或者医院药房的价格便宜,但是消费者却无法使用社保卡进行报销,这对于患有慢性疾病需要长期服药的消费者来说是无法承受的经济压力。而处方药的禁止销售同样会给消费者带来不便。

2014年年初广东曾有10家网上药店由于违规销售处方药被广东省食品药品监督管理局责令"暂停交易服务"。2012年国内处方药市场规模就达到了7000亿元,这块大蛋糕,国内的网上药店却无法碰触。

对比国外,欧美的不少发达国家的网上药店允许销售处方药,而且销售量占所有零售药品市场的近20%。2005年,美国网上药店总数达1400家,销售额高达439亿美元,约占美国全年药品销售额的19.10%。

为了能够控制网上药店对于处方药的销售,不同国家采取了不同的措施。

在美国,为了加强对网上药店安全性的控制,美国国家药房委员会协会(NABP)于1999年初启动了VIPPS(Verifed Internet Pharmacy Practice Sites),即网上药房开业认证网站计划,开始对网上药店进行认证。这项措施并非强制性的,参加VIPPS认证的网上药店完全都是自愿的。通过VIPPS认证的网上药店必须遵守NABP制定的一系列严格的标准(包括许可证、处方药、执业药师、顾客隐私、药品的运输和存储等多个方面),并接受NABP的监督。通过认证的药店将获准在其网页的明显位置添加一个VIPPS为标志的超链接,公众也可以据此判断网上药店的合法性。通过这个链接,公众可以进入NABP的网页,了解该药店的基本情况。通过VIPPS认证的网上药店能获得网上销售处方药的权利,这是因为他们采取了一系列NAPB要求的措施来保证网上销售处方药的安全性。同时,在网上销售药品时必须出示"会员制健康医疗团体"和保险公司的证明担保书等。消费者通过邮寄或者传真处方、提供处方医生电话号码、保险账号四种方式即可以在网上药店购买处方药。在英国,通过提供医生处方的影印版则可在网上药店购买处方药。

因此,未来如果社保卡能够在网上药店使用,处方药也能够在网上药店销售,这必将会大大提升网上药店的交易量,促进其发展。否则,网上药店的大好前景将被削弱。

6. 物流与网上药店要求不匹配

药品属于特殊商品,在《药品经营质量管理规范》中指出了不同药品在运输的过程中需要满足的条件,而普通的运输条件显然不能满足药品的需求。作为一个有连锁机构的实体药店,又很难将连锁店遍布全国各个地区,特别是一些偏远的农村地区。建立自己的物流体系对于网上药店来说是最好的,因为,这样可以使药品在配送过程中能够满足其特殊的储存要求。但是一般来说,网上药店很难做到建立自己的物流体系,因为这样就大大增加了药店的成本,是其不能承受的。因此,大部分的网上药店使用了第三方物流,将药物同其他商品一样进行运输,这必然会对一些需要特殊条件储存的药品质量产生影响。

7. 对网上药店的监管有待提升

在美国,网上药店的执照必须注明可在哪个州经营,如果跨州经营需申办跨州的执照。消费者购药要先在网上药店开设一个账号,提交信用卡和保险信息,购药必须提交处方,处方可以是医生通过电话或者消费者通过传真或信函传递给药店。在发药环节,有的网上药店是从其业务中心配送药品,有的网上药店允许用户在当地的药店拿药。对电子处方和网上药店药剂师的管理,美国也有一套比较严格的制度。

我国由于现在处于网上药店的发展时期,因而许多监管还不到位,有些法律也已经过时,致使有些地方出现了监管的真空状态。这就给假冒伪劣药品的出现创造了合适的条件。2010年无锡破获了一起特大的跨国销售假药的案件。犯罪嫌疑人利用自己的网上药店大肆销售与境外人员制造的所谓巴西版、印度版易瑞沙、特罗凯等抗肿瘤药物,不仅非法获利,也给患者带来了极大的伤害。

针对此现状,我国应该加快对于相应法律法规的健全,以适应不断发展的网上药店的需要。同时,应加大网上药店的公众宣传,对消费者的需求进行正确的引导。各级药品监督部门不仅在各自网站开设《网上购药安全警示》栏目,普及网上购药安全知识,还应更多地通过大众媒体(如报纸、电视、门户网站等)来进行宣传,使得消费者学会如何识别合法网上药店和如何在网上安全购药。此外,应在药监部门主导下建立有效的在线投诉机制,在对网上购药的消费者权利进行保障的同时,完善对合法网上药店的违规行为和非法网上售药的社会监督。

二、网上药店开设的常见模式

目前,我国网上药店的主要模式大致有以下几种。

1. 企业自建模式

这种模式是企业利用自己的资金、人力、物力及技术自建网店,自己运营。这在目前还是我国最常见的、法律允许的一种建店模式。企业自建模式前期的资金投入非常大,网站的建立和维持、网店的宣传都是需是真金白银来支撑的。这种模式要求企业要先定位清楚卖什么产品,然后提高消费者的浏览量,当产品售出后,还要有完善的后续服务。从建立到被消费者认可往往有一段很长时间的路要走。

凭借这种商业模式,制药企业能够最短距离、最快地获取消费者对产品的反馈信息。因此,制药企业搭建网络平台未来将是网上药店开办的一大趋势,甚至有望成为"标配"。2012年最贵医药股片仔癀就投资980万元全资设立福建片仔癀电子商务有限公司,以适应新的经营环境,拓宽片仔癀品牌推广和产品销售的渠道。除此之外,国内制药企业如云南白药、东阿阿胶、天士力等均已纷纷开办自己的电子商务。预测未来还会有更多的医药企业"挂牌"入场,通过网络迅速放量,提高制药企业的销售额。据不完全统计,东阿阿胶天猫旗舰店在2012年"双11"当日,以高达400万元的销售额、排名第三之势,成为网上药店的一匹"黑马"。如同制药企业将产业链向下延伸至连锁药店一样,网上药店因更接近终端消费者,成为很多以生产为主的医药企业新的战略目标。

2. 独立的第三方信息平台模式

这种模式是由独立于买卖双方的中立服务组织,为买卖双方提供交易所需的各种服务的数字化平台,即提供药品信息发布、在线采购、在线交易、在线支付、药品跟踪、配合地面仓储和物流等医药流通全程服务,是实现信息流、资金流、物流高度协同的完整的医药电子商务服务模式,是公开、公平、公正的网上医药交易市场。

在这种被业内称为"网上药店携程模式"的平台上,只要消费者在网上下单,网站平台就会先将不同药店、不同厂家的同一种药品进行价格比较,将性价比最高的商品为会员送货上门,网站通过成交额获取一定比例的提成。

这种模式是目前网上药店采用最多的,相对而言,它流程更少,需要投入的技术、流量等成本最低,是众多药店加盟网上药店的平台。网上药店需要入驻第三方医药电子商务平台,例如天猫医药馆。该平台将所有入驻药店的产品进行分类,利用其自身的影响力和巨大的潜在消费群体为网上药店和消费者之间搭起了一座沟通的桥梁。不同于淘宝商城,天猫医药馆等医药电子商务平台入驻的均是有资质的药店,这在一定程度上保证了药品在销售过程中的质量,减少了假冒伪劣产品销售的可能。而这些有资质的网上药店又可以利用天猫等商务平台的海量信息和大量客户实现提高自己交易量的目的。作为一个网上药店,其信息的量是有限的,因而可能开店很久也难做到被大多数人知道,如果想扩大知名度,药店必须投入大量的人力、物力和财力,这样做的结果是直接提高了网店的经营成本。作为第三方平台,聚集了众多的网上药店,其业务辐射面广,又有较强的业务管理能力和市场竞争能力,可以将药店信息低成本地向消费者传递。

由于第三方平台本身并不面对消费者个体,因而其能够在交易过程中做到公平、公正、透明。在第三方平台上,所有的产品都会分类展示,如果消费者需要某一种产品,则通过第三方平台可以搜索到不同网店的相同产品信息,这些信息中包含有产品本身的信息、销量的多少、价格的高低、消费者的评价等。使消费者可以直接在多家药店间进行比较,以选择最适合自己的一家产品。因为第三方平台只是起到一个中间人的作用,不用对参与其中的任何一个药店的销售量承担责任,因而在提供这些信息的时候,平台能够获得消费者最大的信任。相反,如果是某药店的官网上发布的信息,可能这些数据或信息就不能做到完全的透明和精准,因为这其中毕竟涉及了自身的利益。

不仅如此,第三方平台还可以为消费者提供多种形式的支付方式。

3. 网上药店联盟模式

这种模式是利用网上药店独有的优势,组建网上药店联合体,达到合作、发展、共赢的目的,为维护网上药店会员单位健康、有序、规范的发展起到积极的作用。其最终目标是,通过联合的力量,促进网上药店联盟企业在竞争中取得领先地位并获得更快发展,最后促成一个稳固的药品零售新业态体系。但联盟的条件是资源互享、利益共享、风险共担。因而要有强大的技术作为支撑,这样就可以实现信息实时互联,产品信息、库存信息、线上线下销售信息、客户资源系统等均能支撑联盟成员各地随时办公的需求。

建立网上药店联盟的原因在于,目前我国网上药店的发展环境很差,假冒伪劣药品较多,而网上药店又属于专业性很强的经营企业,只单纯地为消费者提供信息的第三方平台并不能时刻保证信息的准确性。诸多不利因素都会影响到正在运营的网上药店的发展。为此,由金象、天士力、开心人、红品健康网、百洋健康药房、药房网、导药网和北京药品网共8家具有网上售药资格的国内网上药店和医药业知名传媒网站——"搜药网"共同倡议,并在中国成长型医药企业发展论坛连锁药店委员会支持下于2010年1月23日发起成立了"中国网上药店联盟"。

4. 合资共建模式

这是一种由网络电商企业与医药企业合作的模式,电商采取入股、参股形式加入医药企业,以谋求共同发展。这种模式是将电商在网络上的客户资源、运营经验和物流服务等优点与医药企业优质的医药资源相结合,属于互惠互利的模式,弥补了电商与药店各自的短板。

在互联网不断发展的今天,人们的生活越来越离不开网络,网上药店的前景必将是美好的。目前为止的任何一种运营模式都不是最完善的,但是随着各种相关法律的不断健全和完善,互联网覆盖的面积不断增加,任何一种经营模式都会发挥出自身的优点,在满足人们需求的基础上,提高自己的经济效益。

课堂思考

如何选择网上药店模式

网上药店虽然在成本、运营等方面都比实体药店有很大的优势，但却并不是每一家网上药店都可以赢利的，甚至还有许多家网上药店处于亏损的状态。如何使网上药店摆脱尴尬的境地，不仅赢利，而且还要有大的收益，是每一个从业者都要认真思考的问题。

问题1：哪些条件限制了网上药店的发展？
问题2：网上药店有哪几种开办模式？
问题3：每一种网店模式有哪些优点和不足？
问题4：如何选择一种适合自己的网上药店模式？

第三节　网上药店售后服务

情景引入

售后服务是销售的开始

案例一　一名顾客怒气冲冲地走进店长办公室："我昨天在你们这儿买了一盒维C银翘片，今天早晨吃药的时候发现有一片开裂了，说明这药肯定有质量问题，所以我特意来退。可是你们的售货员说要我提供这片开裂的药片是这盒药中拆出来的证据，你们这不是刁难我吗？难道我在吃药的时候还要找个证人在身边？真是岂有此理。你们整天说什么顾客是上帝，我看就是挂在口头、贴在墙上的空话！"店长知道顾客是带着怒气来的，店员的要求也确实太离谱，便连连说道："您别急，先消消气，有什么事儿，坐下来说。"并给他倒了一杯水。等他的情绪稍微平和下来后，店长又请他把事情原原本本地讲述了一遍。在了解完事情的原委后，店长打电话叫另一位店员拿来一盒新的维C银翘片和一件礼品，并真诚地向这位顾客表达了歉意。这名顾客很满意地离开了，后来成了这家药店的常客。

案例二　一名顾客在某医药超市买了价值近3000元的虫草，一个月后，顾客找到超市值日经理要求退货，理由是他找行家鉴定后说这是劣质虫草，根本不值这么多钱。如果超市不同意退货，他将通过媒体曝光。接待这名顾客的值日经理觉得其来头不小，本着息事宁人的想法，擅自做主答应赔付这位顾客500元钱，想将此事私了。顾客没有答应，反而更加坚定地认为这是些劣质虫草，不但向当地媒体报料，还在超市门前大肆宣扬。后来超市方面聘请了律师，并提供了相应的证据，此案最后不了了之，顾客没有得到赔偿，商场也没有得到相应的名誉损失补偿。

以上两个案例，从一定程度上说明了售后服务的重要性。如果药店管理人员在处理顾客的售后投诉时，能像售前、售中一样对待顾客，让顾客感受到一种愉悦的经历，这样的售后服务才算真正做到位（引自http：//www.hyey.com）。

知识链接

售后服务

售后服务就是在商品出售以后，商家为消费者所提供的各种服务活动。从推销角度来看，售后服务本身同时也是一种促销手段。通过售后服务来提高企业的信誉，扩大产品的市场占有率。售后服务是售后最重要的环节，已经成为企业保持或扩大市场份额的重要条件，其优劣程度能影响消费者的满意程度。在市场激烈竞争的今天，随着消费者维权意识的提高和消费观念的变化，消费者不再只关注产品本身，在同类产品的质量与性能都相似的情况下，更愿意选择这些拥有优质售后服务的公司。

现代终端营销越来越重视售后的环节，商家通过建立会员制、方便的退换货服务、多种付款方式等越来越多的手段使得消费者能够在自家实现快乐购物。这在一定程度上真正体现了商业形态已经从计划经济中的"卖方市场"成功过渡到了市场经济中的"买方市场"。

当今药品零售市场竞争日趋激烈，即使是成本较低的网上药店也不能幸免。对利益最大化的追求，使得越来越多的药店经营者明白开办网上药店，能够将药品及医疗器械等产品销售出去并不能就此结束工作，如何能够将客户纳入自己药店的忠实客户群中，是每一家网上药店都要考虑的事情。对于消费者来说，除了有丰富的产品以外，网上药店的售后服务也是其非常重视的。没有一个消费者愿意在一家即使是产品品种多样，但售后服务不到位的网店去购买产品，因为这可能会给他带来很多的麻烦。网上药店可以从以下几个方面去做好售后服务，使其与多样的产品一起来吸引更多的消费者。

一、会员制

1. 会员制的含义

会员制是一种人与人或组织与组织之间进行沟通的媒介，它是由某个组织发起并在该组织的管理运作下，吸引客户自愿加入，目的是定期与会员联系，为他们提供具有较高感知价值的利益包。

会员制营销目标是通过与会员建立富有感情的关系，不断激发并提高他们的忠诚度。企业通过提供一系列的利益来吸引客户自愿加入，这一系列的利益称为客户忠诚度计划。而加入会员制组织的客户称为会员，会员制组织与会员之间的关系通过会员卡来体现，会员卡是会员进行消费时享受优惠政策或特殊待遇的"身份证"。

会员制一般是消费者在实体店中消费满一定金额后便可申请成为会员，并由实体店为其发放会员卡。有些商家为了吸引更多的消费者，可无消费金额申请成为会员。以后每次消费时，会员可出示会员卡，店家则按消费金额为会员积累积分，比如，消费1元可积1分，随着积分的增加，商家会在一些特殊的时间对不同积分的消费者进行福利的发放，以吸引会员长期在自己的店内消费。会员制营销方式是商家普遍采用的营销手段。

与很多网上销售商品一样，网上药店也会推出会员优惠，不少药店都推出了形形色色的会员卡。网店的会员制与实体店有一点不同之处，在网店消费必须先注册成为会员，才可以进行购物活动。

2. 会员的等级和特权

会员制是为了吸引和留住更多的消费者，以树立自己的品牌形象，并最终获得最大的经济效益。为了刺激消费者更忠诚于自己的网店，更多地在此消费，网上药店同其他商家一样会对会员进行等级的划分，并赋予他们不同的特权。

会员等级的划分是按商家规定的，消费者消费积分或消费金额达到一定数额后由系统自动生成的，可按1、2、3、4等级进行划分，或者按普通会员、银卡会员、金卡会员、钻石卡会员等不同级别划分。

只要消费者在商家消费的金额不断上涨，其会员的等级就会不断上升，同时，其获得的特权也会不断增加。这些特权包括：

（1）退换货服务；

（2）免运费服务；

（3）优先发货服务；

（4）积分抵现服务；

（5）获得不同级别的礼券、礼品卡甚至赠品；

（6）获得低价购买某些产品的资格；

（7）获得一些产品的免费试用资格。

通过这种营销手段，不仅可以不断扩大消费者数量，同时可以吸引更多的消费者长期在自己的店内消费，因为只有在一家网上药店中消费的金额达到一定数量时，才能使消费者获得更高一个级别的会员身份，从而获得更多的特权。当然不同的网上药店会根据自己的实际情况制定相应的会员制度和特权。

以下为几家不同的网上药店会员等级的划分标准和特权赋予。

（1）华佗药房　华佗药房的会员级别共分为4个等级，分别是：普通会员、银卡会员、金卡会员、白金会员。会员级别的升降均由系统自动处理，无需申请。普通会员级别永久有效，这就保证了其最基本的消费者群体；银卡会员级别自成为该级别会员之日起，每年在华佗药房购物有效消费必须达到1600元，否则降至普通会员；金卡会员必须自成为金卡会员日起，每年在华佗药房购物有效消费达到4000元，否则降至银卡会员；白金会员自成为白金卡会员日起，每年在华佗大药房购物有效消费达到8000元，否则降至金卡会员。不同级别的会员，在药房享受不同的特权，如下表所示：

会员级别	全场满269包邮 EMS	退换货及维修	积分抵现	包普通快递服务	包顺丰快递服务	会员日打折	订阅服务
普通	可享	可享	可享	满99元	无	无	无
银卡	可享	可享	可享	满99元	无	98折	无
金卡	可享	可享	可享	0元	199元	95折	可享
白金	可享	可享	可享	0元	199元	9折	可享

（2）康爱多网上药店　康爱多网上药店的会员分为普通会员和VIP会员，VIP会员分为4个等级：高级会员、黄金会员、铂金会员、钻石会员，不同级别的会员享有不同的会员优惠。会员级别的升降均由系统自动处理，无需申请。会员的级别由其消费金额决定的，每消费1元钱计1个点，上不封顶，达到相应的消费金额后，级别自动上升。具体级别划分如下表所示：

会员级别	级别鉴定	会员有效期	满39元包邮	专享商品	积分抵现	购物获取积分倍数
普通会员	0～1999	永久有效	可享	可享	可享	1倍
高级会员	2000～4999	永久有效	可享	可享	可享	1倍
黄金会员	5000～19999	永久有效	可享	可享	可享	2倍
铂金会员	20000～79999	永久有效	可享	可享	可享	4倍
钻石会员	≥80 000	永久有效	可享	可享	可享	10倍

所有级别的会员享受全场满39免运费，不同级别的会员享受该级别的特价优惠商品；所有级别的会员可享受200积分抵现1元，购物时在订单确认页中直接抵现使用；不同级别

的会员积分时享受不同的待遇，普通会员、高级会员购物获赠 1 倍积分，即消费 1 元获得 1 积分；黄金会员购物获赠 2 倍积分；铂金会员购物获赠 4 倍积分；钻石会员购物获赠 10 倍积分。

（3）金象网上药店　金象网上药店的会员分为普通、VIP 和钻石三个等级，只要满足在规定期限内消费的金额数即可成为相应级别的会员。除普通会员以外的级别不是永久有效的，而是需要在规定时间内消费满一定金额数。具体如下表所示：

会员级别	划分标准	有效期	积分待遇	包邮
普通	注册即成	永久有效	基础积分	无
VIP	6 个月内消费满 1000 元	3 个月内消费 500 元则有效	1.5 倍积分	款到发货,满 50 元发签约快递
钻石	6 个月内消费满 3000 元	3 个月内消费 1000 元则有效	2 倍积分	款到发货,发签约快递

会员制可以有效地固定住一定数量的消费者，但是，这一制度要求网店要真正从消费者角度出发，切实通过会员制为消费者带来方便和利益。任何妄图通过欺骗消费者的做法都会适得其反。一些经常在网上买药的消费者说，很多时候网上药店推出的会员制度只是为了吸引一下消费者，噱头大于实际意义。在实体药店中，消费者可能会买到比网店更便宜的相同药品。如果出现这样的情况，网上药店的优势就没有了。

会员制营销不应该只是一种制度，需要根据实际情况进行维护和调整。有些网上药店的会员营销过于普通，对于会员的服务仅限于优惠券的发放，甚至是各种垃圾短信的广告的发放。很少有人关注优惠券发放的额度、发放时间、使用时是不是方便。有些店家会发送一些面值很低的优惠券，而且在使用时还要设置重重关卡，比如，需消费多少金额后才可使用一张，这样不仅不会激发消费者的购买欲望，反而会使其觉得不方便，甚至因此而转投到实体店或者其他的网店去，使网店的消费者数量缩减或者该消费者成为休眠状态的会员。这些尽管都是小细节的用户体验，但是对于会员来说，也许就是这些小细节能打动得了他们。

说起会员的培养，不如先说下什么叫会员的体验，会员的体验对于经常购物的我们来说，也许非常的简单，是收到货物时的那张特别的信，还是卖家给我们的一个小惊喜，会员的体验在于方方面面，非常靠谱的是，会员的体验是可以量化的，所以我们能从数据中"摸的出来"这些体验的好坏。这些体验会随着店铺的发展而不断演化，被满足与未被满足，也许这个会员会因为一次体验差而导致成为休眠会员（事实上很多卖家都遇到过），所以说，会员营销的价值是体现在店铺的成长上的。

二、退换货政策和流程

（一）退换货政策

网上药店应牢记"以消费者为中心，以诚信为准则"的宗旨为广大客户提供最优质的商品及服务。但是，网上购物，同在实体店购物一样，总会遇到退换货的问题，即使药品这样的特殊商品，退换货在整个购物流程中也是必然会出现的。药品毕竟不同于一般的商品，不属于无条件退换货的商品范畴，因而其退换货有特殊的政策和要求。一般情况下，药品退换货政策首先要遵循最新版《药品经营质量管理规范》（GSP）第 177 条之规定，除了质量原因，药品一经售出是不得退换的，这样做是为了保障退换货环节不会影响药品的质量和安全，防止假冒伪劣药品混入其中。除此之外，消费者还需遵循一般商家的规定，进行退换药品。

① 药品包装有破损，且在收货签字之前；
② 药品遭受污染；
③ 药品距离有效期结束不足 6 个月，且网上药店未做特殊说明；
④ 有证据表明网上药店对所售药品有虚构或夸大其疗效，从而误导消费者进行错误选择；
⑤ 送达的药品名称、数量等与订单不相符。

药品属特殊商品，尽管与一般商品有共性，在交易的过程中存在着退换货的情况，但其并不属于无条件退换货的商品，当出现以下情况时，一般网上药店是不进行退换货的。
① 任何非该网上药店出售的商品；
② 超过三包保修期的商品；
③ 任何已使用且无质量问题的商品；
④ 因顾客自身原因造成商品非正常使用、保管及维修而出现质量问题；
⑤ 在退换货时商品已经不完整或缺失的，包括其外包装、附件、赠品、说明书、发票等；
⑥ 一般网上药店都是 7~10 天的退换货时间，超过这个时间，商家便不再接受消费者的退换货申请。这个时间以药品送达至消费者手中开始计算。

除此之外，有些网上药店还有自己规定的不接受退换货申请的条件，例如，未在物流人员视线下拆开商品包装、密封产品原包装已经打开、需低温冷藏的商品、特殊商品等。

（二）退换货流程

每一次网上药店购物时都要做到认真阅读该网上药店的退换货政策和要求，以防止因不了解实际情况而耽误药物的退换。

一般的网上药店退换货流程如下：
① 如果在包裹签收时发现异常，即可当场拒收，并及时联系该网上药店的客服人员，以确认是否可以退换货；
② 对于可以退换的商品可随物流及时返还到网上药店的指定地址；
③ 商家验收后决定退货或者换货；
④ 如果包裹已经签收，再想退换货，则需要先查看该网上药店的退换货政策和要求，以确定是否可以进行退换货；
⑤ 联系客服人员，确认是否可以退换货；
⑥ 客服确认可以退换货时，消费者需将商品按要求寄回网上药店；
⑦ 商家验收后，对于符合退换货要求的商品进行退货或者换货。

按照规定，对于可以退货的药品，网上药店可将货款打入消费者提供的退款账号或者原来订购的账号；对于进行换货的药品，商家则按照要求配送新的商品。退换货时发生的物流费用，一般由消费者自行支付。退换货时，如遇价格变动，消费者一般仍需按原来的购买价格进行退换。

三、付款方式

在网上药店购买药品等产品，付款方式与普通网站基本一样，大多数的网上药店付款方式有如下几种。

1. 货到付款

消费者在网上选好商品后，提交订单，在选择支付方式中选择【货到付款】一项，在订单被确认后，网上药店便会将所选商品送达到消费者指定的地点，待验收合格后可直接通过现金刷卡支付货款。

2. 预存消费

消费者可将一定的资金存入自己在网上药店的账户中，购买商品时可以使用预存款进行支付；当预存款余额不足时，差额部分可以通过选择的其他方式进行支付。

3. 电话支付

消费者通过致电网上药店的客服电话进入电话支付流程，在个人信息和购物金额得到确认后，即可进入实际操作环节。支付环节是语音模式，不需要人工介入，因而保障了消费者信息的安全。

4. 银行转账

通过银行柜台或者 ATM 机向网上药店的银行账号汇款，同时在汇款用途中要注明订单号及消费者在该药店注册时的用户名，以免发生商家不能及时查到货款到账情况，从而影响发货时间。

5. 支付宝或微信支付

消费者在网上药店购物后可选择通过支付宝账户付款，即使没有支付宝账户，只要有网上银行，同样可以通过支付宝来支付。微信支付现在还是一个新兴的事物，九州通旗下的好药师服务号就开通了微信支付，并推出了微信商城，成为第一批开通微信支付的医药电商，2013年底，好药师在微信上陆续推出了秒杀、分享赠送保健品等促销活动，用户量和交易额以每月超过 100% 的速度增长。用户只需通过微信下单和支付，好药师实体店就会在短时间内将药品送到顾客手中。不仅为消费者带来了方便和实惠，同时也给自己带来了巨大的销售额。

课堂思考

网上药店如何通过售后服务吸引更多的消费者

一家网上药店开办得是否成功，其拥有的消费者数量庞大只是其中之一，拥有忠实消费者数量才是根本。如何能够增加消费者的忠诚度是每一家网上药店都要思考的问题。对于消费者来说，产品质量和价格是其关注的两个重要方面。但是，同样产品其利润空间不可能无限增加，因此，售后服务就成了众多网店比拼的重点。

问题1：售后服务包括哪些内容？

问题2：网上药店如何通过更好的售后服务来吸引消费者？

问题3：为什么有些售后服务并没有实现吸引消费者的初衷？

【本章小结】

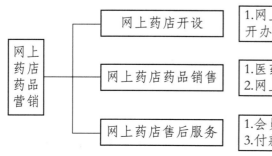

【复习思考】

据不完全统计，目前全国有多家大型连锁零售药店的发展正处于停滞状态。很多实体药店由于租金压力、顾客稀少、利润微薄等原因，不但并未发展新店，就连很多已有的店面都难以为继、陆续闭店。某药店由于附近的村子近期正在进行拆迁，导致这里的顾客量锐减，几周之内，原本的货柜、药品及工作人员迅速撤出，并最终闭店。开在社区医院附近的药店，由于不能使用医保卡，导致买药的人很少，因为有医保的都去社区医院开药，只有急用或是路过的人偶尔会买点。成本上升也是许多药店无法维系的一个主要原因，特别是店面租金，每年平均以20%～30%的速度增长，这都大大加重了实体药店的成本负担。与此相反，近年来，网上药店却风生水起，以至于有些大型连锁药店都开办了网上药店。

但是，2016年6月1日，一则关于国家或将全面叫停第三方网上售药的消息传遍了整个网络，引发各方的猜想。有消息称，天猫医药馆向众多入驻商家发送了《关于药品类目紧急管控措施的通知》（以下简称《通知》）。《通知》中称，已经收到河北食品药品监督管理局的通知，要求从即日起停止发布销售药品类目商品。国家食药监总局为何突然叫停网上售药？国家食药监总局的答复是，总局没有下发叫停通知，这是各省局的行为，估计是试点到期了。但是，业内人士却认为可能是发现网上销售处方药问题多才是监管部门狠下决心紧急叫停的根本原因。

一位多年从事C类网上平台售药的管理人士认为，线上销售处方药还是个新鲜事物，最大的软肋是其安全问题不能得到保障，如采购、物流、配送的管理和监控，对于虚拟网络来说很难监管，不像线下的实体药店和医院，有食药监局通过一定程序和手段去监管和审查。尤其是处方药，需要医生与患者面对面诊疗才能开具，仅凭网上简单沟通是很难准确把握患者病情对症下药的。特别是有些网络在销售处方药时，根本就不对购买者的处方进行认真的核对。

针对当前药品营销市场出现的这些状况，试分析以下几个问题：

1. 出现这种现象的原因是什么？
2. 如果你是一家连锁药店的管理者，你将如何面对眼前的困境？
3. 你也会开办网上药店吗？你怎么去经营管理这个网上药店？
4. 如果你是药品监管部门，你会如何处理网上处方药销售出现的问题？能否将药品的销售模式再重回全部为实体店的状态？

参 考 文 献

[1] 王成业,邹旭芳. 药品营销 [M]. 第 2 版. 北京:化学工业出版社,2015.
[2] 鄢圣安. OTC 医药代表药店开发与维护 [M]. 北京:工商联合出版社,2014.
[3] (美)大卫·科利尔,杰伊·弗罗斯特. 医药代表实战指南 [M]. 北京:电子工业出版社,2013.
[4] 康震,吴鹏,张旭. 像医生一样思考——专业医药代表从入门到进阶 [M]. 北京:化学工业出版社,2013.
[5] 吴锦. 药店经营与管理实用技术 [M]. 杭州:浙江大学出版社,2012.
[6] 高琳. 医药销售技巧 [M]. 北京:北京理工大学出版社,2011.
[7] 万春艳. 药学服务技术 [M]. 北京:化学工业出版社,2010.
[8] 乔德阳. 实用医药市场营销技术 [M]. 北京:化学工业出版社,2009.
[9] 马清学. 医药营销实训 [M]. 北京:中国劳动社会保障出版社,2006.
[10] 姬涛,凌云. 医药代表实战宝典 [M]. 北京:海洋出版社,2002.